JIM KRAUSE

CINCINNATI, OHIO
www.howdesign.com

COLOR INDEX 2. Copyright © 2007 by Jim Krause. Manufactured in China. All rights reserved. No other part of this book may be reproduced in any form or by any electronic or mechanical means including information storage and retrieval systems without permission in writing from the publisher, except by a reviewer, who may quote brief passages in a review. Published by HOW Books, an imprint of F+W Publications, Inc., 4700 East Galbraith Road, Cincinnati, Ohio 45236. (800) 289-0963. First edition.

For more fine books from F+W Publications, visit www.fwbookstore.com.

11 10 09 08 07   5 4 3 2 1

Distributed in Canada by Fraser Direct, 100 Armstrong Avenue, Georgetown, Ontario, Canada L7G 5S4, Tel: (905) 877-4411. Distributed in the U.K. and Europe by David & Charles, Brunel House, Newton Abbot, Devon, TQ12 4PU, England, Tel: (+44) 1626-323200, Fax: (+44) 1626-323319, E-mail: postmaster@davidandcharles.co.uk. Distributed in Australia by Capricorn Link, P.O. Box 704, Windsor, NSW 2756 Australia, Tel: (02) 4577-3555.

Library of Congress Cataloging-in-Publication Data

Krause, Jim, 1962-
  Color index 2 / Jim Krause.
      p. cm.
  ISBN-13: 978-1-58180-938-1 (pbk. with vinyl : alk. paper)
  1. Graphic arts--Handbooks, manuals, etc. 2. Color guides--Handbooks, manuals, etc. I. Title. II. Title: Color index two.
  NC997.K732 2008
    701'.85--dc22   2007028553

Cover and interior design by Jim Krause

Edited by Amy Schell
Art directed by Grace Ring
Production coordinated by Greg Nock

Again, for my son and best friend, Evan.

About the Author

Jim Krause has worked as a designer/illustrator/
photographer in the Pacific Northwest since the 1980s.
He has produced award-winning work for clients large and
small and is the author and creator of seven other titles
available from HOW Design Books: *Idea Index, Layout
Index, Color Index, Design Basics Index, Photo Idea
Index, Type Idea Index* and *Creative Sparks*.

www.jimkrausedesign.com

TABLE OF CONTENTS

Introduction, Part I: Lesson(s) Learned 8-9

Introduction, Part II: About This Book 10-15

Introduction, Part III: Color Basics 16-21

Color Combinations:

1:	**BLUE** 24-73	Blue Expansion Palettes 26-27	Combinations of Blue Hues 28-35
2:	**VIOLET** 74-123	Violet Expansion Palettes 76-77	Combinations of Violet Hues 78-85
3:	**RED** 124-173	Red Expansion Palettes 126-127	Combinations of Red Hues 128-135
4:	**ORANGE** 174-223	Orange Expansion Palettes 176-177	Combinations of Orange Hues 178-185
5:	**YELLOW** 224-265	Yellow Expansion Palettes 226-227	Combinations of Yellow Hues 228-235
6:	**GREEN** 266-315	Green Expansion Palettes 268-269	Combinations of Green Hues 270-277
7:	**MIXED** 316-357	Mixed Combinations of Saturated Hues 318-327	Mixed Combinations of Semi-Muted Hues 328-337

Blues + Neighboring Hues **36-45**	Blues + Opposing Hues **46-57**	Blues + Neutral Hues **58-65**	Blues + Blacks and Tints of Black **66-73**
Violets + Neighboring Hues **86-95**	Violets + Opposing Hues **96-107**	Violets + Neutral Hues **108-115**	Violets + Blacks and Tints of Black **116-123**
Reds + Neighboring Hues **136-145**	Reds + Opposing Hues **146-157**	Reds + Neutral Hues **158-165**	Reds + Blacks and Tints of Black **166-173**
Oranges + Neighboring Hues **186-195**	Oranges + Opposing Hues **196-207**	Oranges + Neutral Hues **208-215**	Oranges + Blacks and Tints of Black **216-223**
Yellows + Neighboring Hues **236-243**	Yellows + Opposing Hues **244-253**	Yellows + Neutral Hues **254-259**	Yellows + Blacks and Tints of Black **260-265**
Greens + Neighboring Hues **278-287**	Greens + Opposing Hues **288-299**	Greens + Neutral Hues **300-307**	Greens + Blacks and Tints of Black **308-315**
Mixed Combinations of Neutrals and Muted Hues **338-347**		Mixed Combinations of Neutrals and Saturated Hues **348-357**	

LESSON(S) LEARNED

This book's predecessor, **COLOR INDEX**, taught me several hard-earned lessons about project management and reality. **COLOR INDEX** was my third book, and for me, its creation was a grisly affair—a case study of *creative fervor colliding with an unyielding deadline on the immense scale of a year-long project*. When the book was finished, the condition of my health, enthusiasm and social life could be described in two words: *wiped out.*

Following the project, my editor asked if I wanted to submit a proposal for another book. I told her I wasn't interested and that I was returning forever to the relative sanity of client work. (The fact that I was equating sanity with client work should tell the reader all they need to know about my mental condition in those days.)

Still, it only took about six months before the agony of **COLOR INDEX** dimmed and I found myself phoning the publisher with ideas for another book. This turn of events can be attributed to two things: the passage of time and the arrival of glowing sales reports. It's amazing how brisk sales can improve a person's attitude toward their occupation.

The real-world schooling I received from my **COLOR INDEX** experience—as unpleasant as it was—has proven invaluable in teaching me to manage (and even enjoy) the creation of every book I've worked on since. This was especially true in the case of **COLOR INDEX 2** on account of its obvious topical connection with **COLOR INDEX**. And since **COLOR INDEX 2** is my first sequel, it's also granted me my first-ever chance to analyze the functionality of one of my existing books—over a significant period of time—in a way that helped with a new book's design. Part II of this introduction highlights many of the usability upgrades I was able to incorporate into the structure and content of **COLOR INDEX 2**.

Now that it's finished, I'm pleased to report that **COLOR INDEX 2** was a terribly challenging, regularly frustrating and hideously time-devouring project that left me feeling entirely rewarded and rejuvenated—just what I would hope for from a large scale and personally significant creative endeavor.

Thank you for picking up a copy of **COLOR INDEX 2**. I hope it becomes a valued addition to the many creative resources already in your possession.

Jim K.

Jim Krause
jim@jimkrausedesign.com

ABOUT THIS BOOK

The following questions and answers are designed to highlight differences—and likenesses—between **COLOR INDEX** and **COLOR INDEX 2**. The answers also offer suggestions about how to take advantage of this book's creativity-enhancing content.

Do you need to own COLOR INDEX to use COLOR INDEX 2?
No. **COLOR INDEX 2** is a self-contained, stand-alone book of color combinations. Its palettes and ideas can be used on their own or in conjunction with those in **COLOR INDEX**.

COLOR INDEX and COLOR INDEX 2: What is the same?
• Both **COLOR INDEX** books were created with the same goal in mind: to offer color-related ideas and solutions to the likes of designers, illustrators, photographers and fine artists.

• **COLOR INDEX** and **COLOR INDEX 2** each use sets of mini-illustrations to demonstrate differences between related palettes. Both books provide the CMYK and RGB formulas for every color used in these palettes.

• As with its predecessor, the last page of **COLOR INDEX 2** offers a set of masks that you can cut out and use to view palettes without undue distraction from nearby color samples.

COLOR INDEX and COLOR INDEX 2: What's different?
• The original **COLOR INDEX** displayed palettes built from two, three and four colors—ideal for coloring typical logos, layouts and illustrations. This sequel contains combos of three, four and five

colors. The larger palettes in this volume may be especially useful to artists working on more complex designs or illustrations.

- COLOR INDEX 2 features color combinations that are different than those in COLOR INDEX. Also, a majority of the individual colors in this book are different from those in COLOR INDEX.

- A new system has been used to organize the content of COLOR INDEX 2. In this volume, the first six chapters are labeled according to a dominant hue*: blue, violet, red, orange, yellow and green. Subsections within each of these chapters feature variations of that chapter's hue in palettes of their own; with their color-wheel neighbors; with opposing hues; with neutrals; and with black and tints of black.

    This structure reflects the notion that most designers and artists begin projects with at least some inkling of which colors they want to feature or favor. A designer, therefore, who knows that she wants to focus on a certain hue for her logo, layout or illustration could begin her search for relevant hues in the chapter devoted to that color and its relatives. In that chapter, she will find individual hues to consider *and* entire palettes built around her preferred hues.

    In the interest of offering the reader as broad a selection of color choices as possible, labels such as "blue" and "orange" have been applied in a very broad sense throughout this book. To get

---

* The terms "hue" and "color" are used interchangeably throughout this book. These and other color-related terms are explained in Part III of this introduction (Color Basics) on pages 16-21.

an idea of how inclusively terms such as these have been applied, take a look at the palettes shown on the first spread of the blue chapter (pages 26-27). These palettes contain all the blues used in that chapter. As you can see, these hues range widely: from blue-green to blue-violet, from light to dark, and from highly saturated to heavily muted.

The seventh chapter of **COLOR INDEX 2** features mixed combinations—palettes that are not dominated by a specific hue.

• Expansion palettes are presented for the first time in **COLOR INDEX 2**. These palettes appear at the beginning of each of the book's first six chapters. An expansion palette is a set of four related hues, arranged from dark to light. Chapters one through six have fourteen expansion palettes each (except for yellow, which has eight). The colors in these palettes are used as representatives of their chapter's dominant hue.

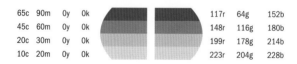

65c	90m	0y	0k			117r	64g	152b
45c	60m	0y	0k			148r	116g	180b
20c	30m	0y	0k			199r	178g	214b
10c	20m	0y	0k			223r	204g	228b

An expansion palette is a set of four related hues, arranged from dark to light.

The primary function of expansion palettes is to offer readers the option of exploring color combinations other than those featured in the book's samples. Users who wish to take advantage of these palettes' exploratory capabilities (outlined on the next page) will need to know which hues in a particular color

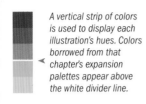

A vertical strip of colors is used to display each illustration's hues. Colors borrowed from that chapter's expansion palettes appear above the white divider line.

combination come from that chapter's expansion palettes. This is easy: Every sample illustration in COLOR INDEX 2 is accompanied by a vertical strip of colors that displays each of the illustration's hues. Colors borrowed from that chapter's expansion palettes appear above the thin white line in the strip. If there is no line, then all of the colors in that strip have come from the chapter's expansion palettes.

Expansion palettes can be used to expand upon—or make substitutions within—this book's color combinations. For example, say you come across a five-part color combination in the violet chapter that suits an illustration you're working on. The only problem is, you could really use six or seven colors to finalize the illustration. Since the color combination you're interested in appears in the violet chapter, you could begin your search for additional hues by trying out colors related to the combination's violet hues. These colors can be found at the beginning of the chapter, in the expansion palettes associated with the sample's violets. There's a good chance that these hues will meld harmoniously with the combination's existing colors because of their relation to some of its existing members. Expansion palettes can also be employed in this way if substitutions (instead of additions) are being sought for one or more hues in a particular combination.

Expansion palettes can also be used as raw material for color-related creative exploration. Experienced artists may find it useful to load the numerical formulas of favored hues into the documents they are working on—along with the colors in those hues' expansion palettes. (These colors and their expansion palettes could come from one chapter or several chapters.) Once a user has loaded these formulas into a document, they can then freely explore a wide spectrum of palette-building ideas for a design or illustration. Artists with sufficient confidence in their ability to assess color combinations may find this use for expansion palettes a great aid for expanding—and narrowing—their search for a project's final palette.

• COLOR INDEX 2 uses an updated method for converting CMYK colors to RGB.

As many readers are aware, CMYK is an ink-based system that employs percentages of cyan, magenta, yellow and black inks to reproduce specific colors. RGB, on the other hand, is a light-based model that relies on different amounts of red, green and blue light to render colors for video display. Difficulties arise when equivalents are sought between CMYK and RGB since there is no way of ensuring consistent color reproduction through either system: CMYK colors are affected by the kind of paper being printed on, the accuracy of the printing, and the type of printer being used (offset, inkjet, etc.); RGB hues are affected by the make, model, age and calibration of the display on which they appear.

Taking these incompatibilities into account as best they can, software companies have devised a number of ways of determining adequate likenesses between CMYK and RGB colors. COLOR INDEX 2 uses the system of conversion developed by Adobe for use in its highly regarded creativity-oriented products (Photoshop, Illustrator and InDesign). The worldwide acceptance of these programs—and the global reliance of professionals on Adobe's benchmark method of color conversion—makes this system a natural choice for the CMYK/RGB conversions in this book.

Color Confidence.

In addition to offering ready-to-go palettes, COLOR INDEX 2 is designed provide artists with the raw material for creating color combinations of their own. The book's expansion palettes are especially suited to this task.

The topic of palette creation prompts an important question: If a person is unsure of their proficiency in creating and evaluating color combinations, how can they go about building confidence in these areas? There are three components to this kind of artistic development: observation, practice and study. *Look* at the works of accomplished designers, painters and photographers; *practice* artistic expression through painting, design and photography; and *study* color theory through books, magazines and Internet sources. These activities are virtually guaranteed to enhance the color savvy of anyone who engages in them—and they're almost always more fun than difficult.

COLOR BASICS

The color wheel is a useful—though limited—means of visually describing relationships between **hues** (another word for colors). Three hues—blue, red and yellow—are given special status on the color wheel. These hues are known as the **primary colors** since all other hues on the wheel are derived through mixtures of these colors. When two primary colors are mixed in equal amounts, a **secondary color** (violet, orange or green) is created. A **tertiary color** results when a primary hue is mixed with one of its neighboring secondary hues.

The two-dimensional color wheel is useful for describing simple associations between hues, but a three-dimensional system is needed to represent the full range of possible colors. This expanded model takes three factors into account: hue, saturation and value.

Hue is a color's position within the 360° circle of the color wheel. Some hues have commonly-used names such as blue, violet and blue-violet.

Saturation is a measurement of a hue's purity (or *intensity*). A fully saturated hue is a color in its purest form. Less saturated colors are those that have been muted (or *grayed*) through the addition of its complement (the hue directly opposite on the color wheel), neutral hues or black.

Value is a term that relates to how light or dark a color is on a scale of white to black. Value plays critical roles in the creation and application of any palette's colors (extra attention has been devoted to describing some of these roles on the following spread).

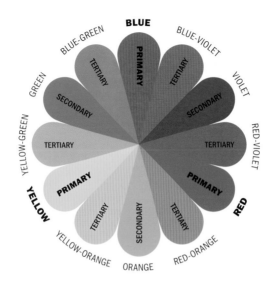

BLUE

BLUE-GREEN

BLUE-VIOLET

TERTIARY

PRIMARY

TERTIARY

GREEN

VIOLET

SECONDARY

SECONDARY

YELLOW-GREEN

TERTIARY

TERTIARY

RED-VIOLET

PRIMARY

PRIMARY

YELLOW

RED

TERTIARY

TERTIARY

YELLOW-ORANGE

SECONDARY

RED-ORANGE

ORANGE

RED-ORANGE

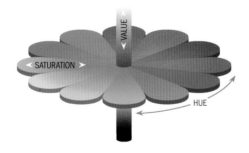

VALUE

SATURATION

HUE

THE VALUE OF VALUES

Designers, fine artists and photographers often rely on differences in the relative values of the colors in their layouts and images to direct attention and establish mood. Strong contrast tends to attract notice and generate energy. Low levels of contrast are often employed among backdrop elements and as a means of quieting a composition's visual impact.

The following samples highlight a few more considerations to take into account when making color and value decisions.

Hint: Sometimes it's difficult to see an image's values without being distracted by its colors. Try squinting. In many cases, squinting helps the eye ignore colors so that it can better concentrate on values.

VALUE VS. COLOR:
There's a saying among painters, *"A color can't be right if its value is wrong."* If realism is the goal, it's generally more important to capture the value of a subject's color than it is to accurately represent the actual color of the subject. Notice how the face in this set's final image is still recognizable—even though it has been colored with an unorthodox set of hues.

HIGH CONTRAST OFFERS OPTIONS
Note how the values in this palette range evenly from light to dark. Hues from palettes such as this can be creatively applied since each color stands out well against every other hue in the set.

LOW CONTRAST REQUIRES CARE
This palette contains a dark hue, a light hue and three hues of simillar value. This type of palette comes with a caution: Avoid applying its colors in a way that defeats your subject's legibility (far right).

WHITE (OR BLACK) TO THE RESCUE
The palette used here contains five hues that are close in value. If you want to apply a set of colors such as this to an image, consider using white or black lines between the hues to help define the image's content (far right).

Right colors; wrong values. Confusion results when an image's values are shuffled.

Original image: Logical colors, logical values.

The viewer's eye understands an image whose values follow logic—even if its colors are unnatural.

  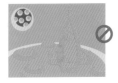

CREATING COMBOS

Many of the color combinations in this book were influenced by the methods of palette creation shown on this spread. Consider applying the concepts behind these time-proven formulas to your own search for effective palettes.

MONOCHROMATIC PALETTES

When a hue from one segment of the color wheel is varied according to value or saturation, a monochromatic palette is created. Monochromatic sets can contain any number of hues.

TRIADIC COMBINATIONS

Hues from equally spaced positions on the color wheel are known as triads. Intriguing palettes can be created when the members of a triadic combination have different values or levels of saturation.

ANALOGOUS GROUPINGS

Analogous color combinations are built from adjacent segments (or every-other adjacent segment) of the color wheel. Analogous groupings are not limited to three hues (as shown).

COMPLEMENTARY ASSOCIATIONS

A hue's complement is its opposite on the color wheel. A split complement is a three-part palette made of a hue and its complement's neighbors. Try out different values and levels of saturation for the members of these kinds of complementary associations when devising palettes.

Monochromatic

Triadic

Analogous

Analogous, variation

Complementary

Split Complementary

COLOR COMBINATIONS

1: BLUE

Hues ranging from green-blue to blue-violet;
saturations from intense to muted;
values from light to dark.

CHAPTER CONTENTS:

26-27
Expansion Palettes*

28-35
Combinations of Blue Hues

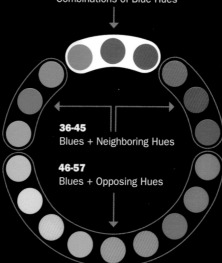

36-45
Blues + Neighboring Hues

46-57
Blues + Opposing Hues

58-65
Blues + Neutral Hues

66-73
Blues + Black and Tints of Black

* See pages 12-14 for more information about expansion palettes.

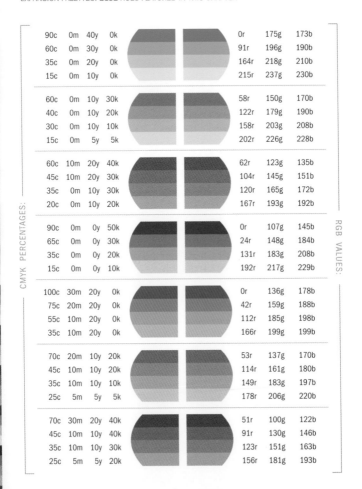

CMYK PERCENTAGES:

90c	0m	40y	0k	0r	175g	173b
60c	0m	30y	0k	91r	196g	190b
35c	0m	20y	0k	164r	218g	210b
15c	0m	10y	0k	215r	237g	230b
60c	0m	10y	30k	58r	150g	170b
40c	0m	10y	20k	122r	179g	190b
30c	0m	10y	10k	158r	203g	208b
15c	0m	5y	5k	202r	226g	228b
60c	10m	20y	40k	62r	123g	135b
45c	10m	20y	30k	104r	145g	151b
35c	0m	10y	30k	120r	165g	172b
20c	0m	10y	20k	167r	193g	192b
90c	0m	0y	50k	0r	107g	145b
65c	0m	0y	30k	24r	148g	184b
35c	0m	0y	20k	131r	183g	208b
15c	0m	0y	10k	192r	217g	229b
100c	30m	20y	0k	0r	136g	178b
75c	20m	20y	0k	42r	159g	188b
55c	10m	20y	0k	112r	185g	198b
35c	10m	20y	0k	166r	199g	199b
70c	20m	10y	20k	53r	137g	170b
45c	10m	10y	20k	114r	161g	180b
35c	10m	10y	10k	149r	183g	197b
25c	5m	5y	5k	178r	206g	220b
70c	30m	20y	40k	51r	100g	122b
45c	10m	10y	40k	91r	130g	146b
35c	10m	10y	30k	123r	151g	163b
25c	5m	5y	20k	156r	181g	193b

RGB VALUES:

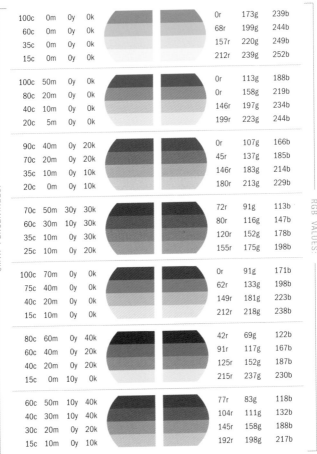

CMYK					RGB		
100c	0m	0y	0k		0r	173g	239b
60c	0m	0y	0k		68r	199g	244b
35c	0m	0y	0k		157r	220g	249b
15c	0m	0y	0k		212r	239g	252b
100c	50m	0y	0k		0r	113g	188b
80c	20m	0y	0k		0r	158g	219b
40c	10m	0y	0k		146r	197g	234b
20c	5m	0y	0k		199r	223g	244b
90c	40m	0y	20k		0r	107g	166b
70c	20m	0y	20k		45r	137g	185b
35c	10m	0y	10k		146r	183g	214b
20c	0m	0y	10k		180r	213g	229b
70c	50m	30y	30k		72r	91g	113b
60c	30m	10y	30k		80r	116g	147b
35c	10m	0y	30k		120r	152g	178b
25c	10m	0y	20k		155r	175g	198b
100c	70m	0y	0k		0r	91g	171b
75c	40m	0y	0k		62r	133g	198b
40c	20m	0y	0k		149r	181g	223b
15c	10m	0y	0k		212r	218g	238b
80c	60m	0y	40k		42r	69g	122b
60c	40m	0y	20k		91r	117g	167b
40c	20m	0y	20k		125r	152g	187b
15c	0m	10y	0k		215r	237g	230b
60c	50m	10y	40k		77r	83g	118b
40c	30m	10y	40k		104r	111g	132b
30c	20m	0y	20k		145r	158g	188b
15c	10m	0y	10k		192r	198g	217b

The blue chapter opens with monochromatic and near-monochromatic sets of colors. The hues in these samples come from this chapter's expansion palettes (previous spread). Monochromatic schemes tend to be more visually sedate than those built with hues from opposing positions on the color wheel.

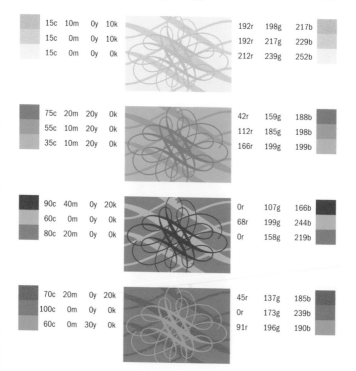

15c	10m	0y	10k	192r	198g	217b
15c	0m	0y	10k	192r	217g	229b
15c	0m	0y	0k	212r	239g	252b

75c	20m	20y	0k	42r	159g	188b
55c	10m	20y	0k	112r	185g	198b
35c	10m	20y	0k	166r	199g	199b

90c	40m	0y	20k	0r	107g	166b
60c	0m	0y	0k	68r	199g	244b
80c	20m	0y	0k	0r	158g	219b

70c	20m	0y	20k	45r	137g	185b
100c	0m	0y	0k	0r	173g	239b
60c	0m	30y	0k	91r	196g	190b

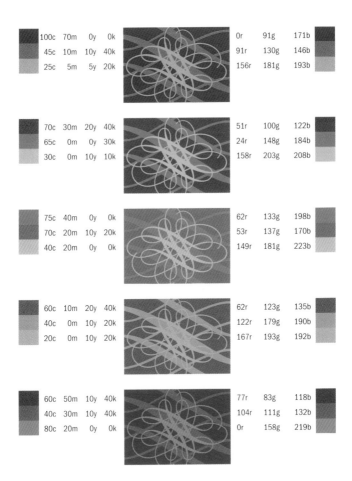

100c	70m	0y	0k	0r	91g	171b
45c	10m	10y	40k	91r	130g	146b
25c	5m	5y	20k	156r	181g	193b

70c	30m	20y	40k	51r	100g	122b
65c	0m	0y	30k	24r	148g	184b
30c	0m	10y	10k	158r	203g	208b

75c	40m	0y	0k	62r	133g	198b
70c	20m	10y	20k	53r	137g	170b
40c	20m	0y	0k	149r	181g	223b

60c	10m	20y	40k	62r	123g	135b
40c	0m	10y	20k	122r	179g	190b
20c	0m	10y	20k	167r	193g	192b

60c	50m	10y	40k	77r	83g	118b
40c	30m	10y	40k	104r	111g	132b
80c	20m	0y	0k	0r	158g	219b

COMBINATIONS OF **BLUE** HUES

80c	60m	0y	40k		42r	69g	122b
60c	40m	0y	20k		91r	117g	167b
35c	0m	0y	0k		157r	220g	249b

60c	50m	10y	40k		77r	83g	118b
35c	10m	0y	30k		120r	152g	178b
35c	10m	0y	10k		146r	183g	214b

100c	50m	0y	0k		0r	113g	188b
90c	0m	40y	0k		0r	175g	173b
60c	0m	0y	0k		68r	199g	244b

100c	30m	20y	0k		0r	136g	178b
35c	10m	10y	10k		149r	183g	197b
25c	5m	5y	5k		178r	206g	220b

35c	0m	10y	30k		120r	165g	172b
35c	0m	20y	0k		164r	218g	210b
15c	0m	10y	0k		215r	237g	230b

100c	50m	0y	0k		0r	113g	188b
60c	0m	0y	0k		68r	199g	244b
35c	0m	0y	0k		157r	220g	249b
15c	0m	0y	0k		212r	239g	252b

90c	40m	0y	20k		0r	107g	166b
70c	20m	0y	20k		45r	137g	185b
35c	10m	0y	10k		146r	183g	214b
20c	0m	0y	10k		180r	213g	229b

40c	20m	0y	20k		125r	152g	187b
35c	0m	0y	20k		131r	183g	208b
25c	5m	5y	5k		178r	206g	220b
15c	0m	10y	0k		215r	237g	230b

70c	30m	20y	40k		51r	100g	122b
45c	10m	10y	20k		114r	161g	180b
55c	10m	20y	0k		112r	185g	198b
20c	5m	0y	0k		199r	223g	244b

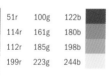

70c	50m	30y	30k		72r	91g	113b
35c	10m	10y	30k		123r	151g	163b
25c	5m	5y	20k		156r	181g	193b
40c	10m	0y	0k		146r	197g	234b

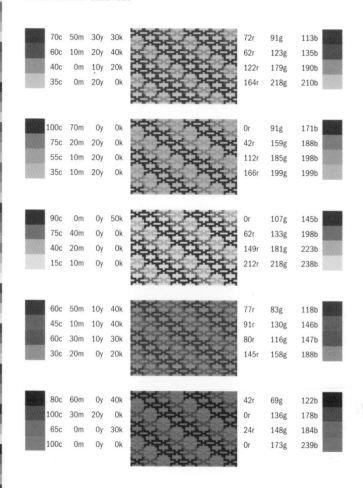

70c	50m	30y	30k	72r	91g	113b	
60c	10m	20y	40k	62r	123g	135b	
40c	0m	10y	20k	122r	179g	190b	
35c	0m	20y	0k	164r	218g	210b	

100c	70m	0y	0k	0r	91g	171b	
75c	20m	20y	0k	42r	159g	188b	
55c	10m	20y	0k	112r	185g	198b	
35c	10m	20y	0k	166r	199g	199b	

90c	0m	0y	50k	0r	107g	145b	
75c	40m	0y	0k	62r	133g	198b	
40c	20m	0y	0k	149r	181g	223b	
15c	10m	0y	0k	212r	218g	238b	

60c	50m	10y	40k	77r	83g	118b	
45c	10m	10y	40k	91r	130g	146b	
60c	30m	10y	30k	80r	116g	147b	
30c	20m	0y	20k	145r	158g	188b	

80c	60m	0y	40k	42r	69g	122b	
100c	30m	20y	0k	0r	136g	178b	
65c	0m	0y	30k	24r	148g	184b	
100c	0m	0y	0k	0r	173g	239b	

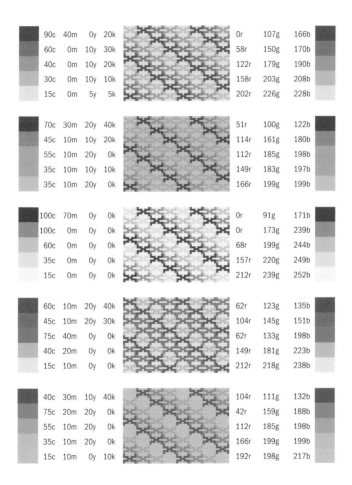

90c	40m	0y	20k	0r	107g	166b	
60c	0m	10y	30k	58r	150g	170b	
40c	0m	10y	20k	122r	179g	190b	
30c	0m	10y	10k	158r	203g	208b	
15c	0m	5y	5k	202r	226g	228b	
70c	30m	20y	40k	51r	100g	122b	
45c	10m	10y	20k	114r	161g	180b	
55c	10m	20y	0k	112r	185g	198b	
35c	10m	10y	10k	149r	183g	197b	
35c	10m	20y	0k	166r	199g	199b	
100c	70m	0y	0k	0r	91g	171b	
100c	0m	0y	0k	0r	173g	239b	
60c	0m	0y	0k	68r	199g	244b	
35c	0m	0y	0k	157r	220g	249b	
15c	0m	0y	0k	212r	239g	252b	
60c	10m	20y	40k	62r	123g	135b	
45c	10m	20y	30k	104r	145g	151b	
75c	40m	0y	0k	62r	133g	198b	
40c	20m	0y	0k	149r	181g	223b	
15c	10m	0y	0k	212r	218g	238b	
40c	30m	10y	40k	104r	111g	132b	
75c	20m	20y	0k	42r	159g	188b	
55c	10m	20y	0k	112r	185g	198b	
35c	10m	20y	0k	166r	199g	199b	
15c	10m	0y	10k	192r	198g	217b	

80c	60m	0y	40k	42r	69g	122b
60c	40m	0y	20k	91r	117g	167b
40c	20m	0y	20k	125r	152g	187b
40c	10m	0y	0k	146r	197g	234b
20c	5m	0y	0k	199r	223g	244b

60c	30m	10y	30k	80r	116g	147b
30c	20m	0y	20k	145r	158g	188b
90c	0m	40y	0k	0r	175g	173b
60c	0m	30y	0k	91r	196g	190b
35c	0m	20y	0k	164r	218g	210b

90c	0m	0y	50k	0r	107g	145b
45c	10m	10y	40k	91r	130g	146b
65c	0m	0y	30k	24r	148g	184b
35c	10m	10y	30k	123r	151g	163b
25c	5m	5y	20k	156r	181g	193b

70c	20m	0y	20k	45r	137g	185b
35c	0m	10y	30k	120r	165g	172b
35c	10m	0y	10k	146r	183g	214b
20c	0m	10y	20k	167r	193g	192b
20c	0m	0y	10k	180r	213g	229b

40c	30m	10y	40k	104r	111g	132b
30c	20m	0y	20k	145r	158g	188b
60c	0m	30y	0k	91r	196g	190b
35c	0m	20y	0k	164r	218g	210b
15c	10m	0y	10k	192r	198g	217b

60c	50m	10y	40k	77r	83g	118b
60c	30m	10y	30k	80r	116g	147b
45c	10m	10y	20k	114r	161g	180b
35c	10m	10y	30k	123r	151g	163b
20c	0m	10y	20k	167r	193g	192b

80c	60m	0y	40k	42r	69g	122b
75c	40m	0y	0k	62r	133g	198b
75c	20m	20y	0k	42r	159g	188b
60c	0m	0y	0k	68r	199g	244b
35c	0m	0y	0k	157r	220g	249b

90c	40m	0y	20k	0r	107g	166b
80c	20m	0y	0k	0r	158g	219b
90c	0m	40y	0k	0r	175g	173b
40c	10m	0y	0k	146r	197g	234b
20c	5m	0y	0k	199r	223g	244b

15c	10m	0y	10k	192r	198g	217b
15c	0m	0y	10k	192r	217g	229b
15c	0m	5y	5k	202r	226g	228b
15c	0m	10y	0k	215r	237g	230b
15c	0m	0y	0k	212r	239g	252b

60c	50m	10y	40k	77r	83g	118b
70c	30m	20y	40k	51r	100g	122b
90c	40m	0y	20k	0r	107g	166b
60c	10m	20y	40k	62r	123g	135b
100c	30m	20y	0k	0r	136g	178b

The next ten pages feature palettes of this chapter's blue hues along with analogous and near-analogous colors from the green and violet chapters. Such combinations of neighboring hues tend to impart a more restrained mood than palettes built of colors from opposing segments on the color wheel.

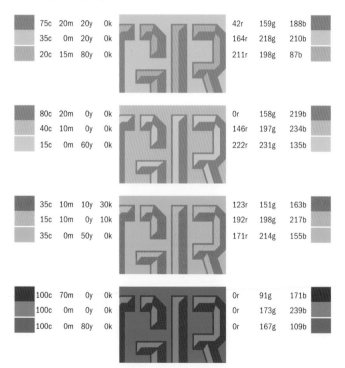

75c	20m	20y	0k	42r	159g	188b	
35c	0m	20y	0k	164r	218g	210b	
20c	15m	80y	0k	211r	198g	87b	

80c	20m	0y	0k	0r	158g	219b	
40c	10m	0y	0k	146r	197g	234b	
15c	0m	60y	0k	222r	231g	135b	

35c	10m	10y	30k	123r	151g	163b	
15c	10m	0y	10k	192r	198g	217b	
35c	0m	50y	0k	171r	214g	155b	

100c	70m	0y	0k	0r	91g	171b	
100c	0m	0y	0k	0r	173g	239b	
100c	0m	80y	0k	0r	167g	109b	

60c	0m	10y	30k		58r	150g	170b	
35c	0m	10y	30k		120r	165g	172b	
65c	0m	40y	0k		76r	191g	173b	

35c	10m	0y	30k		120r	152g	178b	
25c	20m	0y	10k		170r	175g	206b	
10c	10m	40y	10k		208r	197g	151b	

70c	20m	0y	20k		45r	137g	185b	
30c	20m	0y	20k		145r	158g	188b	
15c	0m	70y	20k		184r	191g	96b	

60c	10m	20y	40k		62r	123g	135b	
35c	10m	0y	10k		146r	183g	214b	
40c	5m	50y	40k		104r	135g	102b	

80c	60m	0y	40k		42r	69g	122b	
35c	0m	0y	20k		131r	183g	208b	
45c	0m	30y	20k		115r	173g	160b	

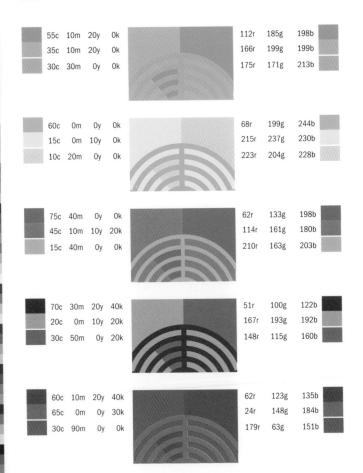

55c	10m	20y	0k		112r	185g	198b
35c	10m	20y	0k		166r	199g	199b
30c	30m	0y	0k		175r	171g	213b

60c	0m	0y	0k		68r	199g	244b
15c	0m	10y	0k		215r	237g	230b
10c	20m	0y	0k		223r	204g	228b

75c	40m	0y	0k		62r	133g	198b
45c	10m	10y	20k		114r	161g	180b
15c	40m	0y	0k		210r	163g	203b

70c	30m	20y	40k		51r	100g	122b
20c	0m	10y	20k		167r	193g	192b
30c	50m	0y	20k		148r	115g	160b

60c	10m	20y	40k		62r	123g	135b
65c	0m	0y	30k		24r	148g	184b
30c	90m	0y	0k		179r	63g	151b

70c	20m	0y	20k	45r	137g	185b	
75c	20m	20y	0k	42r	159g	188b	
5c	45m	0y	0k	231r	159g	198b	

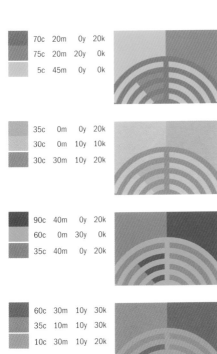

35c	0m	0y	20k	131r	183g	208b	
30c	0m	10y	10k	158r	203g	208b	
30c	30m	10y	20k	149r	143g	164b	

90c	40m	0y	20k	0r	107g	166b	
60c	0m	30y	0k	91r	196g	190b	
35c	40m	0y	20k	139r	127g	169b	

60c	30m	10y	30k	80r	116g	147b	
35c	10m	10y	30k	123r	151g	163b	
10c	30m	10y	20k	185r	153g	165b	

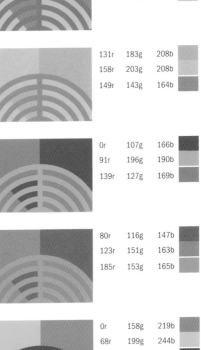

80c	20m	0y	0k	0r	158g	219b	
60c	0m	0y	0k	68r	199g	244b	
25c	70m	20y	40k	128r	69g	98b	

BLUES + NEIGHBORING HUES

35c	0m	0y	20k	131r	183g	208b	
40c	20m	0y	0k	149r	181g	223b	
35c	0m	20y	0k	164r	218g	210b	
10c	5m	60y	0k	233r	224g	131b	

75c	20m	20y	0k	42r	159g	188b	
30c	0m	10y	10k	158r	203g	208b	
35c	0m	0y	0k	157r	220g	249b	
5c	0m	40y	0k	244r	243g	173b	

100c	50m	0y	0k	0r	113g	188b	
60c	0m	0y	0k	68r	199g	244b	
15c	0m	0y	0k	212r	239g	252b	
60c	0m	80y	0k	109r	192g	103b	

70c	50m	30y	30k	72r	91g	113b	
60c	30m	10y	30k	80r	116g	147b	
35c	10m	0y	30k	120r	152g	178b	
45c	0m	40y	0k	141r	207g	173b	

45c	10m	10y	40k	91r	130g	146b	
30c	20m	0y	20k	145r	158g	188b	
35c	0m	10y	30k	120r	165g	172b	
10c	15m	80y	20k	191r	170g	69b	

40

40c	20m	0y	20k	125r	152g	187b	
35c	10m	10y	10k	149r	183g	197b	
20c	0m	0y	10k	180r	213g	229b	
10c	10m	40y	20k	189r	181g	139b	

65c	0m	0y	30k	24r	148g	184b	
45c	10m	10y	20k	114r	161g	180b	
25c	10m	0y	20k	155r	175g	198b	
25c	10m	40y	20k	161r	171g	139b	

100c	50m	0y	0k	0r	113g	188b	
80c	20m	0y	0k	0r	158g	219b	
35c	10m	0y	10k	146r	183g	214b	
15c	15m	0y	0k	212r	209g	233b	

90c	0m	0y	50k	0r	107g	145b	
40c	0m	10y	20k	122r	179g	190b	
30c	0m	10y	10k	158r	203g	208b	
45c	60m	0y	0k	148r	116g	180b	

75c	40m	0y	0k	62r	133g	198b	
90c	0m	40y	0k	0r	175g	173b	
60c	0m	0y	0k	68r	199g	244b	
45c	90m	0y	0k	153r	63g	152b	

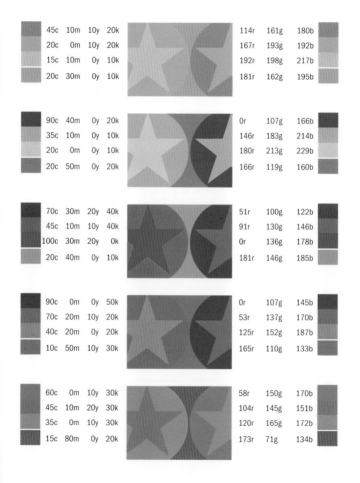

45c	10m	10y	20k
20c	0m	10y	20k
15c	10m	0y	10k
20c	30m	0y	10k

114r	161g	180b
167r	193g	192b
192r	198g	217b
181r	162g	195b

90c	40m	0y	20k
35c	10m	0y	10k
20c	0m	0y	10k
20c	50m	0y	20k

0r	107g	166b
146r	183g	214b
180r	213g	229b
166r	119g	160b

70c	30m	20y	40k
45c	10m	10y	40k
100c	30m	20y	0k
20c	40m	0y	10k

51r	100g	122b
91r	130g	146b
0r	136g	178b
181r	146g	185b

90c	0m	0y	50k
70c	20m	10y	20k
40c	20m	0y	20k
10c	50m	10y	30k

0r	107g	145b
53r	137g	170b
125r	152g	187b
165r	110g	133b

60c	0m	10y	30k
45c	10m	20y	30k
35c	0m	10y	30k
15c	80m	0y	20k

58r	150g	170b
104r	145g	151b
120r	165g	172b
173r	71g	134b

40c	10m	0y	0k		146r	197g	234b
35c	0m	20y	0k		164r	218g	210b
35c	0m	0y	0k		157r	220g	249b
20c	5m	0y	0k		199r	223g	244b
10c	5m	40y	0k		231r	226g	169b

90c	40m	0y	20k		0r	107g	166b
100c	30m	20y	0k		0r	136g	178b
75c	20m	20y	0k		42r	159g	188b
35c	10m	0y	10k		146r	183g	214b
35c	0m	100y	0k		179r	210g	52b

100c	50m	0y	0k		0r	113g	188b
100c	0m	0y	0k		0r	173g	239b
60c	0m	0y	0k		68r	199g	244b
15c	0m	30y	0k		218r	234g	193b
80c	0m	100y	0k		13r	177g	75b

100c	70m	0y	0k		0r	91g	171b
75c	40m	0y	0k		62r	133g	198b
40c	20m	0y	0k		149r	181g	223b
35c	0m	50y	0k		171r	214g	155b
75c	0m	60y	0k		29r	183g	141b

60c	0m	10y	30k		58r	150g	170b
25c	20m	0y	10k		170r	175g	206b
15c	0m	0y	10k		192r	217g	229b
25c	0m	80y	0k		200r	220g	93b
40c	0m	30y	0k		153r	212g	191b

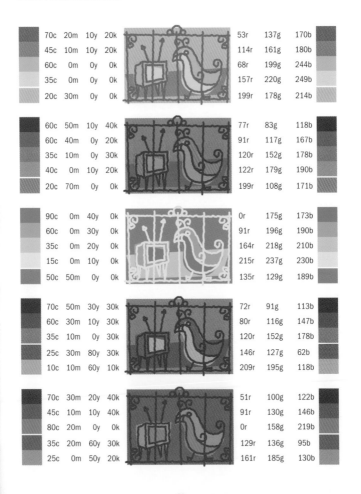

70c	20m	10y	20k
45c	10m	10y	20k
60c	0m	0y	0k
35c	0m	0y	0k
20c	30m	0y	0k

53r	137g	170b
114r	161g	180b
68r	199g	244b
157r	220g	249b
199r	178g	214b

60c	50m	10y	40k
60c	40m	0y	20k
35c	10m	0y	30k
40c	0m	10y	20k
20c	70m	0y	0k

77r	83g	118b
91r	117g	167b
120r	152g	178b
122r	179g	190b
199r	108g	171b

90c	0m	40y	0k
60c	0m	30y	0k
35c	0m	20y	0k
15c	0m	10y	0k
50c	50m	0y	0k

0r	175g	173b
91r	196g	190b
164r	218g	210b
215r	237g	230b
135r	129g	189b

70c	50m	30y	30k
60c	30m	10y	30k
35c	10m	0y	30k
25c	30m	80y	30k
10c	10m	60y	10k

72r	91g	113b
80r	116g	147b
120r	152g	178b
146r	127g	62b
209r	195g	118b

70c	30m	20y	40k
45c	10m	10y	40k
80c	20m	0y	0k
35c	20m	60y	30k
25c	0m	50y	20k

51r	100g	122b
91r	130g	146b
0r	158g	219b
129r	136g	95b
161r	185g	130b

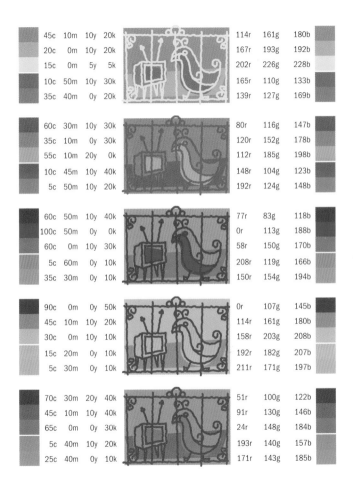

45c	10m	10y	20k	114r	161g	180b
20c	0m	10y	20k	167r	193g	192b
15c	0m	5y	5k	202r	226g	228b
10c	50m	10y	30k	165r	110g	133b
35c	40m	0y	20k	139r	127g	169b
60c	30m	10y	30k	80r	116g	147b
35c	10m	0y	30k	120r	152g	178b
55c	10m	20y	0k	112r	185g	198b
10c	45m	10y	40k	148r	104g	123b
5c	50m	10y	20k	192r	124g	148b
60c	50m	10y	40k	77r	83g	118b
100c	50m	0y	0k	0r	113g	188b
60c	0m	10y	30k	58r	150g	170b
5c	60m	0y	10k	208r	119g	166b
35c	30m	0y	10k	150r	154g	194b
90c	0m	0y	50k	0r	107g	145b
45c	10m	10y	20k	114r	161g	180b
30c	0m	10y	10k	158r	203g	208b
15c	20m	0y	10k	192r	182g	207b
5c	30m	0y	10k	211r	171g	197b
70c	30m	20y	40k	51r	100g	122b
45c	10m	10y	40k	91r	130g	146b
65c	0m	0y	30k	24r	148g	184b
5c	40m	10y	20k	193r	140g	157b
25c	40m	0y	10k	171r	143g	185b

In this section, the chapter's blue hues are joined by comple-
ments and near-complements from the red, orange and yellow
chapters. Palettes of opposing hues such as these tend to be more
visually active than monochromatic combinations or those made
of hues from neighboring positions on the color wheel.

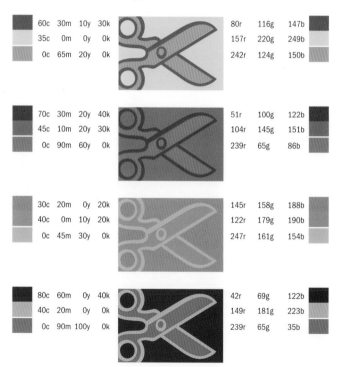

60c	30m	10y	30k		80r	116g	147b
35c	0m	0y	0k		157r	220g	249b
0c	65m	20y	0k		242r	124g	150b

70c	30m	20y	40k		51r	100g	122b
45c	10m	20y	30k		104r	145g	151b
0c	90m	60y	0k		239r	65g	86b

30c	20m	0y	20k		145r	158g	188b
40c	0m	10y	20k		122r	179g	190b
0c	45m	30y	0k		247r	161g	154b

80c	60m	0y	40k		42r	69g	122b
40c	20m	0y	0k		149r	181g	223b
0c	90m	100y	0k		239r	65g	35b

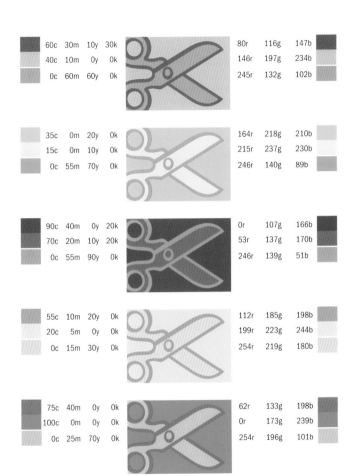

60c	30m	10y	30k	80r	116g	147b	
40c	10m	0y	0k	146r	197g	234b	
0c	60m	60y	0k	245r	132g	102b	

35c	0m	20y	0k	164r	218g	210b	
15c	0m	10y	0k	215r	237g	230b	
0c	55m	70y	0k	246r	140g	89b	

90c	40m	0y	20k	0r	107g	166b	
70c	20m	10y	20k	53r	137g	170b	
0c	55m	90y	0k	246r	139g	51b	

55c	10m	20y	0k	112r	185g	198b	
20c	5m	0y	0k	199r	223g	244b	
0c	15m	30y	0k	254r	219g	180b	

75c	40m	0y	0k	62r	133g	198b	
100c	0m	0y	0k	0r	173g	239b	
0c	25m	70y	0k	254r	196g	101b	

65c	0m	0y	30k
35c	10m	0y	10k
0c	15m	70y	0k

24r	148g	184b
146r	183g	214b
255r	215g	105b

45c	10m	10y	20k
25c	5m	5y	5k
0c	0m	50y	0k

114r	161g	180b
178r	206g	220b
255r	247g	153b

35c	10m	0y	30k
25c	5m	5y	20k
20c	80m	40y	20k

120r	152g	178b
156r	181g	193b
167r	72g	96b

40c	30m	10y	40k
60c	10m	20y	40k
10c	65m	40y	0k

104r	111g	132b
62r	123g	135b
221r	119g	125b

60c	40m	0y	20k
30c	0m	10y	10k
0c	65m	60y	10k

91r	117g	167b
158r	203g	208b
220r	111g	90b

					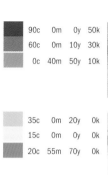			
90c	0m	0y	50k		0r	107g	145b
60c	0m	10y	30k		58r	150g	170b
0c	40m	50y	10k		225r	153g	116b

35c	0m	20y	0k	164r	218g	210b
15c	0m	0y	0k	212r	239g	252b
20c	55m	70y	0k	205r	132g	92b

100c	30m	20y	0k	0r	136g	178b
90c	0m	40y	0k	0r	175g	173b
0c	50m	100y	0k	247r	147g	29b

100c	70m	0y	0k	0r	91g	171b
70c	20m	0y	20k	45r	137g	185b
5c	20m	50y	0k	240r	202g	140b

60c	30m	10y	30k	80r	116g	147b
35c	10m	10y	30k	123r	151g	163b
0c	25m	80y	20k	209r	161g	64b

 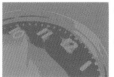

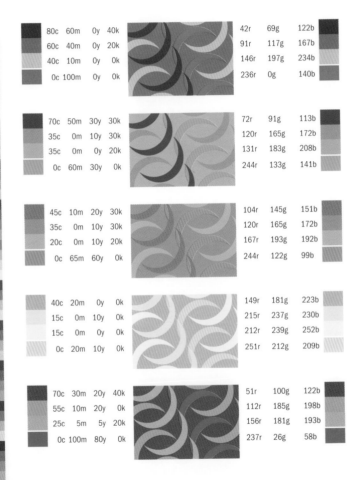

80c	60m	0y	40k
60c	40m	0y	20k
40c	10m	0y	0k
0c	100m	0y	0k

42r	69g	122b
91r	117g	167b
146r	197g	234b
236r	0g	140b

70c	50m	30y	30k
35c	0m	10y	30k
35c	0m	0y	20k
0c	60m	30y	0k

72r	91g	113b
120r	165g	172b
131r	183g	208b
244r	133g	141b

45c	10m	20y	30k
35c	0m	10y	30k
20c	0m	10y	20k
0c	65m	60y	0k

104r	145g	151b
120r	165g	172b
167r	193g	192b
244r	122g	99b

40c	20m	0y	0k
15c	0m	10y	0k
15c	0m	0y	0k
0c	20m	10y	0k

149r	181g	223b
215r	237g	230b
212r	239g	252b
251r	212g	209b

70c	30m	20y	40k
55c	10m	20y	0k
25c	5m	5y	20k
0c	100m	80y	0k

51r	100g	122b
112r	185g	198b
156r	181g	193b
237r	26g	58b

35c	10m	10y	10k	149r	183g	197b
15c	10m	0y	10k	192r	198g	217b
15c	0m	0y	10k	192r	217g	229b
0c	20m	20y	0k	252r	210g	193b

45c	10m	10y	20k	114r	161g	180b
40c	0m	10y	20k	122r	179g	190b
35c	10m	0y	10k	146r	183g	214b
0c	40m	30y	0k	248r	170g	158b

60c	50m	10y	40k	77r	83g	118b
90c	0m	0y	50k	0r	107g	145b
65c	0m	0y	30k	24r	148g	184b
0c	65m	90y	0k	244r	121g	50b

60c	10m	20y	40k	62r	123g	135b
35c	10m	10y	30k	123r	151g	163b
30c	0m	10y	10k	158r	203g	208b
0c	35m	50y	0k	250r	179g	131b

80c	20m	0y	0k	0r	158g	219b
35c	0m	0y	0k	157r	220g	249b
15c	0m	0y	0k	212r	239g	252b
0c	50m	100y	0k	247r	147g	29b

100c	30m	20y	0k	0r	136g	178b
75c	20m	20y	0k	42r	159g	188b
55c	10m	20y	0k	112r	185g	198b
0c	15m	50y	0k	255r	217g	143b

80c	60m	0y	40k	42r	69g	122b
80c	20m	0y	0k	0r	158g	219b
90c	0m	40y	0k	0r	175g	173b
0c	25m	90y	0k	254r	194g	51b

25c	10m	0y	20k	155r	175g	198b
20c	0m	0y	10k	180r	213g	229b
15c	0m	0y	10k	192r	217g	229b
0c	5m	75y	0k	255r	232g	94b

35c	0m	10y	30k	120r	165g	172b
20c	0m	10y	20k	167r	193g	192b
35c	0m	20y	0k	164r	218g	210b
20c	100m	50y	30k	149r	15g	67b

60c	30m	10y	30k	80r	116g	147b
25c	5m	5y	20k	156r	181g	193b
35c	10m	20y	0k	166r	199g	199b
10c	55m	30y	0k	222r	137g	146b

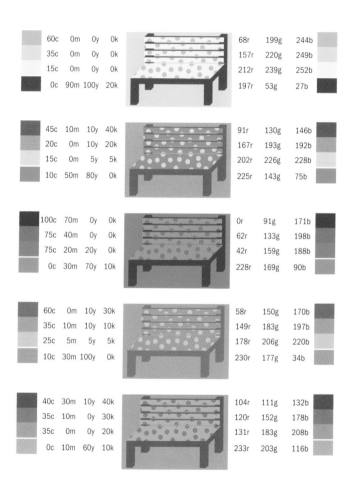

60c	0m	0y	0k		68r	199g	244b
35c	0m	0y	0k		157r	220g	249b
15c	0m	0y	0k		212r	239g	252b
0c	90m	100y	20k		197r	53g	27b

45c	10m	10y	40k		91r	130g	146b
20c	0m	10y	20k		167r	193g	192b
15c	0m	5y	5k		202r	226g	228b
10c	50m	80y	0k		225r	143g	75b

100c	70m	0y	0k		0r	91g	171b
75c	40m	0y	0k		62r	133g	198b
75c	20m	20y	0k		42r	159g	188b
0c	30m	70y	10k		228r	169g	90b

60c	0m	10y	30k		58r	150g	170b
35c	10m	10y	10k		149r	183g	197b
25c	5m	5y	5k		178r	206g	220b
10c	30m	100y	0k		230r	177g	34b

40c	30m	10y	40k		104r	111g	132b
35c	10m	0y	30k		120r	152g	178b
35c	0m	0y	20k		131r	183g	208b
0c	10m	60y	10k		233r	203g	116b

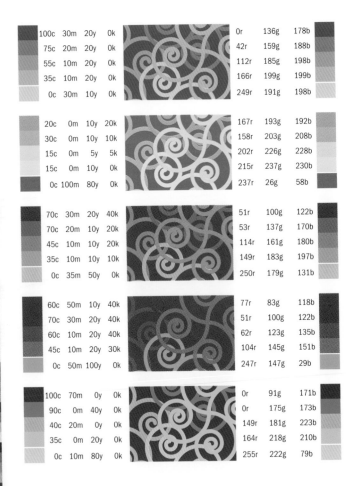

100c	30m	20y	0k		0r	136g	178b
75c	20m	20y	0k		42r	159g	188b
55c	10m	20y	0k		112r	185g	198b
35c	10m	20y	0k		166r	199g	199b
0c	30m	10y	0k		249r	191g	198b

20c	0m	10y	20k		167r	193g	192b
30c	0m	10y	10k		158r	203g	208b
15c	0m	5y	5k		202r	226g	228b
15c	0m	10y	0k		215r	237g	230b
0c	100m	80y	0k		237r	26g	58b

70c	30m	20y	40k		51r	100g	122b
70c	20m	10y	20k		53r	137g	170b
45c	10m	10y	20k		114r	161g	180b
35c	10m	10y	10k		149r	183g	197b
0c	35m	50y	0k		250r	179g	131b

60c	50m	10y	40k		77r	83g	118b
70c	30m	20y	40k		51r	100g	122b
60c	10m	20y	40k		62r	123g	135b
45c	10m	20y	30k		104r	145g	151b
0c	50m	100y	0k		247r	147g	29b

100c	70m	0y	0k		0r	91g	171b
90c	0m	40y	0k		0r	175g	173b
40c	20m	0y	0k		149r	181g	223b
35c	0m	20y	0k		164r	218g	210b
0c	10m	80y	0k		255r	222g	79b

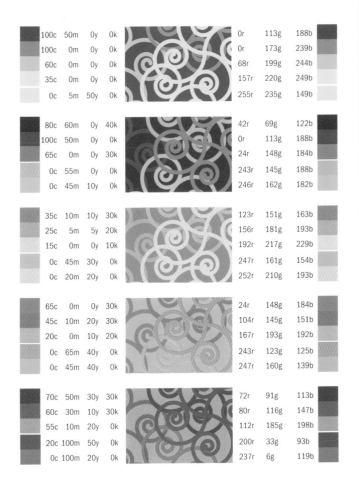

100c	50m	0y	0k		0r	113g	188b
100c	0m	0y	0k		0r	173g	239b
60c	0m	0y	0k		68r	199g	244b
35c	0m	0y	0k		157r	220g	249b
0c	5m	50y	0k		255r	235g	149b

80c	60m	0y	40k		42r	69g	122b
100c	50m	0y	0k		0r	113g	188b
65c	0m	0y	30k		24r	148g	184b
0c	55m	0y	0k		243r	145g	188b
0c	45m	10y	0k		246r	162g	182b

35c	10m	10y	30k		123r	151g	163b
25c	5m	5y	20k		156r	181g	193b
15c	0m	0y	10k		192r	217g	229b
0c	45m	30y	0k		247r	161g	154b
0c	20m	20y	0k		252r	210g	193b

65c	0m	0y	30k		24r	148g	184b
45c	10m	20y	30k		104r	145g	151b
20c	0m	10y	20k		167r	193g	192b
0c	65m	40y	0k		243r	123g	125b
0c	45m	40y	0k		247r	160g	139b

70c	50m	30y	30k		72r	91g	113b
60c	30m	10y	30k		80r	116g	147b
55c	10m	20y	0k		112r	185g	198b
20c	100m	50y	0k		200r	33g	93b
0c	100m	20y	0k		237r	6g	119b

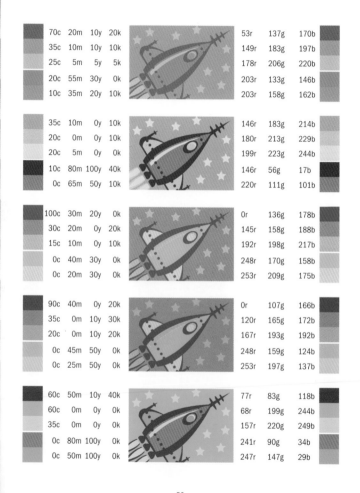

70c	20m	10y	20k
35c	10m	10y	10k
25c	5m	5y	5k
20c	55m	30y	0k
10c	35m	20y	10k

53r	137g	170b
149r	183g	197b
178r	206g	220b
203r	133g	146b
203r	158g	162b

35c	10m	0y	10k
20c	0m	0y	10k
20c	5m	0y	0k
10c	80m	100y	40k
0c	65m	50y	10k

146r	183g	214b
180r	213g	229b
199r	223g	244b
146r	56g	17b
220r	111g	101b

100c	30m	20y	0k
30c	20m	0y	20k
15c	10m	0y	10k
0c	40m	30y	0k
0c	20m	30y	0k

0r	136g	178b
145r	158g	188b
192r	198g	217b
248r	170g	158b
253r	209g	175b

90c	40m	0y	20k
35c	0m	10y	30k
20c	0m	10y	20k
0c	45m	50y	0k
0c	25m	50y	0k

0r	107g	166b
120r	165g	172b
167r	193g	192b
248r	159g	124b
253r	197g	137b

60c	50m	10y	40k
60c	0m	0y	0k
35c	0m	0y	0k
0c	80m	100y	0k
0c	50m	100y	0k

77r	83g	118b
68r	199g	244b
157r	220g	249b
241r	90g	34b
247r	147g	29b

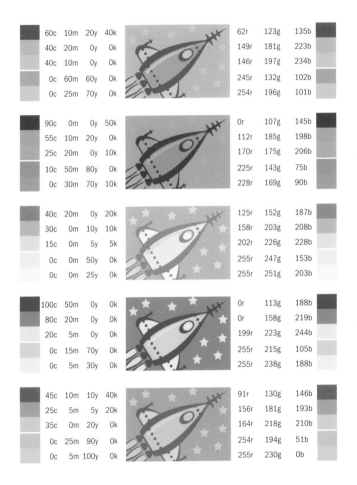

60c	10m	20y	40k	62r	123g	135b
40c	20m	0y	0k	149r	181g	223b
40c	10m	0y	0k	146r	197g	234b
0c	60m	60y	0k	245r	132g	102b
0c	25m	70y	0k	254r	196g	101b
90c	0m	0y	50k	0r	107g	145b
55c	10m	20y	0k	112r	185g	198b
25c	20m	0y	10k	170r	175g	206b
10c	50m	80y	0k	225r	143g	75b
0c	30m	70y	10k	228r	169g	90b
40c	20m	0y	20k	125r	152g	187b
30c	0m	10y	10k	158r	203g	208b
15c	0m	5y	5k	202r	226g	228b
0c	0m	50y	0k	255r	247g	153b
0c	0m	25y	0k	255r	251g	203b
100c	50m	0y	0k	0r	113g	188b
80c	20m	0y	0k	0r	158g	219b
20c	5m	0y	0k	199r	223g	244b
0c	15m	70y	0k	255r	215g	105b
0c	5m	30y	0k	255r	238g	188b
45c	10m	10y	40k	91r	130g	146b
25c	5m	5y	20k	156r	181g	193b
35c	0m	20y	0k	164r	218g	210b
0c	25m	90y	0k	254r	194g	51b
0c	5m	100y	0k	255r	230g	0b

In the following samples, this chapter's blue hues are added to palettes dominated by a broad range of neutral colors. Some of the neutrals are brown or skin tones; others are grays that contain suggestions of a particular hue. Simple grays (tints of black) are featured in the section that follows.

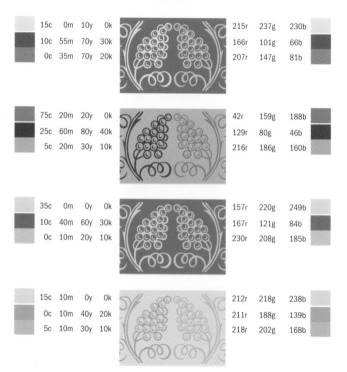

15c	0m	10y	0k		215r	237g	230b
10c	55m	70y	30k		166r	101g	66b
0c	35m	70y	20k		207r	147g	81b

75c	20m	20y	0k		42r	159g	188b
25c	60m	80y	40k		129r	80g	46b
5c	20m	30y	10k		216r	186g	160b

35c	0m	0y	0k		157r	220g	249b
10c	40m	60y	30k		167r	121g	84b
0c	10m	20y	10k		230r	208g	185b

15c	10m	0y	0k		212r	218g	238b
0c	10m	40y	20k		211r	188g	139b
5c	10m	30y	10k		218r	202g	168b

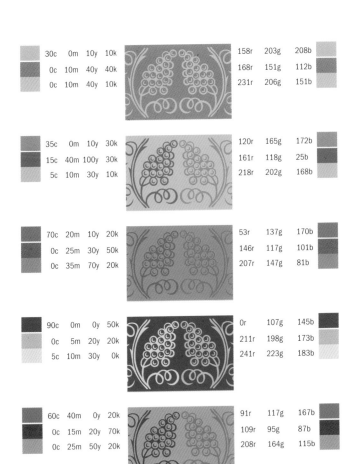

CMYK	RGB
30c 0m 10y 10k	158r 203g 208b
0c 10m 40y 40k	168r 151g 112b
0c 10m 40y 10k	231r 206g 151b
35c 0m 10y 30k	120r 165g 172b
15c 40m 100y 30k	161r 118g 25b
5c 10m 30y 10k	218r 202g 168b
70c 20m 10y 20k	53r 137g 170b
0c 25m 30y 50k	146r 117g 101b
0c 35m 70y 20k	207r 147g 81b
90c 0m 0y 50k	0r 107g 145b
0c 5m 20y 20k	211r 198g 173b
5c 10m 30y 0k	241r 223g 183b
60c 40m 0y 20k	91r 117g 167b
0c 15m 20y 70k	109r 95g 87b
0c 25m 50y 20k	208r 164g 115b

70c	20m	0y	20k	45r	137g	185b	
0c	10m	20y	50k	147r	134g	120b	
0c	10m	30y	30k	189r	170g	139b	

35c	0m	20y	0k	164r	218g	210b	
0c	5m	20y	60k	129r	122g	107b	
0c	10m	40y	40k	168r	151g	112b	

55c	10m	20y	0k	112r	185g	198b	
0c	15m	20y	60k	128r	112g	102b	
25c	40m	50y	20k	161r	129g	107b	

100c	0m	0y	0k	0r	173g	239b	
40c	60m	80y	30k	123r	87g	56b	
15c	40m	100y	30k	161r	118g	25b	

100c	50m	0y	0k	0r	113g	188b	
10c	15m	0y	50k	130r	126g	139b	
10c	5m	0y	40k	148r	155g	166b	

35c	10m	20y	0k		166r	199g	199b
25c	60m	80y	40k		129r	80g	46b
10c	40m	60y	30k		167r	121g	84b
0c	10m	20y	10k		230r	208g	185b

35c	10m	10y	10k		149r	183g	197b
0c	30m	30y	70k		108r	81g	71b
0c	30m	40y	50k		146r	110g	88b
30c	70m	100y	0k		186r	104g	49b

15c	0m	0y	0k		212r	239g	252b
0c	15m	20y	50k		147r	129g	118b
0c	25m	40y	30k		187r	148g	117b
5c	20m	30y	10k		216r	186g	160b

40c	10m	0y	0k		146r	197g	234b
0c	10m	40y	60k		129r	115g	84b
0c	10m	40y	40k		168r	151g	112b
0c	10m	40y	10k		231r	206g	151b

40c	20m	0y	0k		149r	181g	223b
10c	5m	0y	70k		97r	101g	109b
0c	10m	20y	60k		129r	117g	105b
0c	10m	30y	40k		168r	152g	124b

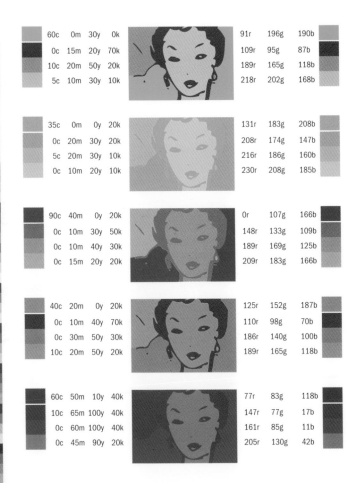

C	M	Y	K		R	G	B
60c	0m	30y	0k		91r	196g	190b
0c	15m	20y	70k		109r	95g	87b
10c	20m	50y	20k		189r	165g	118b
5c	10m	30y	10k		218r	202g	168b
35c	0m	0y	20k		131r	183g	208b
0c	20m	30y	20k		208r	174g	147b
5c	20m	30y	10k		216r	186g	160b
0c	10m	20y	10k		230r	208g	185b
90c	40m	0y	20k		0r	107g	166b
0c	10m	30y	50k		148r	133g	109b
0c	10m	40y	30k		189r	169g	125b
0c	15m	20y	20k		209r	183g	166b
40c	20m	0y	20k		125r	152g	187b
0c	10m	40y	70k		110r	98g	70b
0c	30m	50y	30k		186r	140g	100b
10c	20m	50y	20k		189r	165g	118b
60c	50m	10y	40k		77r	83g	118b
10c	65m	100y	40k		147r	77g	17b
0c	60m	100y	40k		161r	85g	11b
0c	45m	90y	20k		205r	130g	42b

90c	0m	40y	0k
0c	10m	30y	30k
0c	5m	20y	20k
0c	10m	40y	10k

0r	175g	173b
189r	170g	139b
211r	198g	173b
231r	206g	151b

100c	30m	20y	0k
40c	60m	80y	30k
25c	60m	80y	30k
15c	40m	50y	20k

0r	136g	178b
123r	87g	56b
145r	90g	54b
178r	133g	107b

45c	10m	10y	20k
20c	40m	50y	0k
0c	40m	50y	10k
0c	20m	50y	10k

114r	161g	180b
205r	157g	129b
225r	153g	116b
230r	188g	128b

60c	0m	0y	0k
0c	15m	20y	60k
10c	10m	0y	60k
0c	10m	20y	50k

68r	199g	244b
128r	112g	102b
114r	114g	125b
147r	134g	120b

75c	40m	0y	0k
10c	10m	0y	30k
10c	15m	0y	20k
10c	5m	0y	20k

62r	133g	198b
166r	166g	181b
185r	177g	195b
185r	192g	205b

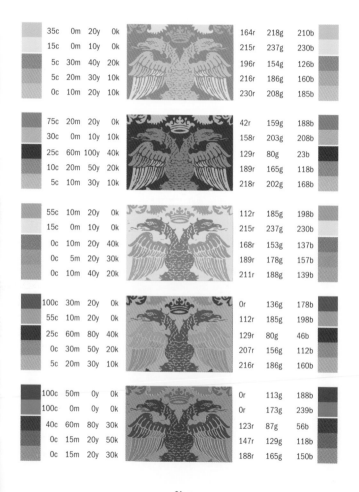

35c	0m	20y	0k	164r	218g	210b
15c	0m	10y	0k	215r	237g	230b
5c	30m	40y	20k	196r	154g	126b
5c	20m	30y	10k	216r	186g	160b
0c	10m	20y	10k	230r	208g	185b
75c	20m	20y	0k	42r	159g	188b
30c	0m	10y	10k	158r	203g	208b
25c	60m	100y	40k	129r	80g	23b
10c	20m	50y	20k	189r	165g	118b
5c	10m	30y	10k	218r	202g	168b
55c	10m	20y	0k	112r	185g	198b
15c	0m	10y	0k	215r	237g	230b
0c	10m	20y	40k	168r	153g	137b
0c	5m	20y	30k	189r	178g	157b
0c	10m	40y	20k	211r	188g	139b
100c	30m	20y	0k	0r	136g	178b
55c	10m	20y	0k	112r	185g	198b
25c	60m	80y	40k	129r	80g	46b
0c	30m	50y	20k	207r	156g	112b
5c	20m	30y	10k	216r	186g	160b
100c	50m	0y	0k	0r	113g	188b
100c	0m	0y	0k	0r	173g	239b
40c	60m	80y	30k	123r	87g	56b
0c	15m	20y	50k	147r	129g	118b
0c	15m	20y	30k	188r	165g	150b

75c	40m	0y	0k	62r	133g	198b
60c	0m	0y	0k	68r	199g	244b
0c	30m	50y	40k	166r	125g	89b
0c	30m	30y	50k	146r	111g	99b
0c	15m	20y	50k	147r	129g	118b

75c	40m	0y	0k	62r	133g	198b
80c	20m	0y	0k	0r	158g	219b
0c	10m	40y	70k	110r	98g	70b
0c	10m	40y	50k	148r	132g	98b
0c	10m	40y	30k	189r	169g	125b

60c	40m	0y	20k	91r	117g	167b
70c	20m	0y	20k	45r	137g	185b
0c	10m	30y	70k	109r	98g	80b
0c	10m	30y	40k	168r	152g	124b
0c	10m	30y	20k	210r	189g	154b

45c	10m	10y	40k	91r	130g	146b
70c	20m	10y	20k	53r	137g	170b
0c	10m	20y	60k	129r	117g	105b
0c	25m	30y	50k	146r	117g	101b
10c	20m	20y	0k	226r	202g	192b

90c	0m	0y	50k	0r	107g	145b
60c	10m	20y	40k	62r	123g	135b
10c	15m	0y	40k	148r	143g	158b
10c	5m	0y	40k	148r	155g	166b
0c	5m	20y	30k	189r	178g	157b

In this final section of chapter 1, the blue hues are combined with black and tints of black. Consider ideas such as these when seeking ideas for jobs that are limited to black plus one other color of ink. Explore palette solutions where black inks are given prominence, as well as those where the color is allowed to dominate the scheme.

35c	0m	20y	0k
0c	0m	0y	100k
0c	0m	0y	60k

164r	218g	210b
0r	0g	0b
130r	130g	130b

40c	0m	10y	20k
0c	0m	0y	100k
0c	0m	0y	40k

122r	179g	190b
0r	0g	0b
169r	169g	169b

60c	0m	0y	0k
0c	0m	0y	100k
0c	0m	0y	70k

68r	199g	244b
0r	0g	0b
111r	111g	111b

40c	10m	0y	0k
0c	0m	0y	100k
0c	0m	0y	10k

146r	197g	234b
0r	0g	0b
231r	231g	231b

	40c	20m	0y	0k	149r	181g	223b
	0c	0m	0y	100k	0r	0g	0b
	0c	0m	0y	60k	130r	130g	130b

	100c	70m	0y	0k	0r	91g	171b
	0c	0m	0y	100k	0r	0g	0b
	0c	0m	0y	30k	189r	189g	189b

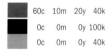	40c	20m	0y	20k	125r	152g	187b
	0c	0m	0y	100k	0r	0g	0b
	0c	0m	0y	20k	211r	211g	211b

	60c	10m	20y	40k	62r	123g	135b
	0c	0m	0y	100k	0r	0g	0b
	0c	0m	0y	40k	169r	169g	169b

	45c	10m	10y	20k	114r	161g	180b
	0c	0m	0y	100k	0r	0g	0b
	0c	0m	0y	80k	89r	89g	89b

C	M	Y	K	R	G	B
35c	0m	0y	20k	131r	183g	208b
0c	0m	0y	100k	0r	0g	0b
0c	0m	0y	30k	189r	189g	189b

C	M	Y	K	R	G	B
100c	0m	0y	0k	0r	173g	239b
0c	0m	0y	100k	0r	0g	0b
0c	0m	0y	20k	211r	211g	211b

C	M	Y	K	R	G	B
70c	20m	0y	20k	45r	137g	185b
0c	0m	0y	100k	0r	0g	0b
0c	0m	0y	60k	130r	130g	130b

C	M	Y	K	R	G	B
35c	10m	0y	30k	120r	152g	178b
0c	0m	0y	100k	0r	0g	0b
0c	0m	0y	70k	111r	111g	111b

C	M	Y	K	R	G	B
60c	40m	0y	20k	91r	117g	167b
0c	0m	0y	100k	0r	0g	0b
0c	0m	0y	40k	169r	169g	169b

90c	0m	40y	0k		0r	175g	173b
0c	0m	0y	100k		0r	0g	0b
0c	0m	0y	60k		130r	130g	130b
0c	0m	0y	30k		189r	189g	189b

35c	0m	20y	0k		164r	218g	210b
0c	0m	0y	100k		0r	0g	0b
0c	0m	0y	80k		89r	89g	89b
0c	0m	0y	50k		149r	149g	149b

  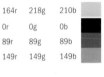

75c	20m	20y	0k		42r	159g	188b
0c	0m	0y	100k		0r	0g	0b
0c	0m	0y	70k		111r	111g	111b
0c	0m	0y	20k		211r	211g	211b

  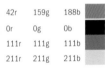

45c	10m	10y	20k		114r	161g	180b
0c	0m	0y	100k		0r	0g	0b
0c	0m	0y	30k		189r	189g	189b
0c	0m	0y	10k		231r	231g	231b

65c	0m	0y	30k		24r	148g	184b
0c	0m	0y	100k		0r	0g	0b
0c	0m	0y	60k		130r	130g	130b
0c	0m	0y	30k		189r	189g	189b

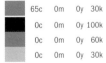 

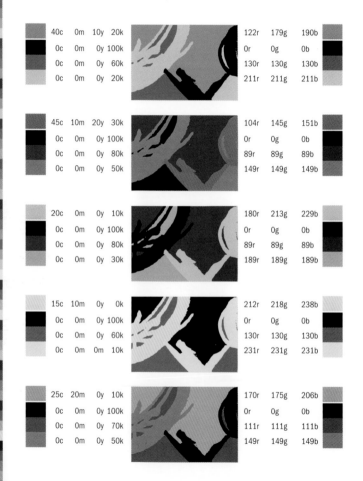

40c	0m	10y	20k	122r	179g	190b
0c	0m	0y	100k	0r	0g	0b
0c	0m	0y	60k	130r	130g	130b
0c	0m	0y	20k	211r	211g	211b

45c	10m	20y	30k	104r	145g	151b
0c	0m	0y	100k	0r	0g	0b
0c	0m	0y	80k	89r	89g	89b
0c	0m	0y	50k	149r	149g	149b

20c	0m	0y	10k	180r	213g	229b
0c	0m	0y	100k	0r	0g	0b
0c	0m	0y	80k	89r	89g	89b
0c	0m	0y	30k	189r	189g	189b

15c	10m	0y	0k	212r	218g	238b
0c	0m	0y	100k	0r	0g	0b
0c	0m	0y	60k	130r	130g	130b
0c	0m	0m	10k	231r	231g	231b

25c	20m	0y	10k	170r	175g	206b
0c	0m	0y	100k	0r	0g	0b
0c	0m	0y	70k	111r	111g	111b
0c	0m	0y	50k	149r	149g	149b

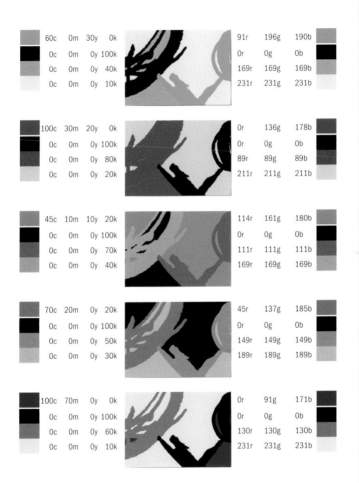

60c	0m	30y	0k		91r	196g	190b
0c	0m	0y	100k		0r	0g	0b
0c	0m	0y	40k		169r	169g	169b
0c	0m	0y	10k		231r	231g	231b

100c	30m	20y	0k		0r	136g	178b
0c	0m	0y	100k		0r	0g	0b
0c	0m	0y	80k		89r	89g	89b
0c	0m	0y	20k		211r	211g	211b

45c	10m	10y	20k		114r	161g	180b
0c	0m	0y	100k		0r	0g	0b
0c	0m	0y	70k		111r	111g	111b
0c	0m	0y	40k		169r	169g	169b

70c	20m	0y	20k		45r	137g	185b
0c	0m	0y	100k		0r	0g	0b
0c	0m	0y	50k		149r	149g	149b
0c	0m	0y	30k		189r	189g	189b

100c	70m	0y	0k		0r	91g	171b
0c	0m	0y	100k		0r	0g	0b
0c	0m	0y	60k		130r	130g	130b
0c	0m	0y	10k		231r	231g	231b

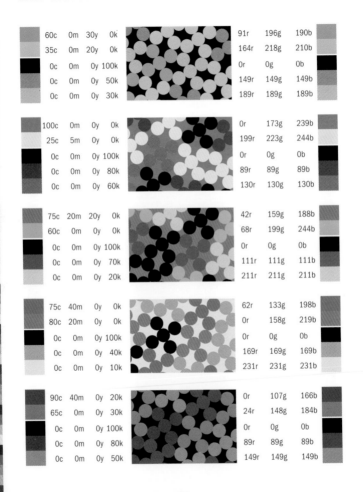

60c	0m	30y	0k
35c	0m	20y	0k
0c	0m	0y	100k
0c	0m	0y	50k
0c	0m	0y	30k

91r	196g	190b
164r	218g	210b
0r	0g	0b
149r	149g	149b
189r	189g	189b

100c	0m	0y	0k
25c	5m	0y	0k
0c	0m	0y	100k
0c	0m	0y	80k
0c	0m	0y	60k

0r	173g	239b
199r	223g	244b
0r	0g	0b
89r	89g	89b
130r	130g	130b

75c	20m	20y	0k
60c	0m	0y	0k
0c	0m	0y	100k
0c	0m	0y	70k
0c	0m	0y	20k

42r	159g	188b
68r	199g	244b
0r	0g	0b
111r	111g	111b
211r	211g	211b

75c	40m	0y	0k
80c	20m	0y	0k
0c	0m	0y	100k
0c	0m	0y	40k
0c	0m	0y	10k

62r	133g	198b
0r	158g	219b
0r	0g	0b
169r	169g	169b
231r	231g	231b

90c	40m	0y	20k
65c	0m	0y	30k
0c	0m	0y	100k
0c	0m	0y	80k
0c	0m	0y	50k

0r	107g	166b
24r	148g	184b
0r	0g	0b
89r	89g	89b
149r	149g	149b

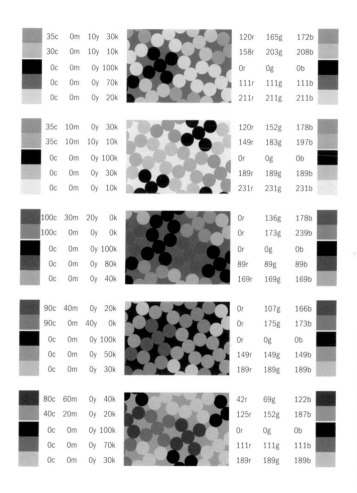

35c	0m	10y	30k		120r	165g	172b
30c	0m	10y	10k		158r	203g	208b
0c	0m	0y	100k		0r	0g	0b
0c	0m	0y	70k		111r	111g	111b
0c	0m	0y	20k		211r	211g	211b
35c	10m	0y	30k		120r	152g	178b
35c	10m	10y	10k		149r	183g	197b
0c	0m	0y	100k		0r	0g	0b
0c	0m	0y	30k		189r	189g	189b
0c	0m	0y	10k		231r	231g	231b
100c	30m	20y	0k		0r	136g	178b
100c	0m	0y	0k		0r	173g	239b
0c	0m	0y	100k		0r	0g	0b
0c	0m	0y	80k		89r	89g	89b
0c	0m	0y	40k		169r	169g	169b
90c	40m	0y	20k		0r	107g	166b
90c	0m	40y	0k		0r	175g	173b
0c	0m	0y	100k		0r	0g	0b
0c	0m	0y	50k		149r	149g	149b
0c	0m	0y	30k		189r	189g	189b
80c	60m	0y	40k		42r	69g	122b
40c	20m	0y	20k		125r	152g	187b
0c	0m	0y	100k		0r	0g	0b
0c	0m	0y	70k		111r	111g	111b
0c	0m	0y	30k		189r	189g	189b

2: VIOLET

Hues ranging from blue-violet to violet-red;
saturations from intense to muted;
values from light to dark.

CHAPTER CONTENTS:

76-77
Expansion Palettes*

78-85
Combinations of Violet Hues

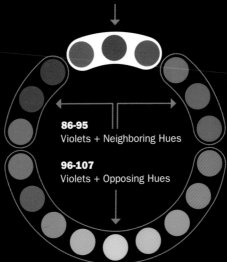

86-95
Violets + Neighboring Hues

96-107
Violets + Opposing Hues

108-115
Violets + Neutral Hues

116-123
Violets + Black and Tints of Black

* *See pages 12-14 for more information
about expansion palettes.*

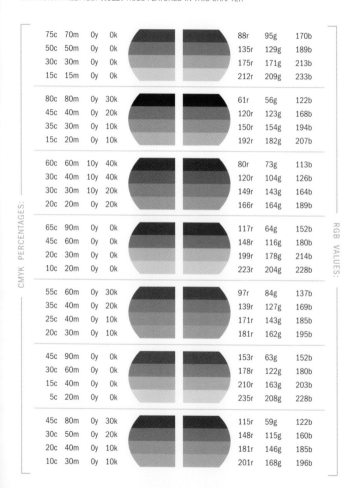

CMYK PERCENTAGES:

RGB VALUES:

75c	70m	0y	0k		88r	95g	170b
50c	50m	0y	0k		135r	129g	189b
30c	30m	0y	0k		175r	171g	213b
15c	15m	0y	0k		212r	209g	233b
80c	80m	0y	30k		61r	56g	122b
45c	40m	0y	20k		120r	123g	168b
35c	30m	0y	10k		150r	154g	194b
15c	20m	0y	10k		192r	182g	207b
60c	60m	10y	40k		80r	73g	113b
30c	40m	10y	40k		120r	104g	126b
30c	30m	10y	20k		149r	143g	164b
20c	20m	0y	20k		166r	164g	189b
65c	90m	0y	0k		117r	64g	152b
45c	60m	0y	0k		148r	116g	180b
20c	30m	0y	0k		199r	178g	214b
10c	20m	0y	0k		223r	204g	228b
55c	60m	0y	30k		97r	84g	137b
35c	40m	0y	20k		139r	127g	169b
25c	40m	0y	10k		171r	143g	185b
20c	30m	0y	10k		181r	162g	195b
45c	90m	0y	0k		153r	63g	152b
30c	60m	0y	0k		178r	122g	180b
15c	40m	0y	0k		210r	163g	203b
5c	20m	0y	0k		235r	208g	228b
45c	80m	0y	30k		115r	59g	122b
30c	50m	0y	20k		148r	115g	160b
20c	40m	0y	10k		181r	146g	185b
10c	30m	0y	10k		201r	168g	196b

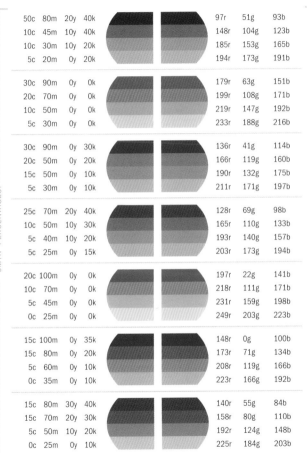

CMYK Percentages				RGB Values		
50c	80m	20y	40k	97r	51g	93b
10c	45m	10y	40k	148r	104g	123b
10c	30m	10y	20k	185r	153g	165b
5c	20m	0y	20k	194r	173g	191b
30c	90m	0y	0k	179r	63g	151b
20c	70m	0y	0k	199r	108g	171b
10c	50m	0y	0k	219r	147g	192b
5c	30m	0y	0k	233r	188g	216b
30c	90m	0y	30k	136r	41g	114b
20c	50m	0y	20k	166r	119g	160b
15c	50m	0y	10k	190r	132g	175b
5c	30m	0y	10k	211r	171g	197b
25c	70m	20y	40k	128r	69g	98b
10c	50m	10y	30k	165r	110g	133b
5c	40m	10y	20k	193r	140g	157b
5c	25m	0y	15k	203r	173g	194b
20c	100m	0y	0k	197r	22g	141b
10c	70m	0y	0k	218r	111g	171b
5c	45m	0y	0k	231r	159g	198b
0c	25m	0y	0k	249r	203g	223b
15c	100m	0y	35k	148r	0g	100b
15c	80m	0y	20k	173r	71g	134b
5c	60m	0y	10k	208r	119g	166b
0c	35m	0y	10k	223r	166g	192b
15c	80m	30y	40k	140r	55g	84b
15c	70m	20y	30k	158r	80g	110b
5c	50m	10y	20k	192r	124g	148b
0c	25m	0y	10k	225r	184g	203b

The violet chapter opens with monochromatic and near-monochromatic sets of colors. The hues in these samples come from this chapter's expansion palettes (previous spread). Monochromatic schemes tend to be more visually sedate than those built with hues from opposing positions on the color wheel.

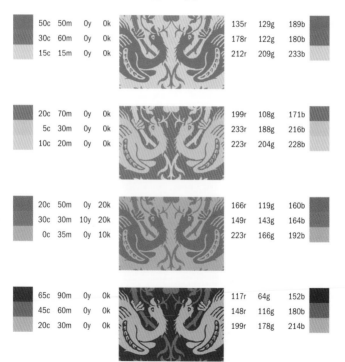

50c	50m	0y	0k
30c	60m	0y	0k
15c	15m	0y	0k

135r	129g	189b
178r	122g	180b
212r	209g	233b

20c	70m	0y	0k
5c	30m	0y	0k
10c	20m	0y	0k

199r	108g	171b
233r	188g	216b
223r	204g	228b

20c	50m	0y	20k
30c	30m	10y	20k
0c	35m	0y	10k

166r	119g	160b
149r	143g	164b
223r	166g	192b

65c	90m	0y	0k
45c	60m	0y	0k
20c	30m	0y	0k

117r	64g	152b
148r	116g	180b
199r	178g	214b

35c	40m	0y	20k	
15c	50m	0y	10k	
5c	30m	0y	10k	

139r	127g	169b
190r	132g	175b
211r	171g	197b

30c	50m	0y	20k	
5c	50m	10y	20k	
0c	25m	0y	10k	

148r	115g	160b
192r	124g	148b
225r	184g	203b

45c	40m	0y	20k	
30c	60m	0y	0k	
15c	20m	0y	10k	

120r	123g	168b
178r	122g	180b
192r	182g	207b

50c	80m	20y	40k	
10c	30m	10y	20k	
20c	20m	0y	20k	

97r	51g	93b
185r	153g	165b
166r	164g	189b

55c	60m	0y	30k	
20c	30m	0y	10k	
5c	20m	0y	0k	

97r	84g	137b
181r	162g	195b
235r	208g	228b

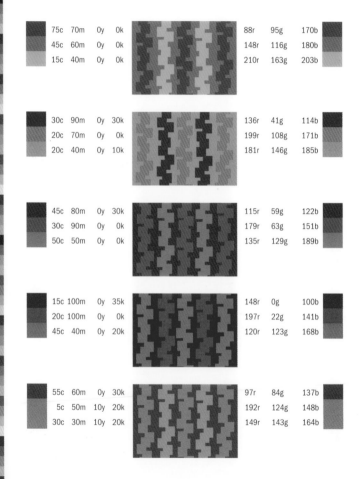

75c	70m	0y	0k
45c	60m	0y	0k
15c	40m	0y	0k

88r	95g	170b
148r	116g	180b
210r	163g	203b

30c	90m	0y	30k
20c	70m	0y	0k
20c	40m	0y	10k

136r	41g	114b
199r	108g	171b
181r	146g	185b

45c	80m	0y	30k
30c	90m	0y	0k
50c	50m	0y	0k

115r	59g	122b
179r	63g	151b
135r	129g	189b

15c	100m	0y	35k
20c	100m	0y	0k
45c	40m	0y	20k

148r	0g	100b
197r	22g	141b
120r	123g	168b

55c	60m	0y	30k
5c	50m	10y	20k
30c	30m	10y	20k

97r	84g	137b
192r	124g	148b
149r	143g	164b

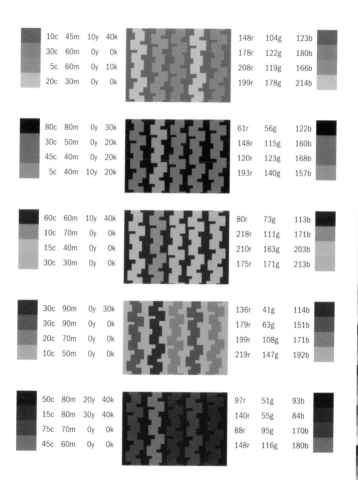

10c	45m	10y	40k
30c	60m	0y	0k
5c	60m	0y	10k
20c	30m	0y	0k

148r	104g	123b
178r	122g	180b
208r	119g	166b
199r	178g	214b

80c	80m	0y	30k
30c	50m	0y	20k
45c	40m	0y	20k
5c	40m	10y	20k

61r	56g	122b
148r	115g	160b
120r	123g	168b
193r	140g	157b

60c	60m	10y	40k
10c	70m	0y	0k
15c	40m	0y	0k
30c	30m	0y	0k

80r	73g	113b
218r	111g	171b
210r	163g	203b
175r	171g	213b

30c	90m	0y	30k
30c	90m	0y	0k
20c	70m	0y	0k
10c	50m	0y	0k

136r	41g	114b
179r	63g	151b
199r	108g	171b
219r	147g	192b

50c	80m	20y	40k
15c	80m	30y	40k
75c	70m	0y	0k
45c	60m	0y	0k

97r	51g	93b
140r	55g	84b
88r	95g	170b
148r	116g	180b

COMBINATIONS OF **VIOLET** HUES

20c	40m	0y	10k	181r	146g	185b	
10c	30m	0y	10k	201r	168g	196b	
15c	20m	0y	10k	192r	182g	207b	
10c	20m	0y	0k	223r	204g	228b	

30c	30m	0y	0k	175r	171g	213b	
15c	15m	0y	0k	212r	209g	233b	
5c	20m	0y	0k	235r	208g	228b	
0c	25m	0y	0k	249r	203g	223b	

15c	70m	20y	30k	158r	80g	110b	
5c	40m	10y	20k	193r	140g	157b	
20c	20m	0y	20k	166r	164g	189b	
20c	30m	0y	10k	181r	162g	195b	

30c	50m	0y	20k	148r	115g	160b	
45c	40m	0y	20k	120r	123g	168b	
20c	70m	0y	0k	199r	108g	171b	
5c	30m	0y	10k	211r	171g	197b	

10c	45m	10y	40k	148r	104g	123b	
50c	50m	0y	0k	135r	129g	189b	
30c	60m	0y	0k	178r	122g	180b	
5c	60m	0y	10k	208r	119g	166b	

55c	60m	0y	30k	97r	84g	137b	
45c	60m	0y	0k	148r	116g	180b	
10c	70m	0y	0k	218r	111g	171b	
15c	40m	0y	0k	210r	163g	203b	

60c	60m	10y	40k	80r	73g	113b	
30c	90m	0y	30k	136r	41g	114b	
65c	90m	0y	0k	117r	64g	152b	
15c	80m	0y	20k	173r	71g	134b	

15c	80m	30y	40k	140r	55g	84b	
45c	40m	0y	20k	120r	123g	168b	
20c	70m	0y	0k	199r	108g	171b	
30c	30m	0y	0k	175r	171g	213b	

80c	80m	0y	30k	61r	56g	122b	
45c	80m	0y	30k	115r	59g	122b	
75c	70m	0y	0k	88r	95g	170b	
20c	100m	0y	0k	197r	22g	141b	

30c	90m	0y	0k	179r	63g	151b	
50c	50m	0y	0k	135r	129g	189b	
5c	60m	0y	10k	208r	119g	166b	
5c	45m	0y	0k	231r	159g	198b	

50c	50m	0y	0k	135r	129g	189b
10c	50m	0y	0k	219r	147g	192b
15c	40m	0y	0k	210r	163g	203b
30c	30m	0y	0k	175r	171g	213b
5c	30m	0y	0k	233r	188g	216b

30c	50m	0y	20k	148r	115g	160b
5c	40m	10y	20k	193r	140g	157b
10c	30m	0y	10k	201r	168g	196b
15c	20m	0y	10k	192r	182g	207b
0c	25m	0y	10k	225r	184g	203b

30c	90m	0y	30k	136r	41g	114b
15c	80m	0y	20k	173r	71g	134b
10c	70m	0y	0k	218r	111g	171b
25c	40m	0y	10k	171r	143g	185b
15c	20m	0y	10k	192r	182g	207b

60c	60m	10y	40k	80r	73g	113b
45c	40m	0y	20k	120r	123g	168b
20c	50m	0y	20k	166r	119g	160b
35c	30m	0y	10k	150r	154g	194b
20c	40m	0y	10k	181r	146g	185b

50c	80m	20y	40k	97r	51g	93b
10c	45m	10y	40k	148r	104g	123b
10c	30m	10y	20k	185r	153g	165b
5c	20m	0y	20k	194r	173g	191b
5c	45m	0y	0k	231r	159g	198b

	CMYK				RGB		
	45c	80m	0y	30k	115r	59g	122b
	75c	70m	0y	0k	88r	95g	170b
	45c	90m	0y	0k	153r	63g	152b
	20c	100m	0y	0k	197r	22g	141b
	45c	60m	0y	0k	148r	116g	180b
	80c	80m	0y	30k	61r	56g	122b
	15c	80m	30y	40k	140r	55g	84b
	15c	100m	0y	35k	148r	0g	100b
	55c	60m	0y	30k	97r	84g	137b
	30c	90m	0y	0k	179r	63g	151b
	60c	60m	10y	40k	80r	73g	113b
	15c	50m	0y	10k	190r	132g	175b
	15c	40m	0y	0k	210r	163g	203b
	0c	25m	0y	0k	249r	203g	223b
	15c	15m	0y	0k	212r	209g	233b
	15c	70m	20y	30k	158r	80g	110b
	10c	50m	10y	30k	165r	110g	133b
	30c	30m	10y	20k	149r	143g	164b
	10c	30m	10y	20k	185r	153g	165b
	20c	20m	0y	20k	166r	164g	189b
	30c	90m	0y	30k	136r	41g	114b
	65c	90m	0y	0k	117r	64g	152b
	5c	60m	0y	10k	208r	119g	166b
	0c	25m	0y	10k	225r	184g	203b
	20c	30m	0y	0k	199r	178g	214b

The next ten pages feature palettes of this chapter's violet hues along with analogous and near-analogous colors from the blue and red chapters. Such combinations of neighboring hues tend to impart a more restrained mood than palettes built of colors from opposing segments on the color wheel.

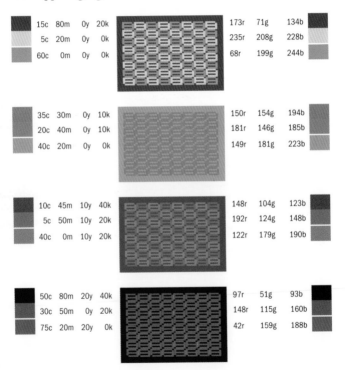

15c	80m	0y	20k	173r	71g	134b
5c	20m	0y	0k	235r	208g	228b
60c	0m	0y	0k	68r	199g	244b

35c	30m	0y	10k	150r	154g	194b
20c	40m	0y	10k	181r	146g	185b
40c	20m	0y	0k	149r	181g	223b

10c	45m	10y	40k	148r	104g	123b
5c	50m	10y	20k	192r	124g	148b
40c	0m	10y	20k	122r	179g	190b

50c	80m	20y	40k	97r	51g	93b
30c	50m	0y	20k	148r	115g	160b
75c	20m	20y	0k	42r	159g	188b

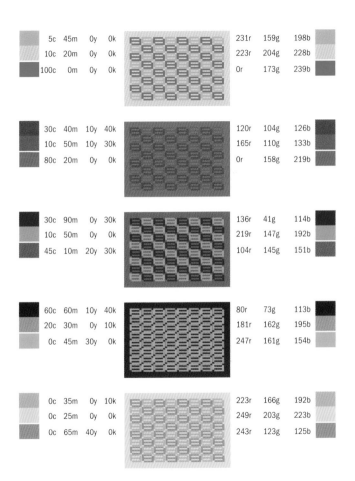

5c	45m	0y	0k
10c	20m	0y	0k
100c	0m	0y	0k

231r	159g	198b
223r	204g	228b
0r	173g	239b

30c	40m	10y	40k
10c	50m	10y	30k
80c	20m	0y	0k

120r	104g	126b
165r	110g	133b
0r	158g	219b

30c	90m	0y	30k
10c	50m	0y	0k
45c	10m	20y	30k

136r	41g	114b
219r	147g	192b
104r	145g	151b

60c	60m	10y	40k
20c	30m	0y	10k
0c	45m	30y	0k

80r	73g	113b
181r	162g	195b
247r	161g	154b

0c	35m	0y	10k
0c	25m	0y	0k
0c	65m	40y	0k

223r	166g	192b
249r	203g	223b
243r	123g	125b

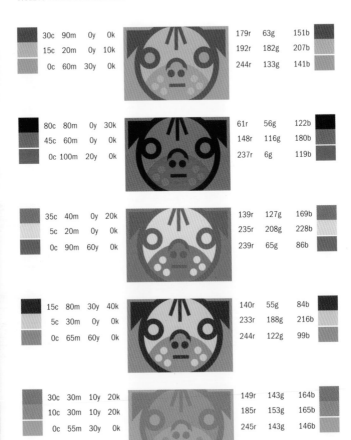

30c	90m	0y	0k	179r	63g	151b
15c	20m	0y	10k	192r	182g	207b
0c	60m	30y	0k	244r	133g	141b

80c	80m	0y	30k	61r	56g	122b
45c	60m	0y	0k	148r	116g	180b
0c	100m	20y	0k	237r	6g	119b

35c	40m	0y	20k	139r	127g	169b
5c	20m	0y	0k	235r	208g	228b
0c	90m	60y	0k	239r	65g	86b

15c	80m	30y	40k	140r	55g	84b
5c	30m	0y	0k	233r	188g	216b
0c	65m	60y	0k	244r	122g	99b

30c	30m	10y	20k	149r	143g	164b
10c	30m	10y	20k	185r	153g	165b
0c	55m	30y	0k	245r	143g	146b

15c	20m	0y	10k
5c	30m	0y	0k
10c	20m	0y	0k
90c	0m	40y	0k

192r	182g	207b
233r	188g	216b
223r	204g	228b
0r	175g	173b

30c	40m	10y	40k
20c	40m	0y	10k
20c	20m	0y	20k
55c	10m	20y	0k

120r	104g	126b
181r	146g	185b
166r	164g	189b
112r	185g	198b

20c	70m	0y	0k
35c	30m	0y	10k
10c	50m	0y	0k
100c	30m	20y	0k

199r	108g	171b
150r	154g	194b
219r	147g	192b
0r	136g	178b

25c	70m	20y	40k
10c	50m	10y	30k
5c	40m	10y	20k
35c	0m	0y	0k

128r	69g	98b
165r	110g	133b
193r	140g	157b
157r	220g	249b

15c	80m	30y	40k
10c	70m	0y	0k
0c	25m	0y	0k
40c	10m	0y	0k

140r	55g	84b
218r	111g	171b
249r	203g	223b
146r	197g	234b

15c	80m	0y	20k	173r	71g	134b	
15c	40m	0y	0k	210r	163g	203b	
5c	20m	0y	0k	235r	208g	228b	
75c	40m	0y	0k	62r	133g	198b	

50c	80m	20y	40k	97r	51g	93b	
15c	70m	20y	30k	158r	80g	110b	
0c	35m	0y	10k	223r	166g	192b	
40c	0m	10y	20k	122r	179g	190b	

55c	60m	0y	30k	97r	84g	137b	
20c	30m	0y	10k	181r	162g	195b	
15c	15m	0y	0k	212r	209g	233b	
35c	0m	10y	30k	120r	165g	172b	

60c	60m	10y	40k	80r	73g	113b	
45c	40m	0y	20k	120r	123g	168b	
10c	50m	0y	0k	219r	147g	192b	
45c	10m	10y	20k	114r	161g	180b	

30c	90m	0y	0k	179r	63g	151b	
5c	60m	0y	10k	208r	119g	166b	
0c	25m	0y	10k	225r	184g	203b	
90c	0m	0y	50k	0r	107g	145b	

10c	45m	10y	40k	148r	104g	123b	
5c	50m	10y	20k	192r	124g	148b	
30c	30m	10y	20k	149r	143g	164b	
0c	45m	40y	0k	247r	160g	139b	

30c	90m	0y	30k	136r	41g	114b	
20c	50m	0y	20k	166r	119g	160b	
5c	30m	0y	10k	211r	171g	197b	
0c	70m	50y	0k	243r	113g	108b	

50c	50m	0y	0k	135r	129g	189b	
30c	60m	0y	0k	178r	122g	180b	
20c	30m	0y	0k	199r	178g	214b	
0c	55m	30y	0k	245r	143g	146b	

80c	80m	0y	30k	61r	56g	122b	
45c	60m	0y	0k	148r	116g	180b	
10c	20m	0y	0k	223r	204g	228b	
0c	100m	50y	0k	237r	20g	90b	

45c	80m	0y	30k	115r	59g	122b	
75c	70m	0y	0k	88r	95g	170b	
45c	90m	0y	0k	153r	63g	152b	
0c	65m	20y	0k	242r	124g	150b	

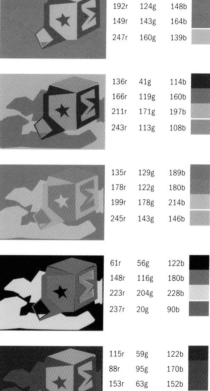
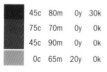

50c	80m	20y	40k	97r	51g	93b
10c	50m	10y	30k	165r	110g	133b
20c	20m	0y	20k	166r	164g	189b
0c	65m	60y	10k	220r	111g	90b

55c	60m	0y	30k	97r	84g	137b
45c	40m	0y	20k	120r	123g	168b
35c	30m	0y	10k	150r	154g	194b
0c	100m	80y	20k	196r	18g	47b

25c	70m	20y	40k	128r	69g	98b
30c	50m	0y	20k	148r	115g	160b
20c	50m	0y	20k	166r	119g	160b
10c	55m	30y	0k	222r	137g	146b

15c	50m	0y	10k	190r	132g	175b
10c	50m	0y	0k	219r	147g	192b
5c	45m	0y	0k	231r	159g	198b
20c	80m	50y	0k	202r	98g	119b

15c	80m	30y	40k	140r	55g	84b
5c	60m	0y	10k	208r	119g	166b
25c	40m	0y	10k	171r	143g	185b
20c	75m	40y	0k	202r	98g	119b

65c	90m	0y	0k

<table>
<tr><td>65c</td><td>90m</td><td>0y</td><td>0k</td><td></td><td>117r</td><td>64g</td><td>152b</td></tr>
<tr><td>15c</td><td>80m</td><td>0y</td><td>20k</td><td></td><td>173r</td><td>71g</td><td>134b</td></tr>
<tr><td>50c</td><td>50m</td><td>0y</td><td>0k</td><td></td><td>135r</td><td>129g</td><td>189b</td></tr>
<tr><td>30c</td><td>60m</td><td>0y</td><td>0k</td><td></td><td>178r</td><td>122g</td><td>180b</td></tr>
<tr><td>35c</td><td>0m</td><td>20y</td><td>0k</td><td></td><td>164r</td><td>218g</td><td>210b</td></tr>
</table>

<table>
<tr><td>60c</td><td>60m</td><td>10y</td><td>40k</td><td></td><td>80r</td><td>73g</td><td>113b</td></tr>
<tr><td>30c</td><td>30m</td><td>10y</td><td>20k</td><td></td><td>149r</td><td>143g</td><td>164b</td></tr>
<tr><td>5c</td><td>40m</td><td>10y</td><td>20k</td><td></td><td>193r</td><td>140g</td><td>157b</td></tr>
<tr><td>25c</td><td>40m</td><td>0y</td><td>10k</td><td></td><td>171r</td><td>143g</td><td>185b</td></tr>
<tr><td>60c</td><td>0m</td><td>0y</td><td>0k</td><td></td><td>68r</td><td>199g</td><td>244b</td></tr>
</table>

<table>
<tr><td>30c</td><td>90m</td><td>0y</td><td>0k</td><td></td><td>179r</td><td>63g</td><td>151b</td></tr>
<tr><td>20c</td><td>70m</td><td>0y</td><td>0k</td><td></td><td>199r</td><td>108g</td><td>171b</td></tr>
<tr><td>10c</td><td>50m</td><td>0y</td><td>0k</td><td></td><td>219r</td><td>147g</td><td>192b</td></tr>
<tr><td>80c</td><td>20m</td><td>0y</td><td>0k</td><td></td><td>0r</td><td>158g</td><td>219b</td></tr>
<tr><td>60c</td><td>0m</td><td>30y</td><td>0k</td><td></td><td>91r</td><td>196g</td><td>190b</td></tr>
</table>

<table>
<tr><td>25c</td><td>70m</td><td>20y</td><td>40k</td><td></td><td>128r</td><td>69g</td><td>98b</td></tr>
<tr><td>5c</td><td>50m</td><td>10y</td><td>20k</td><td></td><td>192r</td><td>124g</td><td>148b</td></tr>
<tr><td>5c</td><td>45m</td><td>0y</td><td>0k</td><td></td><td>231r</td><td>159g</td><td>198b</td></tr>
<tr><td>55c</td><td>10m</td><td>20y</td><td>0k</td><td></td><td>112r</td><td>185g</td><td>198b</td></tr>
<tr><td>35c</td><td>10m</td><td>0y</td><td>10k</td><td></td><td>146r</td><td>183g</td><td>214b</td></tr>
</table>

<table>
<tr><td>80c</td><td>80m</td><td>0y</td><td>30k</td><td></td><td>61r</td><td>56g</td><td>122b</td></tr>
<tr><td>45c</td><td>90m</td><td>0y</td><td>0k</td><td></td><td>153r</td><td>63g</td><td>152b</td></tr>
<tr><td>15c</td><td>50m</td><td>0y</td><td>10k</td><td></td><td>190r</td><td>132g</td><td>175b</td></tr>
<tr><td>100c</td><td>50m</td><td>0y</td><td>0k</td><td></td><td>0r</td><td>113g</td><td>188b</td></tr>
<tr><td>100c</td><td>30m</td><td>20y</td><td>0k</td><td></td><td>0r</td><td>136g</td><td>178b</td></tr>
</table>

50c	80m	20y	40k	97r	51g	93b	
30c	50m	0y	20k	148r	115g	160b	
20c	40m	0y	10k	181r	146g	185b	
75c	40m	0y	0k	62r	133g	198b	
75c	20m	20y	0k	42r	159g	188b	

60c	60m	10y	40k	80r	73g	113b	
10c	30m	10y	20k	185r	153g	165b	
20c	20m	0y	20k	166r	164g	189b	
45c	10m	20y	30k	104r	145g	151b	
35c	10m	0y	30k	120r	152g	178b	

25c	70m	20y	40k	128r	69g	98b	
5c	50m	10y	20k	192r	124g	148b	
10c	70m	0y	0k	218r	111g	171b	
35c	0m	0y	20k	131r	183g	208b	
20c	0m	10y	20k	167r	193g	192b	

15c	100m	0y	35k	148r	0g	100b	
20c	70m	0y	0k	199r	108g	171b	
30c	30m	0y	0k	175r	171g	213b	
0c	35m	0y	10k	223r	166g	192b	
0c	45m	30y	0k	247r	161g	154b	

50c	80m	20y	40k	97r	51g	93b	
80c	80m	0y	30k	61r	56g	122b	
60c	60m	10y	40k	80r	73g	113b	
15c	80m	30y	40k	140r	55g	84b	
0c	100m	80y	0k	237r	26g	58b	

94

50c	50m	0y	0k		135r	129g	189b
20c	30m	0y	0k		199r	178g	214b
5c	20m	0y	0k		235r	208g	228b
0c	55m	30y	0k		245r	143g	146b
0c	45m	40y	0k		247r	160g	139b

35c	40m	0y	20k		139r	127g	169b
15c	50m	0y	10k		190r	132g	175b
5c	30m	0y	10k		211r	171g	197b
0c	60m	30y	0k		244r	133g	141b
0c	45m	25y	0k		247r	161g	161b

60c	60m	10y	40k		80r	73g	113b
30c	30m	10y	20k		149r	143g	164b
15c	20m	0y	10k		192r	182g	207b
20c	75m	40y	0k		202r	98g	119b
0c	65m	40y	0k		243r	123g	125b

45c	80m	0y	30k		115r	59g	122b
45c	90m	0y	0k		153r	63g	152b
5c	30m	0y	0k		233r	188g	216b
0c	100m	80y	35k		167r	9g	37b
0c	90m	100y	0k		239r	65g	35b

35c	30m	0y	10k		150r	154g	194b
20c	40m	0y	10k		181r	146g	185b
15c	15m	0y	0k		212r	209g	233b
10c	90m	60y	30k		162r	45g	63b
0c	65m	20y	0k		242r	124g	150b

In this section, the chapter's violet hues are joined by comple-
ments and near-complements from the orange, yellow and green
chapters. Palettes of opposing hues such as these tend to more
visually active than monochromatic combinations or those made
of hues from neighboring positions on the color wheel.

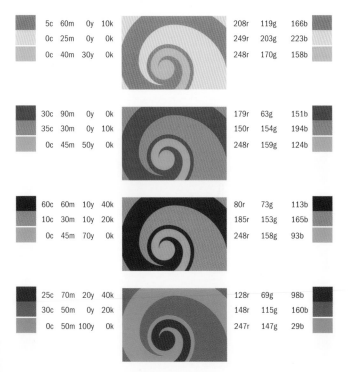

5c	60m	0y	10k		208r	119g	166b
0c	25m	0y	0k		249r	203g	223b
0c	40m	30y	0k		248r	170g	158b

30c	90m	0y	0k		179r	63g	151b
35c	30m	0y	10k		150r	154g	194b
0c	45m	50y	0k		248r	159g	124b

60c	60m	10y	40k		80r	73g	113b
10c	30m	10y	20k		185r	153g	165b
0c	45m	70y	0k		248r	158g	93b

25c	70m	20y	40k		128r	69g	98b
30c	50m	0y	20k		148r	115g	160b
0c	50m	100y	0k		247r	147g	29b

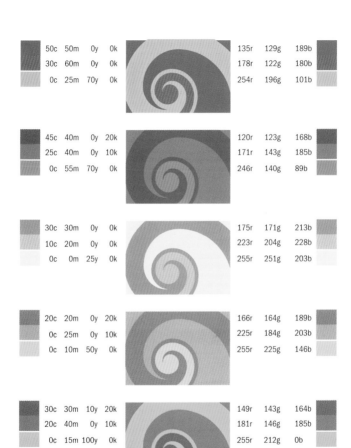

50c	50m	0y	0k		135r	129g	189b
30c	60m	0y	0k		178r	122g	180b
0c	25m	70y	0k		254r	196g	101b

45c	40m	0y	20k		120r	123g	168b
25c	40m	0y	10k		171r	143g	185b
0c	55m	70y	0k		246r	140g	89b

30c	30m	0y	0k		175r	171g	213b
10c	20m	0y	0k		223r	204g	228b
0c	0m	25y	0k		255r	251g	203b

20c	20m	0y	20k		166r	164g	189b
0c	25m	0y	10k		225r	184g	203b
0c	10m	50y	0k		255r	225g	146b

30c	30m	10y	20k		149r	143g	164b
20c	40m	0y	10k		181r	146g	185b
0c	15m	100y	0k		255r	212g	0b

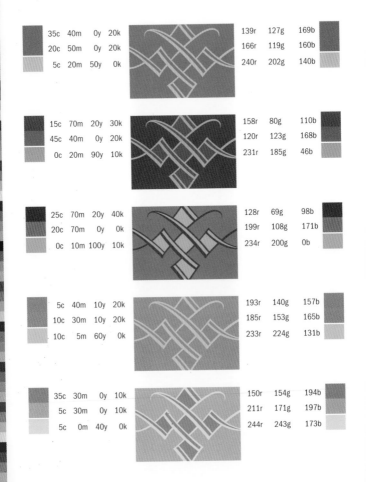

35c	40m	0y	20k
20c	50m	0y	20k
5c	20m	50y	0k

139r	127g	169b
166r	119g	160b
240r	202g	140b

15c	70m	20y	30k
45c	40m	0y	20k
0c	20m	90y	10k

158r	80g	110b
120r	123g	168b
231r	185g	46b

25c	70m	20y	40k
20c	70m	0y	0k
0c	10m	100y	10k

128r	69g	98b
199r	108g	171b
234r	200g	0b

5c	40m	10y	20k
10c	30m	10y	20k
10c	5m	60y	0k

193r	140g	157b
185r	153g	165b
233r	224g	131b

35c	30m	0y	10k
5c	30m	0y	10k
5c	0m	40y	0k

150r	154g	194b
211r	171g	197b
244r	243g	173b

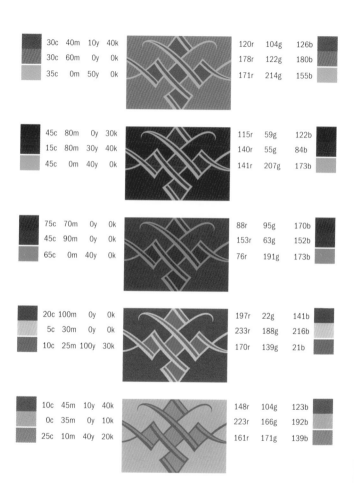

CMYK				RGB		
30c	40m	10y	40k	120r	104g	126b
30c	60m	0y	0k	178r	122g	180b
35c	0m	50y	0k	171r	214g	155b
45c	80m	0y	30k	115r	59g	122b
15c	80m	30y	40k	140r	55g	84b
45c	0m	40y	0k	141r	207g	173b
75c	70m	0y	0k	88r	95g	170b
45c	90m	0y	0k	153r	63g	152b
65c	0m	40y	0k	76r	191g	173b
20c	100m	0y	0k	197r	22g	141b
5c	30m	0y	0k	233r	188g	216b
10c	25m	100y	30k	170r	139g	21b
10c	45m	10y	40k	148r	104g	123b
0c	35m	0y	10k	223r	166g	192b
25c	10m	40y	20k	161r	171g	139b

65c	90m	0y	0k	117r	64g	152b	
50c	50m	0y	0k	135r	129g	189b	
20c	70m	0y	0k	199r	108g	171b	
0c	60m	60y	0k	245r	132g	102b	

35c	30m	0y	10k	150r	154g	194b	
15c	40m	0y	0k	210r	163g	203b	
5c	45m	0y	0k	231r	159g	198b	
0c	30m	30y	0k	251r	189g	167b	

10c	45m	10y	40k	148r	104g	123b	
5c	40m	10y	20k	193r	140g	157b	
0c	25m	0y	10k	225r	184g	203b	
0c	25m	50y	0k	253r	197g	137b	

50c	80m	20y	40k	97r	51g	93b	
15c	100m	0y	35k	148r	0g	100b	
20c	40m	0y	10k	181r	146g	185b	
0c	35m	90y	0k	251r	176g	52b	

45c	60m	0y	0k	148r	116g	180b	
20c	100m	0y	0k	197r	22g	141b	
30c	30m	0y	0k	175r	171g	213b	
0c	65m	90y	0k	244r	121g	50b	

60c	60m	10y	40k	80r	73g	113b	
15c	80m	30y	40k	140r	55g	84b	
20c	20m	0y	20k	166r	164g	189b	
0c	55m	100y	20k	203r	115g	23b	

45c	60m	0y	0k	148r	116g	180b	
10c	70m	0y	0k	218r	111g	171b	
15c	40m	0y	0k	210r	163g	203b	
10c	50m	80y	0k	225r	143g	75b	

30c	60m	0y	0k	178r	122g	180b	
5c	30m	0y	0k	233r	188g	216b	
15c	15m	0y	0k	212r	209g	233b	
0c	5m	50y	0k	255r	235g	149b	

10c	50m	10y	30k	165r	110g	133b	
5c	50m	10y	20k	192r	124g	148b	
5c	20m	0y	20k	194r	173g	191b	
0c	5m	100y	0k	255r	230g	0b	

55c	60m	0y	30k	97r	84g	137b	
25c	40m	0y	10k	171r	143g	185b	
20c	30m	0y	10k	181r	162g	195b	
10c	30m	100y	0k	230r	177g	34b	

30c	40m	10y	40k
30c	30m	10y	20k
10c	30m	10y	20k
10c	30m	100y	0k

120r	104g	126b
149r	143g	164b
185r	153g	165b
230r	177g	34b

25c	70m	20y	40k
15c	70m	20y	30k
10c	50m	0y	0k
10c	40m	100y	0k

128r	69g	98b
158r	80g	110b
219r	147g	192b
228r	160g	37b

30c	90m	0y	30k
15c	80m	0y	20k
30c	30m	0y	0k
0c	15m	100y	20k

136r	41g	114b
173r	71g	134b
175r	171g	213b
212r	176g	4b

45c	40m	0y	20k
5c	60m	0y	100k
35c	30m	0y	10k
10c	5m	40y	0k

120r	123g	168b
208r	119g	166b
150r	154g	194b
231r	226g	169b

55c	60m	0y	30k
30c	50m	0y	20k
5c	50m	10y	20k
15c	0m	60y	0k

97r	84g	137b
148r	115g	160b
192r	124g	148b
222r	231g	135b

30c	90m	0y	30k	136r	41g	114b	
50c	50m	0y	0k	135r	129g	189b	
10c	70m	0y	0k	218r	111g	171b	
60c	0m	80y	0k	109r	192g	103b	

60c	60m	10y	40k	80r	73g	113b	
30c	50m	0y	20k	148r	115g	160b	
25c	40m	0y	10k	171r	143g	185b	
25c	0m	30y	0k	192r	225g	192b	

50c	80m	20y	40k	97r	51g	93b	
75c	70m	0y	0k	88r	95g	170b	
20c	100m	0y	0k	197r	22g	141b	
90c	0m	50y	0k	0r	174g	156b	

10c	45m	10y	40k	148r	104g	123b	
10c	50m	10y	30k	165r	110g	133b	
20c	20m	0y	20k	166r	164g	189b	
10c	10m	60y	10k	209r	195g	118b	

20c	30m	0y	0k	199r	178g	214b	
5c	45m	0y	0k	231r	159g	198b	
5c	20m	0y	0k	235r	208g	228b	
20c	20m	60y	20k	172r	159g	104b	

50c	80m	20y	40k	97r	51g	93b	
5c	50m	10y	20k	192r	124g	148b	
20c	40m	0y	10k	181r	146g	185b	
20c	20m	0y	20k	166r	164g	189b	
0c	55m	70y	0k	246r	140g	89b	

30c	40m	10y	40k	120r	104g	126b	
10c	30m	10y	20k	185r	153g	165b	
5c	20m	0y	20k	194r	173g	191b	
0c	40m	30y	0k	248r	170g	158b	
0c	20m	30y	0k	253r	209g	175b	

55c	60m	0y	30k	97r	84g	137b	
20c	30m	0y	10k	181r	162g	195b	
0c	35m	0y	10k	223r	166g	192b	
0c	45m	50y	0k	248r	159g	124b	
0c	25m	50y	0k	253r	197g	137b	

45c	80m	0y	30k	115r	59g	122b	
45c	90m	0y	0k	153r	63g	152b	
30c	60m	0y	0k	178r	122g	180b	
0c	45m	70y	0k	248r	158g	93b	
0c	25m	70y	0k	254r	196g	101b	

35c	30m	0y	10k	150r	154g	194b	
5c	60m	0y	10k	208r	119g	166b	
20c	40m	0y	10k	181r	146g	185b	
0c	35m	90y	0k	251r	176g	52b	
0c	15m	30y	0k	254r	219g	180b	

60c	60m	10y	40k		80r	73g	113b
10c	70m	0y	0k		218r	111g	171b
5c	45m	0y	0k		231r	159g	198b
0c	80m	100y	0k		241r	90g	34b
0c	55m	90y	0k		246r	139g	51b

35c	40m	0y	20k		139r	127g	169b
5c	40m	10y	20k		193r	140g	157b
30c	30m	0y	0k		175r	171g	213b
10c	50m	80y	0k		225r	143g	75b
0c	30m	70y	10k		228r	169g	90b

45c	40m	0y	20k		120r	123g	168b
25c	40m	0y	10k		171r	143g	185b
10c	50m	0y	0k		219r	147g	192b
15c	20m	0y	10k		192r	182g	207b
0c	5m	75y	0k		255r	232g	94b

20c	70m	0y	0k		199r	108g	171b
15c	40m	0y	0k		210r	163g	203b
5c	20m	0y	0k		235r	208g	228b
0c	15m	70y	0k		255r	215g	105b
0c	0m	50y	0k		255r	247g	153b

10c	45m	10y	40k		148r	104g	123b
5c	30m	0y	0k		233r	188g	216b
0c	25m	0y	0k		249r	203g	223b
0c	20m	90y	10k		231r	185g	46b
0c	15m	100y	0k		255r	212g	0b

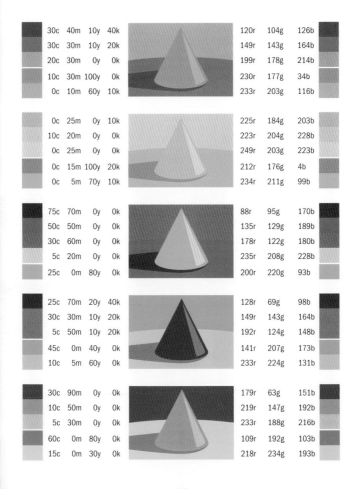

30c	40m	10y	40k
30c	30m	10y	20k
20c	30m	0y	0k
10c	30m	100y	0k
0c	10m	60y	10k

120r	104g	126b
149r	143g	164b
199r	178g	214b
230r	177g	34b
233r	203g	116b

0c	25m	0y	10k
10c	20m	0y	0k
0c	25m	0y	0k
0c	15m	100y	20k
0c	5m	70y	10k

225r	184g	203b
223r	204g	228b
249r	203g	223b
212r	176g	4b
234r	211g	99b

75c	70m	0y	0k
50c	50m	0y	0k
30c	60m	0y	0k
5c	20m	0y	0k
25c	0m	80y	0k

88r	95g	170b
135r	129g	189b
178r	122g	180b
235r	208g	228b
200r	220g	93b

25c	70m	20y	40k
30c	30m	10y	20k
5c	50m	10y	20k
45c	0m	40y	0k
10c	5m	60y	0k

128r	69g	98b
149r	143g	164b
192r	124g	148b
141r	207g	173b
233r	224g	131b

30c	90m	0y	0k
10c	50m	0y	0k
5c	30m	0y	0k
60c	0m	80y	0k
15c	0m	30y	0k

179r	63g	151b
219r	147g	192b
233r	188g	216b
109r	192g	103b
218r	234g	193b

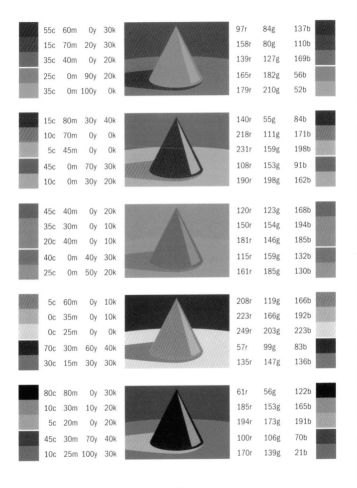

CMYK	RGB
55c 60m 0y 30k	97r 84g 137b
15c 70m 20y 30k	158r 80g 110b
35c 40m 0y 20k	139r 127g 169b
25c 0m 90y 20k	165r 182g 56b
35c 0m 100y 0k	179r 210g 52b
15c 80m 30y 40k	140r 55g 84b
10c 70m 0y 0k	218r 111g 171b
5c 45m 0y 0k	231r 159g 198b
45c 0m 70y 30k	108r 153g 91b
10c 0m 30y 20k	190r 198g 162b
45c 40m 0y 20k	120r 123g 168b
35c 30m 0y 10k	150r 154g 194b
20c 40m 0y 10k	181r 146g 185b
40c 0m 40y 30k	115r 159g 132b
25c 0m 50y 20k	161r 185g 130b
5c 60m 0y 10k	208r 119g 166b
0c 35m 0y 10k	223r 166g 192b
0c 25m 0y 0k	249r 203g 223b
70c 30m 60y 40k	57r 99g 83b
30c 15m 30y 30k	135r 147g 136b
80c 80m 0y 30k	61r 56g 122b
10c 30m 10y 20k	185r 153g 165b
5c 20m 0y 20k	194r 173g 191b
45c 30m 70y 40k	100r 106g 70b
10c 25m 100y 30k	170r 139g 21b

In the following samples, this chapter's violet hues are added to palettes dominated by a broad range of neutral colors. Some of the neutrals are brown or skin tones; others are grays that contain suggestions of a particular hue. Simple grays (tints of black) are featured in the section that follows.

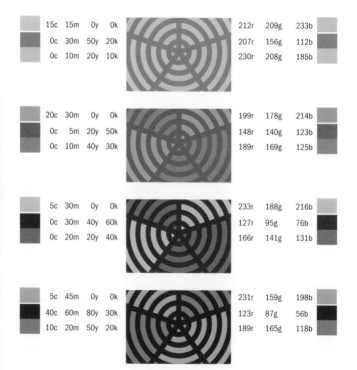

15c	15m	0y	0k	212r	209g	233b
0c	30m	50y	20k	207r	156g	112b
0c	10m	20y	10k	230r	208g	185b

20c	30m	0y	0k	199r	178g	214b
0c	5m	20y	50k	148r	140g	123b
0c	10m	40y	30k	189r	169g	125b

5c	30m	0y	0k	233r	188g	216b
0c	30m	40y	60k	127r	95g	76b
0c	20m	20y	40k	166r	141g	131b

5c	45m	0y	0k	231r	159g	198b
40c	60m	80y	30k	123r	87g	56b
10c	20m	50y	20k	189r	165g	118b

				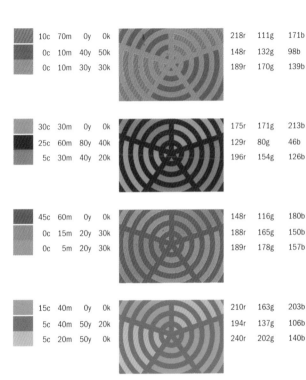				
10c	70m	0y	0k		218r	111g	171b	
0c	10m	40y	50k		148r	132g	98b	
0c	10m	30y	30k		189r	170g	139b	
30c	30m	0y	0k		175r	171g	213b	
25c	60m	80y	40k		129r	80g	46b	
5c	30m	40y	20k		196r	154g	126b	
45c	60m	0y	0k		148r	116g	180b	
0c	15m	20y	30k		188r	165g	150b	
0c	5m	20y	30k		189r	178g	157b	
15c	40m	0y	0k		210r	163g	203b	
5c	40m	50y	20k		194r	137g	106b	
5c	20m	50y	0k		240r	202g	140b	
0c	25m	0y	0k		249r	203g	223b	
0c	20m	20y	30k		187r	158g	146b	
5c	20m	30y	10k		216r	186g	160b	

15c	100m	0y	35k	148r	0g	100b	
0c	45m	90y	20k	205r	130g	42b	
10c	30m	100y	0k	230r	177g	34b	

45c	40m	0y	20k	120r	123g	168b	
10c	15m	0y	70k	97r	92g	104b	
0c	15m	20y	40k	167r	147g	134b	

25c	40m	0y	10k	171r	143g	185b	
0c	30m	30y	60k	127r	96g	85b	
5c	10m	30y	10k	218r	202g	168b	

20c	50m	0y	20k	166r	119g	160b	
0c	10m	40y	70k	110r	98g	70b	
20c	55m	70y	0k	205r	132g	92b	

15c	70m	20y	30k	158r	80g	110b	
0c	10m	20y	30k	188r	171g	153b	
0c	30m	70y	10k	228r	169g	90b	

10c	20m	0y	0k	223r	204g	228b	
0c	10m	40y	50k	148r	132g	98b	
0c	10m	40y	20k	211r	188g	139b	
0c	10m	40y	10k	231r	206g	151b	

5c	20m	0y	0k	235r	208g	228b	
0c	30m	40y	60k	127r	95g	76b	
0c	20m	20y	40k	166r	141g	131b	
10c	20m	50y	20k	189r	165g	118b	

10c	50m	0y	0k	219r	147g	192b	
30c	70m	100y	40k	122r	68g	24b	
15c	40m	50y	20k	178r	133g	107b	
0c	10m	20y	10k	230r	208g	185b	

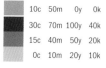  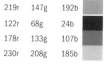

0c	25m	0y	0k	249r	203g	223b	
0c	30m	30y	60k	127r	96g	85b	
10c	40m	60y	30k	167r	121g	84b	
0c	30m	50y	20k	207r	156g	112b	

5c	60m	0y	10k	208r	119g	166b	
0c	5m	20y	60k	129r	122g	107b	
0c	10m	20y	40k	168r	153g	137b	
0c	15m	20y	20k	209r	183g	166b	

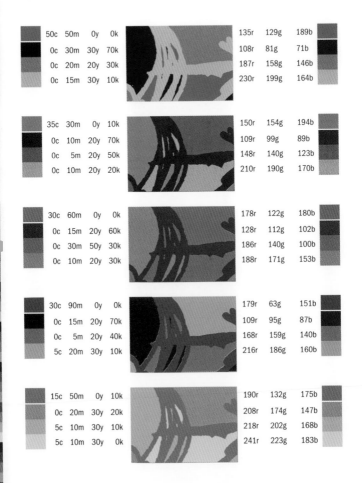

50c	50m	0y	0k	135r	129g	189b	
0c	30m	30y	70k	108r	81g	71b	
0c	20m	20y	30k	187r	158g	146b	
0c	15m	30y	10k	230r	199g	164b	

35c	30m	0y	10k	150r	154g	194b	
0c	10m	20y	70k	109r	99g	89b	
0c	5m	20y	50k	148r	140g	123b	
0c	10m	20y	20k	210r	190g	170b	

30c	60m	0y	0k	178r	122g	180b	
0c	15m	20y	60k	128r	112g	102b	
0c	30m	50y	30k	186r	140g	100b	
0c	10m	20y	30k	188r	171g	153b	

30c	90m	0y	0k	179r	63g	151b	
0c	15m	20y	70k	109r	95g	87b	
0c	5m	20y	40k	168r	159g	140b	
5c	20m	30y	10k	216r	186g	160b	

15c	50m	0y	10k	190r	132g	175b	
0c	20m	30y	20k	208r	174g	147b	
5c	10m	30y	10k	218r	202g	168b	
5c	10m	30y	0k	241r	223g	183b	

20c	100m	0y	0k	197r	22g	141b	
10c	15m	0y	70k	97r	92g	104b	
0c	15m	20y	40k	167r	147g	134b	
0c	10m	30y	20k	210r	189g	154b	

15c	80m	0y	20k	173r	71g	134b	
0c	10m	40y	70k	110r	98g	70b	
0c	10m	40y	40k	168r	151g	112b	
0c	25m	30y	20k	207r	166g	144b	

75c	70m	0y	0k	88r	95g	170b	
30c	70m	100y	40k	122r	68g	24b	
15c	30m	30y	10k	195r	163g	152b	
5c	20m	30y	10k	216r	186g	160b	

65c	90m	0y	0k	117r	64g	152b	
0c	45m	70y	30k	183r	118g	68b	
0c	35m	70y	20k	207r	147g	81b	
10c	20m	50y	20k	189r	165g	118b	

10c	50m	10y	30k	165r	110g	133b	
0c	30m	40y	60k	127r	95g	76b	
0c	10m	40y	30k	189r	169g	125b	
0c	10m	30y	20k	210r	189g	154b	

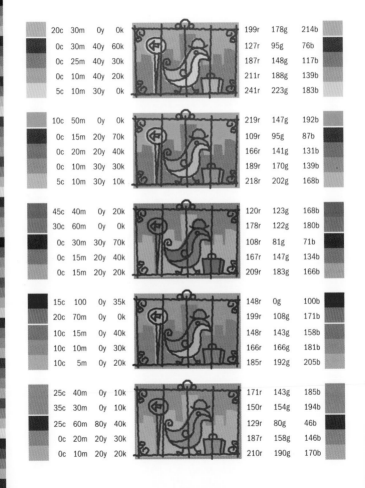

C	M	Y	K	R	G	B
20c	30m	0y	0k	199r	178g	214b
0c	30m	40y	60k	127r	95g	76b
0c	25m	40y	30k	187r	148g	117b
0c	10m	40y	20k	211r	188g	139b
5c	10m	30y	0k	241r	223g	183b
10c	50m	0y	0k	219r	147g	192b
0c	15m	20y	70k	109r	95g	87b
0c	20m	20y	40k	166r	141g	131b
0c	10m	30y	30k	189r	170g	139b
5c	10m	30y	10k	218r	202g	168b
45c	40m	0y	20k	120r	123g	168b
30c	60m	0y	0k	178r	122g	180b
0c	30m	30y	70k	108r	81g	71b
0c	15m	20y	40k	167r	147g	134b
0c	15m	20y	20k	209r	183g	166b
15c	100	0y	35k	148r	0g	100b
20c	70m	0y	0k	199r	108g	171b
10c	15m	0y	40k	148r	143g	158b
10c	10m	0y	30k	166r	166g	181b
10c	5m	0y	20k	185r	192g	205b
25c	40m	0y	10k	171r	143g	185b
35c	30m	0y	10k	150r	154g	194b
25c	60m	80y	40k	129r	80g	46b
0c	20m	20y	30k	187r	158g	146b
0c	10m	20y	20k	210r	190g	170b

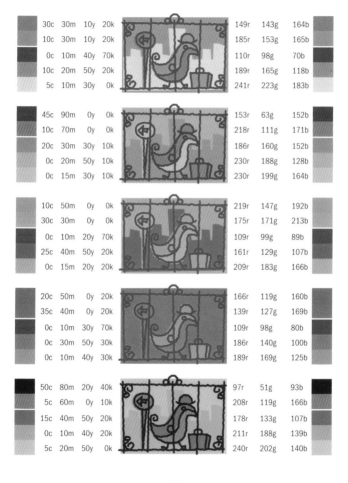

30c	30m	10y	20k	149r	143g	164b
10c	30m	10y	20k	185r	153g	165b
0c	10m	40y	70k	110r	98g	70b
10c	20m	50y	20k	189r	165g	118b
5c	10m	30y	0k	241r	223g	183b

45c	90m	0y	0k	153r	63g	152b
10c	70m	0y	0k	218r	111g	171b
20c	30m	30y	10k	186r	160g	152b
0c	20m	50y	10k	230r	188g	128b
0c	15m	30y	10k	230r	199g	164b

10c	50m	0y	0k	219r	147g	192b
30c	30m	0y	0k	175r	171g	213b
0c	10m	20y	70k	109r	99g	89b
25c	40m	50y	20k	161r	129g	107b
0c	15m	20y	20k	209r	183g	166b

20c	50m	0y	20k	166r	119g	160b
35c	40m	0y	20k	139r	127g	169b
0c	10m	30y	70k	109r	98g	80b
0c	30m	50y	30k	186r	140g	100b
0c	10m	40y	30k	189r	169g	125b

50c	80m	20y	40k	97r	51g	93b
5c	60m	0y	10k	208r	119g	166b
15c	40m	50y	20k	178r	133g	107b
0c	10m	40y	20k	211r	188g	139b
5c	20m	50y	0k	240r	202g	140b

In this final section of chapter 2, the violet hues are combined with black and tints of black. Consider ideas such as these when seeking ideas for jobs that are limited to black plus one other color of ink. Explore palette solutions where black inks are given prominence, as well as those where the color is allowed to dominate the scheme.

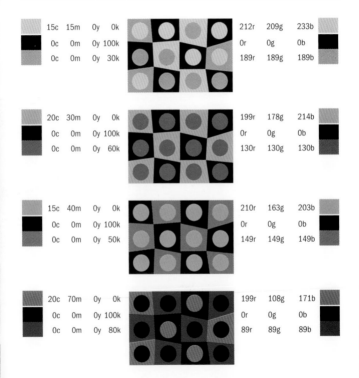

15c	15m	0y	0k		212r	209g	233b
0c	0m	0y	100k		0r	0g	0b
0c	0m	0y	30k		189r	189g	189b

20c	30m	0y	0k		199r	178g	214b
0c	0m	0y	100k		0r	0g	0b
0c	0m	0y	60k		130r	130g	130b

15c	40m	0y	0k		210r	163g	203b
0c	0m	0y	100k		0r	0g	0b
0c	0m	0y	50k		149r	149g	149b

20c	70m	0y	0k		199r	108g	171b
0c	0m	0y	100k		0r	0g	0b
0c	0m	0y	80k		89r	89g	89b

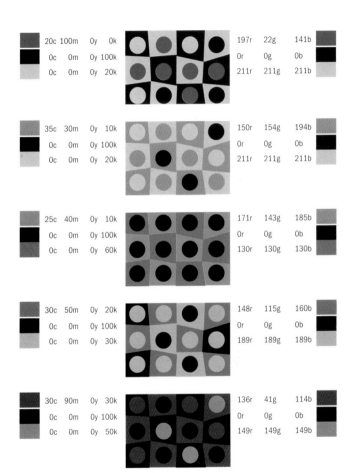

	20c	100m	0y	0k		197r	22g	141b
	0c	0m	0y	100k		0r	0g	0b
	0c	0m	0y	20k		211r	211g	211b

	35c	30m	0y	10k		150r	154g	194b
	0c	0m	0y	100k		0r	0g	0b
	0c	0m	0y	20k		211r	211g	211b

	25c	40m	0y	10k		171r	143g	185b
	0c	0m	0y	100k		0r	0g	0b
	0c	0m	0y	60k		130r	130g	130b

	30c	50m	0y	20k		148r	115g	160b
	0c	0m	0y	100k		0r	0g	0b
	0c	0m	0y	30k		189r	189g	189b

	30c	90m	0y	30k		136r	41g	114b
	0c	0m	0y	100k		0r	0g	0b
	0c	0m	0y	50k		149r	149g	149b

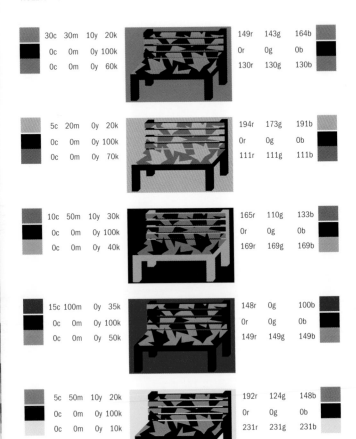

30c	30m	10y	20k
0c	0m	0y	100k
0c	0m	0y	60k

149r	143g	164b
0r	0g	0b
130r	130g	130b

5c	20m	0y	20k
0c	0m	0y	100k
0c	0m	0y	70k

194r	173g	191b
0r	0g	0b
111r	111g	111b

10c	50m	10y	30k
0c	0m	0y	100k
0c	0m	0y	40k

165r	110g	133b
0r	0g	0b
169r	169g	169b

15c	100m	0y	35k
0c	0m	0y	100k
0c	0m	0y	50k

148r	0g	100b
0r	0g	0b
149r	149g	149b

5c	50m	10y	20k
0c	0m	0y	100k
0c	0m	0y	10k

192r	124g	148b
0r	0g	0b
231r	231g	231b

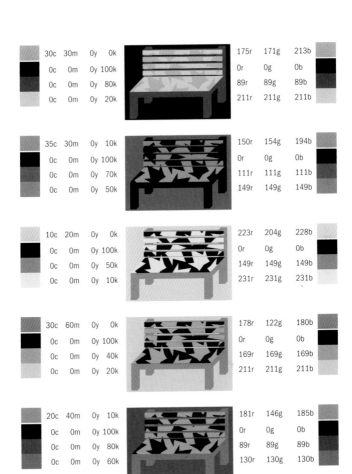

30c	30m	0y	0k
0c	0m	0y	100k
0c	0m	0y	80k
0c	0m	0y	20k

175r	171g	213b
0r	0g	0b
89r	89g	89b
211r	211g	211b

35c	30m	0y	10k
0c	0m	0y	100k
0c	0m	0y	70k
0c	0m	0y	50k

150r	154g	194b
0r	0g	0b
111r	111g	111b
149r	149g	149b

10c	20m	0y	0k
0c	0m	0y	100k
0c	0m	0y	50k
0c	0m	0y	10k

223r	204g	228b
0r	0g	0b
149r	149g	149b
231r	231g	231b

30c	60m	0y	0k
0c	0m	0y	100k
0c	0m	0y	40k
0c	0m	0y	20k

178r	122g	180b
0r	0g	0b
169r	169g	169b
211r	211g	211b

20c	40m	0y	10k
0c	0m	0y	100k
0c	0m	0y	80k
0c	0m	0y	60k

181r	146g	185b
0r	0g	0b
89r	89g	89b
130r	130g	130b

5c	30m	0y	0k	233r	188g	216b	
0c	0m	0y	100k	0r	0g	0b	
0c	0m	0y	70k	111r	111g	111b	
0c	0m	0y	20k	211r	211g	211b	

15c	50m	0y	10k	190r	132g	175b	
0c	0m	0y	100k	0r	0g	0b	
0c	0m	0y	30k	189r	189g	189b	
0c	0m	0y	10k	231r	231g	231b	

10c	70m	0y	0k	218r	111g	171b	
0c	0m	0y	100k	0r	0g	0b	
0c	0m	0y	80k	89r	89g	89b	
0c	0m	0y	60k	130r	130g	130b	

15c	80m	0y	20k	173r	71g	134b	
0c	0m	0y	100k	0r	0g	0b	
0c	0m	0y	70k	111r	111g	111b	
0c	0m	0y	10k	231r	231g	231b	

0c	25m	0y	10k	225r	184g	203b	
0c	0m	0y	100k	0r	0g	0b	
0c	0m	0y	80k	89r	89g	89b	
0c	0m	0y	40k	169r	169g	169b	

50c	50m	0y	0k	135r	129g	189b	
0c	0m	0y	100k	0r	0g	0b	
0c	0m	0y	60k	130r	130g	130b	
0c	0m	0y	50k	149r	149g	149b	

45c	60m	0y	0k	148r	116g	180b	
0c	0m	0y	100k	0r	0g	0b	
0c	0m	0y	40k	169r	169g	169b	
0c	0m	0y	20k	211r	211g	211b	

45c	90m	0y	0k	153r	63g	152b	
0c	0m	0y	100k	0r	0g	0b	
0c	0m	0y	40k	169r	169g	169b	
0c	0m	0y	30k	189r	189g	189b	

10c	50m	0y	0k	219r	147g	192b	
0c	0m	0y	100k	0r	0g	0b	
0c	0m	0y	80k	89r	89g	89b	
0c	0m	0y	60k	130r	130g	130b	

15c	70m	20y	30k	158r	80g	110b	
0c	0m	0y	100k	0r	0g	0b	
0c	0m	0y	50k	149r	149g	149b	
0c	0m	0y	30k	189r	189g	189b	

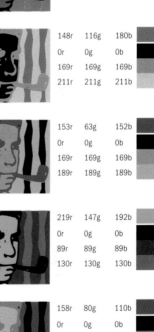

50c	50m	0y	0k	135r	129g	189b	
20c	30m	0y	0k	199r	178g	214b	
0c	0m	0y	100k	0r	0g	0b	
0c	0m	0y	80k	89r	89g	89b	
0c	0m	0y	30k	189r	189g	189b	

15c	20m	0y	10k	192r	182g	207b	
5c	20m	0y	0k	235r	208g	228b	
0c	0m	0y	100k	0r	0g	0b	
0c	0m	0y	70k	111r	111g	111b	
0c	0m	0y	40k	169r	169g	169b	

25c	40m	0y	10k	171r	143g	185b	
5c	40m	10y	20k	193r	140g	157b	
0c	0m	0y	100k	0r	0g	0b	
0c	0m	0y	60k	130r	130g	130b	
0c	0m	0y	20k	211r	211g	211b	

75c	70m	0y	0k	88r	95g	170b	
20c	70m	0y	0k	199r	108g	171b	
0c	0m	0y	100k	0r	0g	0b	
0c	0m	0y	20k	211r	211g	211b	
0c	0m	0y	10k	231r	231g	231b	

15c	100m	0y	35k	148r	0g	100b	
20c	100m	0y	0k	197r	22g	141b	
0c	0m	0y	100k	0r	0g	0b	
0c	0m	0y	60k	130r	130g	130b	
0c	0m	0y	40k	169r	169g	169b	

20c	20m	0y	20k	166r	164g	189b	
15c	50m	0y	10k	190r	132g	175b	
0c	0m	0y	100k	0r	0g	0b	
0c	0m	0y	40k	169r	169g	169b	
0c	0m	0y	10k	231r	231g	231b	

15c	70m	20y	30k	158r	80g	110b	
20c	40m	0y	10k	181r	146g	185b	
0c	0m	0y	100k	0r	0g	0b	
0c	0m	0y	70k	111r	111g	111b	
0c	0m	0y	50k	149r	149g	149b	

10c	30m	10y	20k	185r	153g	165b	
15c	40m	0y	0k	210r	163g	203b	
0c	0m	0y	100k	0r	0g	0b	
0c	0m	0y	80k	89r	89g	89b	
0c	0m	0y	60k	130r	130g	130b	

65c	90m	0y	0k	117r	64g	152b	
5c	45m	0y	0k	231r	159g	198b	
0c	0m	0y	100k	0r	0g	0b	
0c	0m	0y	50k	149r	149g	149b	
0c	0m	0y	30k	189r	189g	189b	

80c	80m	0y	30k	61r	56g	122b	
15c	80m	30y	40k	140r	55g	84b	
0c	0m	0y	100k	0r	0g	0b	
0c	0m	0y	60k	130r	130g	130b	
0c	0m	0y	40k	169r	169g	169b	

3: RED

Hues ranging from violet-red to red-orange;
saturations from intense to muted;
values from light to dark.

CHAPTER CONTENTS:

126-127
Expansion Palettes*

128-135
Combinations of Red Hues

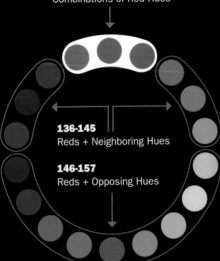

136-145
Reds + Neighboring Hues

146-157
Reds + Opposing Hues

158-165
Reds + Neutral Hues

166-173
Reds + Black and Tints of Black

* See pages 12-14 for more information
about expansion palettes.

CMYK PERCENTAGES:

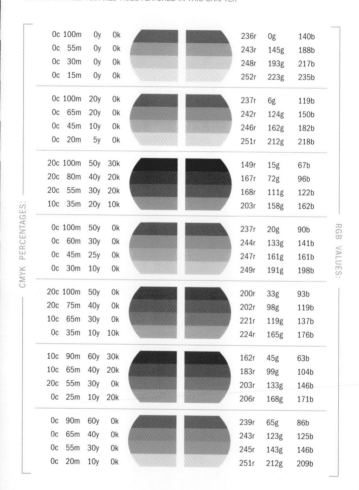

RGB VALUES:

CMYK					RGB		
0c	100m	0y	0k		236r	0g	140b
0c	55m	0y	0k		243r	145g	188b
0c	30m	0y	0k		248r	193g	217b
0c	15m	0y	0k		252r	223g	235b
0c	100m	20y	0k		237r	6g	119b
0c	65m	20y	0k		242r	124g	150b
0c	45m	10y	0k		246r	162g	182b
0c	20m	5y	0k		251r	212g	218b
20c	100m	50y	30k		149r	15g	67b
20c	80m	40y	20k		167r	72g	96b
20c	55m	30y	20k		168r	111g	122b
10c	35m	20y	10k		203r	158g	162b
0c	100m	50y	0k		237r	20g	90b
0c	60m	30y	0k		244r	133g	141b
0c	45m	25y	0k		247r	161g	161b
0c	30m	10y	0k		249r	191g	198b
20c	100m	50y	0k		200r	33g	93b
20c	75m	40y	0k		202r	98g	119b
10c	65m	30y	0k		221r	119g	137b
0c	35m	10y	10k		224r	165g	176b
10c	90m	60y	30k		162r	45g	63b
10c	65m	40y	20k		183r	99g	104b
20c	55m	30y	0k		203r	133g	146b
0c	25m	10y	20k		206r	168g	171b
0c	90m	60y	0k		239r	65g	86b
0c	65m	40y	0k		243r	123g	125b
0c	55m	30y	0k		245r	143g	146b
0c	20m	10y	0k		251r	212g	209b

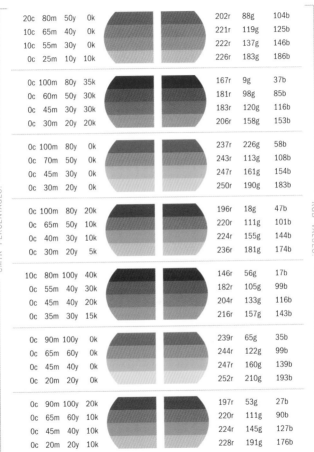

CMYK				RGB		
20c	80m	50y	0k	202r	88g	104b
10c	65m	40y	0k	221r	119g	125b
10c	55m	30y	0k	222r	137g	146b
0c	25m	10y	10k	226r	183g	186b
0c	100m	80y	35k	167r	9g	37b
0c	60m	50y	30k	181r	98g	85b
0c	45m	30y	30k	183r	120g	116b
0c	30m	20y	20k	206r	158g	153b
0c	100m	80y	0k	237r	226g	58b
0c	70m	50y	0k	243r	113g	108b
0c	45m	30y	0k	247r	161g	154b
0c	30m	20y	0k	250r	190g	183b
0c	100m	80y	20k	196r	18g	47b
0c	65m	50y	10k	220r	111g	101b
0c	40m	30y	10k	224r	155g	144b
0c	30m	20y	5k	236r	181g	174b
10c	80m	100y	40k	146r	56g	17b
0c	55m	40y	30k	182r	105g	99b
0c	45m	40y	20k	204r	133g	116b
0c	35m	30y	15k	216r	157g	143b
0c	90m	100y	0k	239r	65g	35b
0c	65m	60y	0k	244r	122g	99b
0c	45m	40y	0k	247r	160g	139b
0c	20m	20y	0k	252r	210g	193b
0c	90m	100y	20k	197r	53g	27b
0c	65m	60y	10k	220r	111g	90b
0c	45m	40y	10k	224r	145g	127b
0c	20m	20y	10k	228r	191g	176b

The red chapter opens with monochromatic and near-monochromatic sets of colors. The hues in these samples come from this chapter's expansion palettes (previous spread). Monochromatic schemes tend to be more visually sedate than those built with hues from opposing positions on the color wheel.

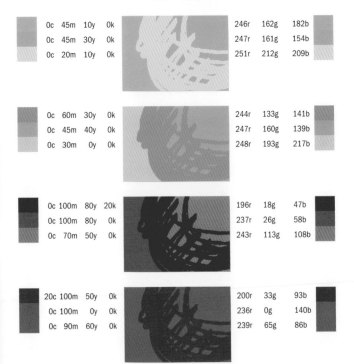

0c	45m	10y	0k		246r	162g	182b
0c	45m	30y	0k		247r	161g	154b
0c	20m	10y	0k		251r	212g	209b

0c	60m	30y	0k		244r	133g	141b
0c	45m	40y	0k		247r	160g	139b
0c	30m	0y	0k		248r	193g	217b

0c	100m	80y	20k		196r	18g	47b
0c	100m	80y	0k		237r	26g	58b
0c	70m	50y	0k		243r	113g	108b

20c	100m	50y	0k		200r	33g	93b
0c	100m	0y	0k		236r	0g	140b
0c	90m	60y	0k		239r	65g	86b

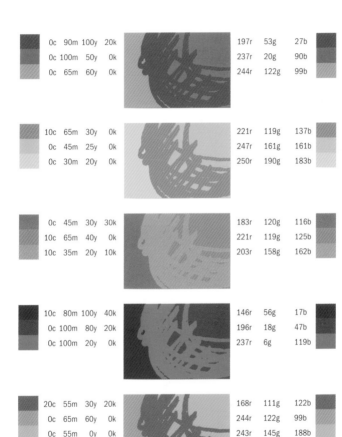

0c	90m	100y	20k		197r	53g	27b
0c	100m	50y	0k		237r	20g	90b
0c	65m	60y	0k		244r	122g	99b

10c	65m	30y	0k		221r	119g	137b
0c	45m	25y	0k		247r	161g	161b
0c	30m	20y	0k		250r	190g	183b

0c	45m	30y	30k		183r	120g	116b
10c	65m	40y	0k		221r	119g	125b
10c	35m	20y	10k		203r	158g	162b

10c	80m	100y	40k		146r	56g	17b
0c	100m	80y	20k		196r	18g	47b
0c	100m	20y	0k		237r	6g	119b

20c	55m	30y	20k		168r	111g	122b
0c	65m	60y	0k		244r	122g	99b
0c	55m	0y	0k		243r	145g	188b

0c	35m	10y	10k	224r	165g	176b
0c	20m	10y	0k	251r	212g	209b
0c	20m	5y	0k	251r	212g	218b

20c	55m	30y	0k	203r	133g	146b
0c	30m	10y	0k	249r	191g	198b
0c	20m	20y	0k	252r	210g	193b

0c	65m	60y	10k	220r	111g	90b
0c	55m	30y	0k	245r	143g	146b
0c	45m	40y	0k	247r	160g	139b

0c	100m	80y	35k	167r	9g	37b
0c	100m	80y	0k	237r	26g	58b
0c	70m	50y	0k	243r	113g	108b

20c	80m	40y	20k	167r	72g	96b
0c	40m	30y	10k	224r	155g	144b
0c	25m	10y	10k	226r	183g	186b

0c	100m	80y	0k	237r	26g	58b
0c	70m	50y	0k	243r	113g	108b
0c	45m	30y	0k	247r	161g	154b
0c	30m	20y	0k	250r	190g	183b

0c	90m	100y	20k	197r	53g	27b
0c	65m	60y	10k	220r	111g	90b
0c	45m	40y	10k	224r	145g	127b
0c	20m	20y	10k	228r	191g	176b

20c	75m	40y	0k	202r	98g	119b
0c	60m	30y	0k	244r	133g	141b
0c	45m	10y	0k	246r	162g	182b
0c	15m	0y	0k	252r	223g	235b

10c	80m	100y	40k	146r	56g	17b
0c	100m	80y	20k	196r	18g	47b
0c	90m	100y	0k	239r	65g	35b
0c	65m	60y	0k	244r	122g	99b

20c	80m	40y	20k	167r	72g	96b
10c	65m	40y	0k	221r	119g	125b
0c	65m	40y	0k	243r	123g	125b
0c	25m	10y	20k	206r	168g	171b

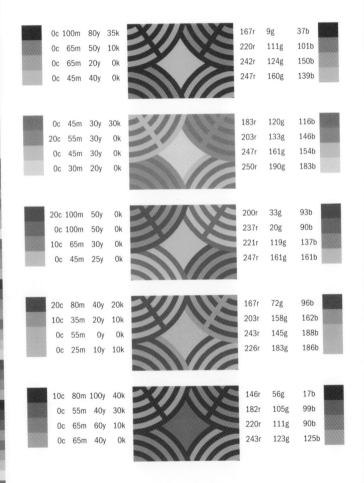

0c	100m	80y	35k
0c	65m	50y	10k
0c	65m	20y	0k
0c	45m	40y	0k

167r	9g	37b
220r	111g	101b
242r	124g	150b
247r	160g	139b

0c	45m	30y	30k
20c	55m	30y	0k
0c	45m	30y	0k
0c	30m	20y	0k

183r	120g	116b
203r	133g	146b
247r	161g	154b
250r	190g	183b

20c	100m	50y	0k
0c	100m	50y	0k
10c	65m	30y	0k
0c	45m	25y	0k

200r	33g	93b
237r	20g	90b
221r	119g	137b
247r	161g	161b

20c	80m	40y	20k
10c	35m	20y	10k
0c	55m	0y	0k
0c	25m	10y	10k

167r	72g	96b
203r	158g	162b
243r	145g	188b
226r	183g	186b

10c	80m	100y	40k
0c	55m	40y	30k
0c	65m	60y	10k
0c	65m	40y	0k

146r	56g	17b
182r	105g	99b
220r	111g	90b
243r	123g	125b

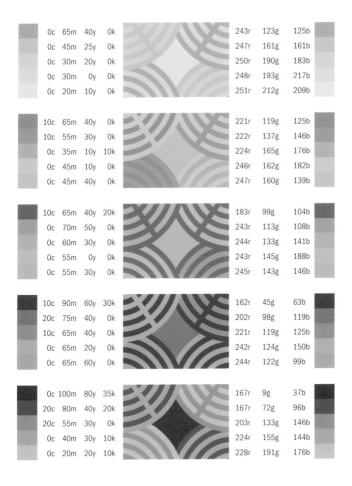

0c	65m	40y	0k	243r	123g	125b
0c	45m	25y	0k	247r	161g	161b
0c	30m	20y	0k	250r	190g	183b
0c	30m	0y	0k	248r	193g	217b
0c	20m	10y	0k	251r	212g	209b
10c	65m	40y	0k	221r	119g	125b
10c	55m	30y	0k	222r	137g	146b
0c	35m	10y	10k	224r	165g	176b
0c	45m	10y	0k	246r	162g	182b
0c	45m	40y	0k	247r	160g	139b
10c	65m	40y	20k	183r	99g	104b
0c	70m	50y	0k	243r	113g	108b
0c	60m	30y	0k	244r	133g	141b
0c	55m	0y	0k	243r	145g	188b
0c	55m	30y	0k	245r	143g	146b
10c	90m	60y	30k	162r	45g	63b
20c	75m	40y	0k	202r	98g	119b
10c	65m	40y	0k	221r	119g	125b
0c	65m	20y	0k	242r	124g	150b
0c	65m	60y	0k	244r	122g	99b
0c	100m	80y	35k	167r	9g	37b
20c	80m	40y	20k	167r	72g	96b
20c	55m	30y	0k	203r	133g	146b
0c	40m	30y	10k	224r	155g	144b
0c	20m	20y	10k	228r	191g	176b

C	M	Y	K		R	G	B
10c	90m	60y	30k		162r	45g	63b
0c	100m	80y	0k		237r	26g	58b
0c	90m	60y	0k		239r	65g	86b
0c	70m	50y	0k		243r	113g	108b
0c	55m	30y	0k		245r	143g	146b

20c	100m	50y	30k		149r	15g	67b
0c	100m	50y	0k		237r	20g	90b
0c	100m	0y	0k		236r	0g	140b
0c	65m	60y	0k		244r	122g	99b
0c	65m	20y	0k		242r	124g	150b

0c	100m	80y	20k		196r	18g	47b
0c	65m	60y	10k		220r	111g	90b
10c	65m	30y	0k		221r	119g	137b
10c	65m	40y	0k		221r	119g	125b
0c	45m	40y	10k		224r	145g	127b

0c	45m	40y	20k		204r	133g	116b
10c	35m	20y	10k		203r	158g	162b
0c	30m	20y	20k		206r	158g	153b
0c	20m	20y	10k		228r	191g	176b
0c	20m	20y	0k		252r	210g	193b

20c	75m	40y	0k		202r	98g	119b
0c	65m	40y	0k		243r	123g	125b
0c	45m	25y	0k		247r	161g	161b
0c	20m	10y	0k		251r	212g	209b
0c	20m	5y	0k		251r	212g	218b

20c	80m	40y	20k	167r	72g	96b	
20c	55m	30y	20k	168r	111g	122b	
0c	55m	0y	0k	243r	145g	188b	
0c	30m	0y	0k	248r	193g	217b	
0c	15m	0y	0k	252r	223g	235b	

0c	100m	80y	0k	237r	26g	58b	
0c	35m	10y	10k	224r	165g	176b	
0c	45m	40y	0k	247r	160g	139b	
0c	45m	10y	0k	246r	162g	182b	
0c	25m	10y	10k	226r	183g	186b	

20c	100m	50y	0k	200r	33g	93b	
0c	90m	100y	0k	239r	65g	35b	
0c	100m	50y	0k	237r	20g	90b	
0c	100m	0y	0k	236r	0g	140b	
0c	60m	30y	0k	244r	133g	141b	

10c	65m	40y	20k	183r	99g	104b	
20c	55m	30y	0k	203r	133g	146b	
0c	25m	10y	20k	206r	168g	171b	
0c	45m	30y	0k	247r	161g	154b	
0c	20m	5y	0k	251r	212g	218b	

10c	80m	100y	40k	146r	56g	17b	
0c	45m	30y	30k	183r	120g	116b	
0c	65m	50y	10k	220r	111g	101b	
0c	65m	60y	0k	244r	122g	99b	
0c	35m	30y	15k	216r	157g	143b	

The next ten pages feature palettes of this chapter's red hues along with analogous and near-analogous colors from the violet and orange chapters. Such combinations of neighboring hues tend to impart a more restrained mood than palettes built of colors from opposing segments on the color wheel.

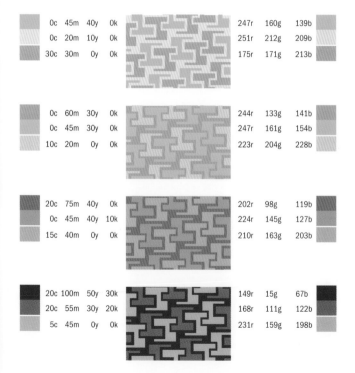

0c	45m	40y	0k		247r	160g	139b
0c	20m	10y	0k		251r	212g	209b
30c	30m	0y	0k		175r	171g	213b

0c	60m	30y	0k		244r	133g	141b
0c	45m	30y	0k		247r	161g	154b
10c	20m	0y	0k		223r	204g	228b

20c	75m	40y	0k		202r	98g	119b
0c	45m	40y	10k		224r	145g	127b
15c	40m	0y	0k		210r	163g	203b

20c	100m	50y	30k		149r	15g	67b
20c	55m	30y	20k		168r	111g	122b
5c	45m	0y	0k		231r	159g	198b

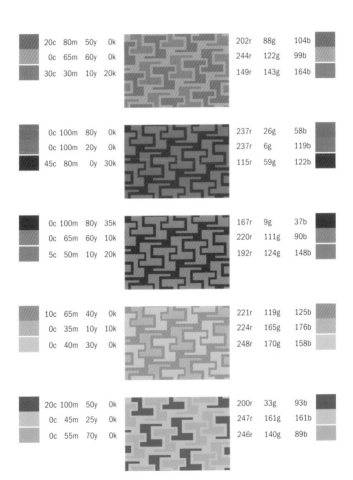

20c	80m	50y	0k	202r	88g	104b
0c	65m	60y	0k	244r	122g	99b
30c	30m	10y	20k	149r	143g	164b

0c	100m	80y	0k	237r	26g	58b
0c	100m	20y	0k	237r	6g	119b
45c	80m	0y	30k	115r	59g	122b

0c	100m	80y	35k	167r	9g	37b
0c	65m	60y	10k	220r	111g	90b
5c	50m	10y	20k	192r	124g	148b

10c	65m	40y	0k	221r	119g	125b
0c	35m	10y	10k	224r	165g	176b
0c	40m	30y	0k	248r	170g	158b

20c	100m	50y	0k	200r	33g	93b
0c	45m	25y	0k	247r	161g	161b
0c	55m	70y	0k	246r	140g	89b

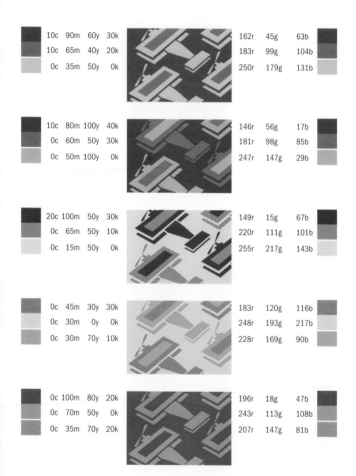

10c	90m	60y	30k	162r	45g	63b
10c	65m	40y	20k	183r	99g	104b
0c	35m	50y	0k	250r	179g	131b

10c	80m	100y	40k	146r	56g	17b
0c	60m	50y	30k	181r	98g	85b
0c	50m	100y	0k	247r	147g	29b

20c	100m	50y	30k	149r	15g	67b
0c	65m	50y	10k	220r	111g	101b
0c	15m	50y	0k	255r	217g	143b

0c	45m	30y	30k	183r	120g	116b
0c	30m	0y	0k	248r	193g	217b
0c	30m	70y	10k	228r	169g	90b

0c	100m	80y	20k	196r	18g	47b
0c	70m	50y	0k	243r	113g	108b
0c	35m	70y	20k	207r	147g	81b

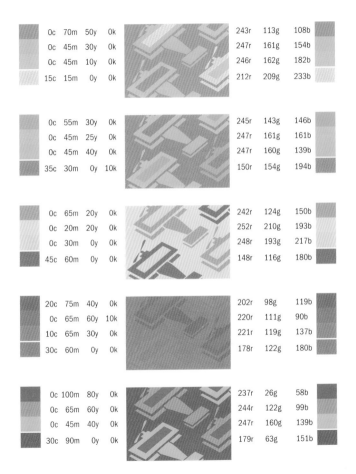

	C	M	Y	K		R	G	B	
	0c	70m	50y	0k		243r	113g	108b	
	0c	45m	30y	0k		247r	161g	154b	
	0c	45m	10y	0k		246r	162g	182b	
	15c	15m	0y	0k		212r	209g	233b	
	0c	55m	30y	0k		245r	143g	146b	
	0c	45m	25y	0k		247r	161g	161b	
	0c	45m	40y	0k		247r	160g	139b	
	35c	30m	0y	10k		150r	154g	194b	
	0c	65m	20y	0k		242r	124g	150b	
	0c	20m	20y	0k		252r	210g	193b	
	0c	30m	0y	0k		248r	193g	217b	
	45c	60m	0y	0k		148r	116g	180b	
	20c	75m	40y	0k		202r	98g	119b	
	0c	65m	60y	10k		220r	111g	90b	
	10c	65m	30y	0k		221r	119g	137b	
	30c	60m	0y	0k		178r	122g	180b	
	0c	100m	80y	0k		237r	26g	58b	
	0c	65m	60y	0k		244r	122g	99b	
	0c	45m	40y	0k		247r	160g	139b	
	30c	90m	0y	0k		179r	63g	151b	

20c	55m	30y	20k	
10c	65m	40y	20k	
0c	40m	30y	10k	
20c	20m	0y	20k	

168r	111g	122b
183r	99g	104b
224r	155g	144b
166r	164g	189b

10c	80m	100y	40k	
0c	65m	50y	10k	
0c	65m	60y	0k	
35c	40m	0y	20k	

146r	56g	17b
220r	111g	101b
244r	122g	99b
139r	127g	169b

0c	100m	80y	20k	
20c	80m	50y	0k	
10c	65m	30y	0k	
10c	30m	10y	20k	

196r	18g	47b
202r	88g	104b
221r	119g	137b
185r	153g	165b

0c	70m	50y	0k	
0c	45m	40y	10k	
0c	55m	30y	0k	
10c	50m	10y	30k	

243r	113g	108b
224r	145g	127b
245r	143g	146b
165r	110g	133b

0c	45m	30y	30k	
20c	75m	40y	0k	
0c	45m	40y	0k	
15c	70m	20y	30k	

183r	120g	116b
202r	98g	119b
247r	160g	139b
158r	80g	110b

140

0c	65m	20y	0k	242r	124g	150b	
0c	55m	0y	0k	243r	145g	188b	
0c	45m	25y	0k	247r	161g	161b	
0c	60m	60y	0k	245r	132g	102b	

0c	100m	20y	0k	237r	6g	119b	
0c	45m	10y	0k	246r	162g	182b	
0c	20m	5y	0k	251r	212g	218b	
0c	30m	30y	0k	251r	189g	167b	

10c	80m	100y	40k	146r	56g	17b	
0c	100m	80y	35k	167r	9g	37b	
0c	100m	80y	0k	237r	26g	58b	
0c	45m	70y	0k	248r	158g	93b	

10c	65m	40y	20k	183r	99g	104b	
10c	65m	40y	0k	221r	119g	125b	
0c	35m	10y	10k	224r	165g	176b	
0c	35m	70y	0k	251r	177g	97b	

10c	90m	60y	30k	162r	45g	63b	
0c	100m	0y	0k	236r	0g	140b	
0c	65m	60y	0k	244r	122g	99b	
0c	25m	70y	0k	254r	196g	101b	

20c	100m	50y	30k		149r	15g	67b	
10c	35m	20y	10k		203r	158g	162b	
0c	25m	10y	10k		226r	183g	186b	
0c	80m	100y	0k		241r	90g	34b	

10c	80m	100y	40k		146r	56g	17b	
10c	35m	20y	10k		203r	158g	162b	
0c	45m	30y	0k		247r	161g	154b	
0c	55m	100y	20k		203r	115g	23b	

10c	90m	60y	30k		162r	45g	63b	
0c	65m	60y	10k		220r	111g	90b	
0c	35m	10y	10k		224r	165g	176b	
10c	50m	80y	0k		225r	143g	75b	

20c	100m	50y	0k		200r	33g	93b	
10c	65m	30y	0k		221r	119g	137b	
0c	30m	0y	0k		248r	193g	217b	
0c	20m	50y	10k		230r	188g	128b	

20c	80m	40y	20k		167r	72g	96b	
0c	45m	30y	30k		183r	120g	116b	
0c	45m	40y	0k		247r	160g	139b	
0c	45m	90y	20k		205r	130g	42b	

142

10c	90m	60y	30k		162r	45g	63b
10c	65m	40y	20k		183r	99g	104b
20c	55m	30y	0k		203r	133g	146b
0c	25m	10y	20k		206r	168g	171b
20c	30m	0y	0k		199r	178g	214b

0c	90m	100y	20k		197r	53g	27b
0c	65m	60y	0k		244r	122g	99b
0c	45m	40y	0k		247r	160g	139b
0c	30m	20y	0k		250r	190g	183b
10c	50m	0y	0k		219r	147g	192b

0c	30m	20y	20k		206r	158g	153b
0c	20m	20y	0k		252r	210g	193b
0c	20m	5y	0k		251r	212g	218b
30c	30m	0y	0k		175r	171g	213b
5c	30m	0y	0k		233r	188g	216b

20c	80m	40y	20k		167r	72g	96b
0c	60m	30y	0k		244r	133g	141b
0c	45m	30y	0k		247r	161g	154b
25c	40m	0y	10k		171r	143g	185b
10c	20m	0y	0k		223r	204g	228b

0c	60m	50y	30k		181r	98g	85b
0c	55m	40y	30k		182r	105g	99b
0c	65m	60y	10k		220r	111g	90b
20c	40m	0y	10k		181r	146g	185b
5c	30m	0y	10k		211r	171g	197b

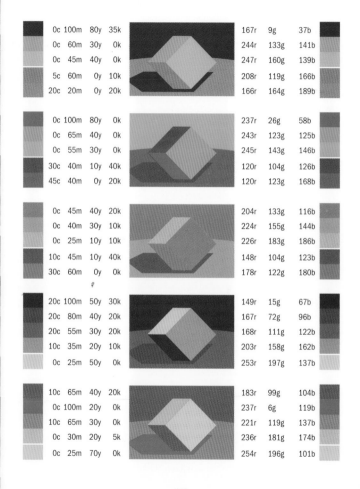

0c 100m 80y 35k	167r	9g	37b
0c 60m 30y 0k	244r	133g	141b
0c 45m 40y 0k	247r	160g	139b
5c 60m 0y 10k	208r	119g	166b
20c 20m 0y 20k	166r	164g	189b

0c 100m 80y 0k	237r	26g	58b
0c 65m 40y 0k	243r	123g	125b
0c 55m 30y 0k	245r	143g	146b
30c 40m 10y 40k	120r	104g	126b
45c 40m 0y 20k	120r	123g	168b

0c 45m 40y 20k	204r	133g	116b
0c 40m 30y 10k	224r	155g	144b
0c 25m 10y 10k	226r	183g	186b
10c 45m 10y 40k	148r	104g	123b
30c 60m 0y 0k	178r	122g	180b

20c 100m 50y 30k	149r	15g	67b
20c 80m 40y 20k	167r	72g	96b
20c 55m 30y 20k	168r	111g	122b
10c 35m 20y 10k	203r	158g	162b
0c 25m 50y 0k	253r	197g	137b

10c 65m 40y 20k	183r	99g	104b
0c 100m 20y 0k	237r	6g	119b
10c 65m 30y 0k	221r	119g	137b
0c 30m 20y 5k	236r	181g	174b
0c 25m 70y 0k	254r	196g	101b

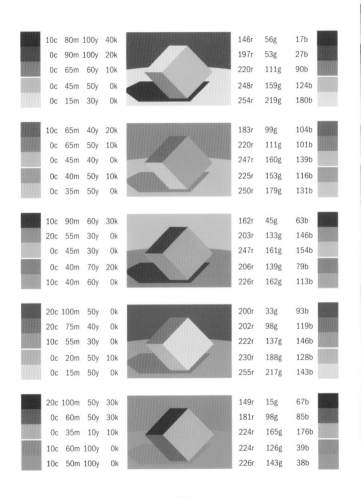

10c	80m	100y	40k	146r	56g	17b	
0c	90m	100y	20k	197r	53g	27b	
0c	65m	60y	10k	220r	111g	90b	
0c	45m	50y	0k	248r	159g	124b	
0c	15m	30y	0k	254r	219g	180b	

10c	65m	40y	20k	183r	99g	104b	
0c	65m	50y	10k	220r	111g	101b	
0c	45m	40y	0k	247r	160g	139b	
0c	40m	50y	10k	225r	153g	116b	
0c	35m	50y	0k	250r	179g	131b	

10c	90m	60y	30k	162r	45g	63b	
20c	55m	30y	0k	203r	133g	146b	
0c	45m	30y	0k	247r	161g	154b	
0c	40m	70y	20k	206r	139g	79b	
10c	40m	60y	0k	226r	162g	113b	

20c	100m	50y	0k	200r	33g	93b	
20c	75m	40y	0k	202r	98g	119b	
10c	55m	30y	0k	222r	137g	146b	
0c	20m	50y	10k	230r	188g	128b	
0c	15m	50y	0k	255r	217g	143b	

20c	100m	50y	30k	149r	15g	67b	
0c	60m	50y	30k	181r	98g	85b	
0c	35m	10y	10k	224r	165g	176b	
10c	60m	100y	0k	224r	126g	39b	
10c	50m	100y	0k	226r	143g	38b	

In this section, the chapter's red hues are joined by complements
and near-complements from the yellow, green and blue chapters.
Palettes of opposing hues such as these tend to be more visually
active than monochromatic combinations or those made of hues
from neighboring positions on the color wheel.

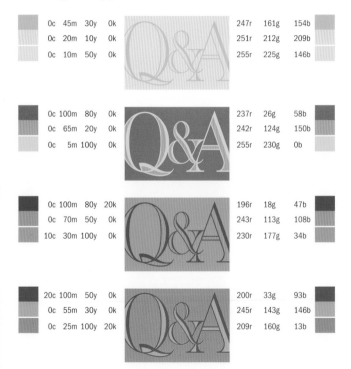

	0c	45m	30y	0k		247r	161g	154b	
	0c	20m	10y	0k		251r	212g	209b	
	0c	10m	50y	0k		255r	225g	146b	

	0c	100m	80y	0k		237r	26g	58b	
	0c	65m	20y	0k		242r	124g	150b	
	0c	5m	100y	0k		255r	230g	0b	

	0c	100m	80y	20k		196r	18g	47b	
	0c	70m	50y	0k		243r	113g	108b	
	10c	30m	100y	0k		230r	177g	34b	

	20c	100m	50y	0k		200r	33g	93b	
	0c	55m	30y	0k		245r	143g	146b	
	0c	25m	100y	20k		209r	160g	13b	

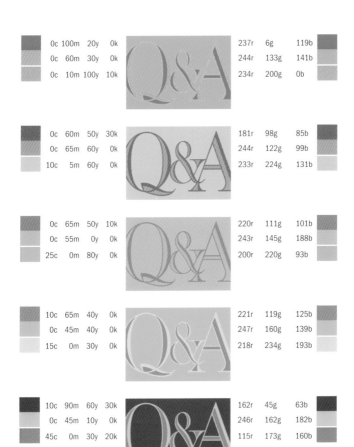

0c	100m	20y	0k	237r 6g 119b
0c	60m	30y	0k	244r 133g 141b
0c	10m	100y	10k	234r 200g 0b

0c	60m	50y	30k	181r 98g 85b
0c	65m	60y	0k	244r 122g 99b
10c	5m	60y	0k	233r 224g 131b

0c	65m	50y	10k	220r 111g 101b
0c	55m	0y	0k	243r 145g 188b
25c	0m	80y	0k	200r 220g 93b

10c	65m	40y	0k	221r 119g 125b
0c	45m	40y	0k	247r 160g 139b
15c	0m	30y	0k	218r 234g 193b

10c	90m	60y	30k	162r 45g 63b
0c	45m	10y	0k	246r 162g 182b
45c	0m	30y	20k	115r 173g 160b

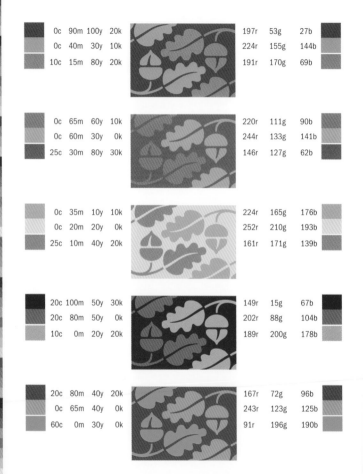

0c	90m	100y	20k	197r	53g	27b
0c	40m	30y	10k	224r	155g	144b
10c	15m	80y	20k	191r	170g	69b

0c	65m	60y	10k	220r	111g	90b
0c	60m	30y	0k	244r	133g	141b
25c	30m	80y	30k	146r	127g	62b

0c	35m	10y	10k	224r	165g	176b
0c	20m	20y	0k	252r	210g	193b
25c	10m	40y	20k	161r	171g	139b

20c	100m	50y	30k	149r	15g	67b
20c	80m	50y	0k	202r	88g	104b
10c	0m	20y	20k	189r	200g	178b

20c	80m	40y	20k	167r	72g	96b
0c	65m	40y	0k	243r	123g	125b
60c	0m	30y	0k	91r	196g	190b

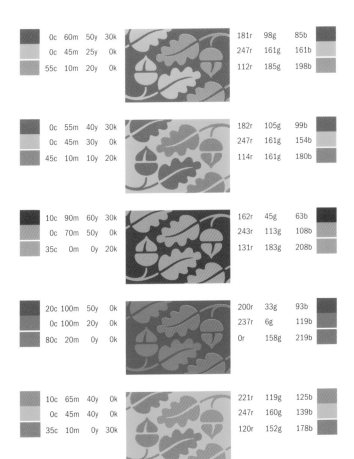

0c	60m	50y	30k	181r	98g	85b
0c	45m	25y	0k	247r	161g	161b
55c	10m	20y	0k	112r	185g	198b

0c	55m	40y	30k	182r	105g	99b
0c	45m	30y	0k	247r	161g	154b
45c	10m	10y	20k	114r	161g	180b

10c	90m	60y	30k	162r	45g	63b
0c	70m	50y	0k	243r	113g	108b
35c	0m	0y	20k	131r	183g	208b

20c	100m	50y	0k	200r	33g	93b
0c	100m	20y	0k	237r	6g	119b
80c	20m	0y	0k	0r	158g	219b

10c	65m	40y	0k	221r	119g	125b
0c	45m	40y	0k	247r	160g	139b
35c	10m	0y	30k	120r	152g	178b

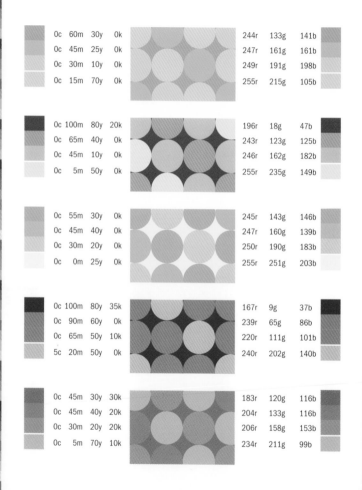

0c	60m	30y	0k	244r	133g	141b
0c	45m	25y	0k	247r	161g	161b
0c	30m	10y	0k	249r	191g	198b
0c	15m	70y	0k	255r	215g	105b

0c	100m	80y	20k	196r	18g	47b
0c	65m	40y	0k	243r	123g	125b
0c	45m	10y	0k	246r	162g	182b
0c	5m	50y	0k	255r	235g	149b

0c	55m	30y	0k	245r	143g	146b
0c	45m	40y	0k	247r	160g	139b
0c	30m	20y	0k	250r	190g	183b
0c	0m	25y	0k	255r	251g	203b

0c	100m	80y	35k	167r	9g	37b
0c	90m	60y	0k	239r	65g	86b
0c	65m	50y	10k	220r	111g	101b
5c	20m	50y	0k	240r	202g	140b

0c	45m	30y	30k	183r	120g	116b
0c	45m	40y	20k	204r	133g	116b
0c	30m	20y	20k	206r	158g	153b
0c	5m	70y	10k	234r	211g	99b

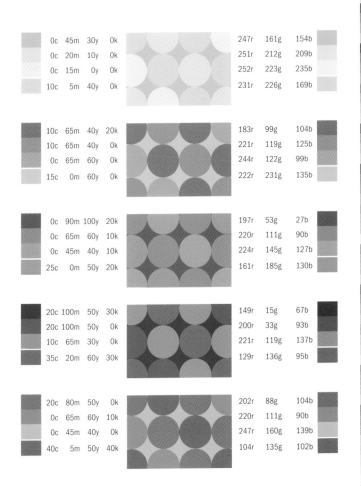

0c	45m	30y	0k	247r	161g	154b
0c	20m	10y	0k	251r	212g	209b
0c	15m	0y	0k	252r	223g	235b
10c	5m	40y	0k	231r	226g	169b

10c	65m	40y	20k	183r	99g	104b
10c	65m	40y	0k	221r	119g	125b
0c	65m	60y	0k	244r	122g	99b
15c	0m	60y	0k	222r	231g	135b

0c	90m	100y	20k	197r	53g	27b
0c	65m	60y	10k	220r	111g	90b
0c	45m	40y	10k	224r	145g	127b
25c	0m	50y	20k	161r	185g	130b

20c	100m	50y	30k	149r	15g	67b
20c	100m	50y	0k	200r	33g	93b
10c	65m	30y	0k	221r	119g	137b
35c	20m	60y	30k	129r	136g	95b

20c	80m	50y	0k	202r	88g	104b
0c	65m	60y	10k	220r	111g	90b
0c	45m	40y	0k	247r	160g	139b
40c	5m	50y	40k	104r	135g	102b

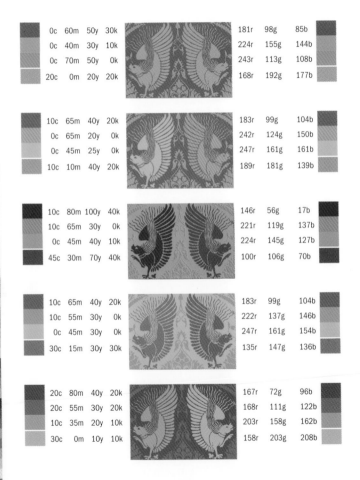

0c	60m	50y	30k	181r	98g	85b
0c	40m	30y	10k	224r	155g	144b
0c	70m	50y	0k	243r	113g	108b
20c	0m	20y	20k	168r	192g	177b

10c	65m	40y	20k	183r	99g	104b
0c	65m	20y	0k	242r	124g	150b
0c	45m	25y	0k	247r	161g	161b
10c	10m	40y	20k	189r	181g	139b

10c	80m	100y	40k	146r	56g	17b
10c	65m	30y	0k	221r	119g	137b
0c	45m	40y	10k	224r	145g	127b
45c	30m	70y	40k	100r	106g	70b

10c	65m	40y	20k	183r	99g	104b
10c	55m	30y	0k	222r	137g	146b
0c	45m	30y	0k	247r	161g	154b
30c	15m	30y	30k	135r	147g	136b

20c	80m	40y	20k	167r	72g	96b
20c	55m	30y	20k	168r	111g	122b
10c	35m	20y	10k	203r	158g	162b
30c	0m	10y	10k	158r	203g	208b

20c	100m	50y	0k	200r	33g	93b
0c	55m	0y	0k	243r	145g	188b
0c	45m	25y	0k	247r	161g	161b
75c	20m	20y	0k	42r	159g	188b

20c	100m	50y	30k	149r	15g	67b
0c	90m	100y	20k	197r	53g	27b
10c	65m	40y	0k	221r	119g	125b
60c	0m	0y	0k	68r	199g	244b

0c	100m	80y	20k	196r	18g	47b
0c	65m	40y	0k	243r	123g	125b
0c	45m	10y	0k	246r	162g	182b
80c	20m	0y	0k	0r	158g	219b

0c	65m	60y	0k	244r	122g	99b
0c	45m	40y	0k	247r	160g	139b
0c	20m	20y	0k	252r	210g	193b
70c	20m	0y	20k	45r	137g	185b

10c	90m	60y	30k	162r	45g	63b
20c	75m	40y	0k	202r	98g	119b
0c	55m	30y	0k	245r	143g	146b
35c	0m	10y	30k	120r	165g	172b

20c	100m	50y	0k	200r	33g	93b	
0c	100m	50y	0k	237r	20g	90b	
0c	55m	0y	0k	243r	145g	88b	
0c	20m	20y	10k	228r	191g	176b	
0c	10m	80y	0k	255r	222g	79b	

0c	55m	30y	0k	245r	143g	146b	
0c	45m	30y	0k	247r	161g	154b	
0c	30m	20y	5k	236r	181g	174b	
0c	10m	50y	0k	255r	225g	146b	
0c	0m	50y	0k	255r	247g	153b	

20c	80m	40y	20k	167r	72g	96b	
20c	75m	40y	0k	202r	98g	119b	
10c	35m	20y	10k	203r	158g	162b	
10c	30m	100y	0k	230r	177g	34b	
0c	5m	50y	0k	255r	235g	149b	

0c	90m	100y	20k	197r	53g	27b	
0c	90m	100y	0k	239r	65g	35b	
0c	45m	40y	0k	247r	160g	139b	
0c	25m	80y	20k	209r	161g	64b	
0c	20m	90y	10k	231r	185g	46b	

0c	100m	20y	0k	237r	6g	119b	
0c	60m	30y	0k	244r	133g	141b	
0c	30m	10y	0k	249r	191g	198b	
0c	15m	100y	20k	212r	176g	4b	
0c	10m	60y	10k	233r	203g	116b	

10c	90m	60y	30k		162r	45g	63b
20c	80m	50y	0k		202r	88g	104b
0c	65m	50y	10k		220r	111g	101b
0c	45m	40y	0 r		247r	160g	139b
25c	0m	90y	20k		165r	182g	56b

20c	55m	30y	20k		168r	111g	122b
10c	65m	30y	0k		221r	119g	137b
0c	40m	30y	10k		224r	155g	144b
10c	10m	60y	10k		209r	195g	118b
10c	5m	40y	0k		231r	226g	169b

0c	45m	30y	30k		183r	120g	116b
0c	55m	30y	0k		245r	143g	146b
0c	20m	10y	0k		251r	212g	209b
35c	0m	50y	0k		171r	214g	155b
15c	0m	60y	0k		222r	231g	135b

10c	80m	100y	40k		146r	56g	17b
10c	65m	40y	20k		183r	99g	104b
0c	65m	60y	10k		220r	111g	90b
45c	0m	30y	20k		115r	173g	160b
40c	0m	30y	0k		153r	212g	191b

0c	100m	80y	35k		167r	9g	37b
0c	70m	50y	0k		243r	113g	108b
0c	30m	20y	20k		206r	158g	153b
40c	0m	40y	30k		115r	159g	132b
15c	0m	70y	20k		184r	191g	96b

20c	100m	50y	30k	149r	15g	67b
10c	55m	30y	0k	222r	137g	146b
0c	45m	30y	0k	247r	161g	154b
45c	30m	70y	40k	100r	106g	70b
10c	25m	100y	30k	170r	139g	21b

0c	100m	80y	20k	196r	18g	47b
10c	65m	40y	0k	221r	119g	125b
0c	45m	40y	10k	224r	145g	127b
20c	20m	60y	20k	172r	159g	104b
25c	0m	30y	20k	159r	188g	161b

20c	80m	40y	20k	167r	72g	96b
20c	55m	30y	20k	168r	111g	122b
0c	45m	10y	0k	246r	162g	182b
15c	10m	30y	20k	180r	178g	154b
20c	0m	20y	20k	168r	192g	177b

10c	90m	60y	30k	162r	45g	63b
0c	55m	30y	0k	245r	143g	146b
0c	45m	30y	0k	247r	161g	154b
40c	25m	40y	40k	106r	115g	104b
10c	15m	40y	20k	189r	174g	136b

0c	100m	50y	0k	237r	20g	90b
0c	65m	20y	0k	242r	124g	150b
0c	30m	0y	0k	248r	193g	217b
0c	15m	0y	0k	252r	223g	235b
40c	0m	10y	20k	122r	179g	190b

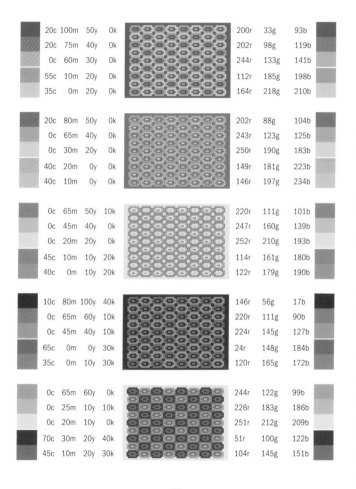

20c	100m	50y	0k		200r	33g	93b
20c	75m	40y	0k		202r	98g	119b
0c	60m	30y	0k		244r	133g	141b
55c	10m	20y	0k		112r	185g	198b
35c	0m	20y	0k		164r	218g	210b

20c	80m	50y	0k		202r	88g	104b
0c	65m	40y	0k		243r	123g	125b
0c	30m	20y	0k		250r	190g	183b
40c	20m	0y	0k		149r	181g	223b
40c	10m	0y	0k		146r	197g	234b

0c	65m	50y	10k		220r	111g	101b
0c	45m	40y	0k		247r	160g	139b
0c	20m	20y	0k		252r	210g	193b
45c	10m	10y	20k		114r	161g	180b
40c	0m	10y	20k		122r	179g	190b

10c	80m	100y	40k		146r	56g	17b
0c	65m	60y	10k		220r	111g	90b
0c	45m	40y	10k		224r	145g	127b
65c	0m	0y	30k		24r	148g	184b
35c	0m	10y	30k		120r	165g	172b

0c	65m	60y	0k		244r	122g	99b
0c	25m	10y	10k		226r	183g	186b
0c	20m	10y	0k		251r	212g	209b
70c	30m	20y	40k		51r	100g	122b
45c	10m	20y	30k		104r	145g	151b

In the following samples, this chapter's red hues are added to palettes dominated by a broad range of neutral colors. Some of the neutrals are brown or skin tones; others are grays that contain suggestions of a particular hue. Simple grays (tints of black) are featured in the section that follows.

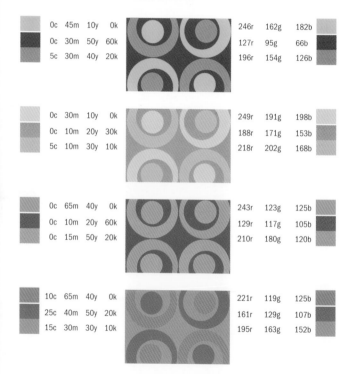

0c	45m	10y	0k	246r	162g	182b	
0c	30m	50y	60k	127r	95g	66b	
5c	30m	40y	20k	196r	154g	126b	

0c	30m	10y	0k	249r	191g	198b	
0c	10m	20y	30k	188r	171g	153b	
5c	10m	30y	10k	218r	202g	168b	

0c	65m	40y	0k	243r	123g	125b	
0c	10m	20y	60k	129r	117g	105b	
0c	15m	50y	20k	210r	180g	120b	

10c	65m	40y	0k	221r	119g	125b	
25c	40m	50y	20k	161r	129g	107b	
15c	30m	30y	10k	195r	163g	152b	

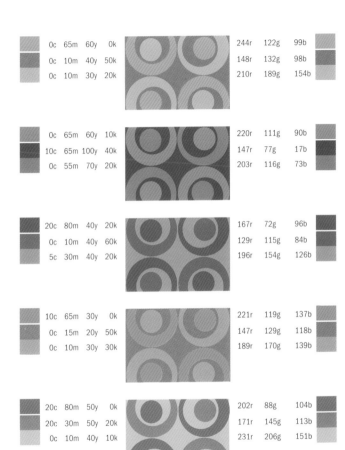

0c	65m	60y	0k	244r	122g	99b	
0c	10m	40y	50k	148r	132g	98b	
0c	10m	30y	20k	210r	189g	154b	
0c	65m	60y	10k	220r	111g	90b	
10c	65m	100y	40k	147r	77g	17b	
0c	55m	70y	20k	203r	116g	73b	
20c	80m	40y	20k	167r	72g	96b	
0c	10m	40y	60k	129r	115g	84b	
5c	30m	40y	20k	196r	154g	126b	
10c	65m	30y	0k	221r	119g	137b	
0c	15m	20y	50k	147r	129g	118b	
0c	10m	30y	30k	189r	170g	139b	
20c	80m	50y	0k	202r	88g	104b	
20c	30m	50y	20k	171r	145g	113b	
0c	10m	40y	10k	231r	206g	151b	

REDS + NEUTRAL HUES

0c	65m	50y	10k	220r	111g	101b	
25c	60m	80y	40k	129r	80g	46b	
5c	20m	30y	10k	216r	186g	160b	

0c	90m	100y	20k	197r	53g	27b	
0c	10m	40y	70k	110r	98g	70b	
0c	30m	50y	30k	186r	140g	100b	

20c	75m	40y	0k	202r	98g	119b	
0c	15m	20y	30k	188r	165g	150b	
10c	20m	50y	20k	189r	165g	118b	

10c	55m	30y	0k	222r	137g	146b	
0c	30m	50y	40k	166r	125g	89b	
0c	30m	35y	10k	227r	172g	145b	

0c	45m	40y	0k	247r	160g	139b	
0c	10m	40y	30k	189r	169g	125b	
5c	10m	30y	0k	241r	223g	183b	

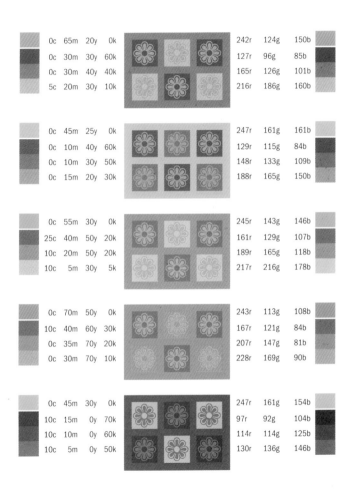

	0c	65m	20y	0k		242r	124g	150b	
	0c	30m	30y	60k		127r	96g	85b	
	0c	30m	40y	40k		165r	126g	101b	
	5c	20m	30y	10k		216r	186g	160b	

	0c	45m	25y	0k		247r	161g	161b	
	0c	10m	40y	60k		129r	115g	84b	
	0c	10m	30y	50k		148r	133g	109b	
	0c	15m	20y	30k		188r	165g	150b	

	0c	55m	30y	0k		245r	143g	146b	
	25c	40m	50y	20k		161r	129g	107b	
	10c	20m	50y	20k		189r	165g	118b	
	10c	5m	30y	5k		217r	216g	178b	

	0c	70m	50y	0k		243r	113g	108b	
	10c	40m	60y	30k		167r	121g	84b	
	0c	35m	70y	20k		207r	147g	81b	
	0c	30m	70y	10k		228r	169g	90b	

	0c	45m	30y	0k		247r	161g	154b	
	10c	15m	0y	70k		97r	92g	104b	
	10c	10m	0y	60k		114r	114g	125b	
	10c	5m	0y	50k		130r	136g	146b	

0c	90m	100y	0k	239r	65g	35b
40c	55m	70y	40k	109r	82g	61b
30c	40m	60y	30k	137r	114g	86b
0c	10m	40y	10k	231r	206g	151b

0c	65m	60y	0k	244r	122g	99b
0c	30m	40y	60k	127r	95g	76b
0c	20m	20y	40k	166r	141g	131b
0c	10m	10y	20k	209r	191g	184b

0c	100m	50y	0k	237r	20g	90b
25c	60m	80y	40k	129r	80g	46b
0c	20m	50y	10k	230r	188g	128b
0c	10m	20y	10k	230r	208g	185b

20c	100m	50y	0k	200r	33g	93b
0c	15m	20y	70k	109r	95g	87b
0c	10m	40y	50k	148r	132g	98b
0c	5m	20y	20k	211r	198g	173b

0c	100m	80y	35k	167r	9g	37b
45c	30m	70y	40k	100r	106g	70b
0c	30m	50y	30k	186r	140g	100b
0c	15m	50y	20k	210r	180g	120b

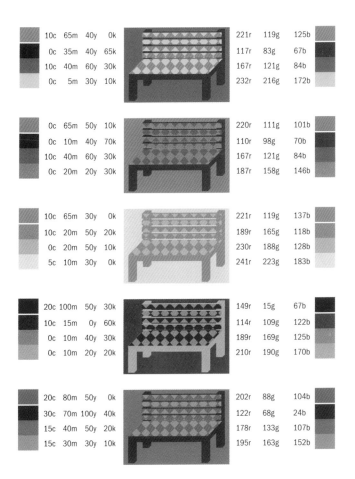

10c	65m	40y	0k	221r	119g	125b
0c	35m	40y	65k	117r	83g	67b
10c	40m	60y	30k	167r	121g	84b
0c	5m	30y	10k	232r	216g	172b

0c	65m	50y	10k	220r	111g	101b
0c	10m	40y	70k	110r	98g	70b
10c	40m	60y	30k	167r	121g	84b
0c	20m	20y	30k	187r	158g	146b

10c	65m	30y	0k	221r	119g	137b
10c	20m	50y	20k	189r	165g	118b
0c	20m	50y	10k	230r	188g	128b
5c	10m	30y	0k	241r	223g	183b

20c	100m	50y	30k	149r	15g	67b
10c	15m	0y	60k	114r	109g	122b
0c	10m	40y	30k	189r	169g	125b
0c	10m	20y	20k	210r	190g	170b

20c	80m	50y	0k	202r	88g	104b
30c	70m	100y	40k	122r	68g	24b
15c	40m	50y	20k	178r	133g	107b
15c	30m	30y	10k	195r	163g	152b

163

0c	70m	50y	0k		243r	113g	108b	
0c	30m	30y	70k		108r	81g	71b	
0c	25m	30y	50k		146r	117g	101b	
0c	15m	20y	40k		167r	147g	134b	
0c	5m	20y	20k		211r	198g	173b	

0c	90m	100y	0k		239r	65g	35b	
40c	60m	80y	30k		123r	87g	56b	
40c	25m	40y	40k		106r	115g	104b	
0c	10m	40y	50k		148r	132g	98b	
10c	15m	0y	40k		148r	143g	158b	

20c	75m	40y	0k		202r	98g	119b	
0c	65m	20y	0k		242r	124g	150b	
10c	15m	0y	70k		97r	92g	104b	
10c	5m	0y	40k		148r	155g	166b	
10c	10m	0y	20k		185r	185g	200b	

0c	45m	25y	0k		247r	161g	161b	
0c	30m	20y	0k		250r	190g	183b	
0c	15m	20y	60k		128r	112g	102b	
10c	40m	60y	30k		167r	121g	84b	
0c	10m	40y	30k		189r	169g	125b	

0c	55m	30y	0k		245r	143g	146b	
0c	45m	40y	0k		247r	160g	139b	
0c	10m	20y	70k		109r	99g	89b	
0c	30m	40y	50k		146r	110g	88b	
0c	15m	20y	30k		188r	165g	150b	

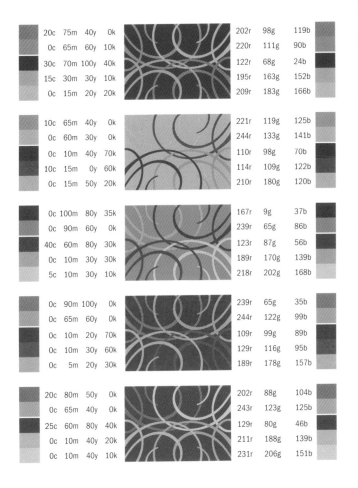

20c	75m	40y	0k		202r	98g	119b
0c	65m	60y	10k		220r	111g	90b
30c	70m	100y	40k		122r	68g	24b
15c	30m	30y	10k		195r	163g	152b
0c	15m	20y	20k		209r	183g	166b

10c	65m	40y	0k		221r	119g	125b
0c	60m	30y	0k		244r	133g	141b
0c	10m	40y	70k		110r	98g	70b
10c	15m	0y	60k		114r	109g	122b
0c	15m	50y	20k		210r	180g	120b

0c	100m	80y	35k		167r	9g	37b
0c	90m	60y	0k		239r	65g	86b
40c	60m	80y	30k		123r	87g	56b
0c	10m	30y	30k		189r	170g	139b
5c	10m	30y	10k		218r	202g	168b

0c	90m	100y	0k		239r	65g	35b
0c	65m	60y	0k		244r	122g	99b
0c	10m	20y	70k		109r	99g	89b
0c	10m	30y	60k		129r	116g	95b
0c	5m	20y	30k		189r	178g	157b

20c	80m	50y	0k		202r	88g	104b
0c	65m	40y	0k		243r	123g	125b
25c	60m	80y	40k		129r	80g	46b
0c	10m	40y	20k		211r	188g	139b
0c	10m	40y	10k		231r	206g	151b

In this final section of chapter 3, the red hues are combined with black and tints of black. Consider ideas such as these when seeking ideas for jobs that are limited to black plus one other color of ink. Explore palette solutions where black inks are given prominence, as well as those where the color is allowed to dominate the scheme.

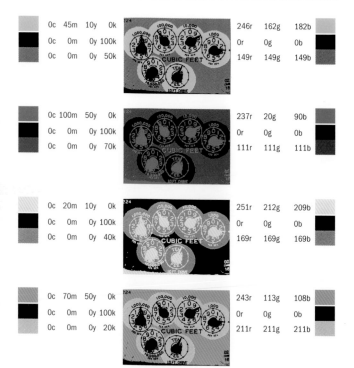

0c	45m	10y	0k	246r	162g	182b	
0c	0m	0y	100k	0r	0g	0b	
0c	0m	0y	50k	149r	149g	149b	

0c	100m	50y	0k	237r	20g	90b	
0c	0m	0y	100k	0r	0g	0b	
0c	0m	0y	70k	111r	111g	111b	

0c	20m	10y	0k	251r	212g	209b	
0c	0m	0y	100k	0r	0g	0b	
0c	0m	0y	40k	169r	169g	169b	

0c	70m	50y	0k	243r	113g	108b	
0c	0m	0y	100k	0r	0g	0b	
0c	0m	0y	20k	211r	211g	211b	

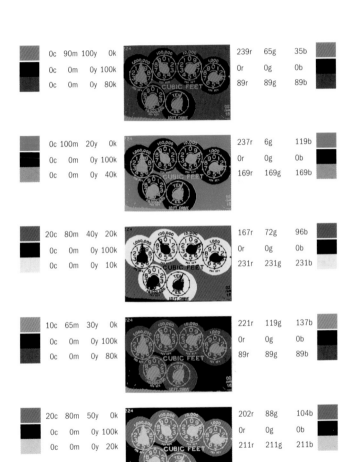

0c 90m 100y 0k	239r 65g 35b
0c 0m 0y 100k	0r 0g 0b
0c 0m 0y 80k	89r 89g 89b

0c 100m 20y 0k	237r 6g 119b
0c 0m 0y 100k	0r 0g 0b
0c 0m 0y 40k	169r 169g 169b

20c 80m 40y 20k	167r 72g 96b
0c 0m 0y 100k	0r 0g 0b
0c 0m 0y 10k	231r 231g 231b

10c 65m 30y 0k	221r 119g 137b
0c 0m 0y 100k	0r 0g 0b
0c 0m 0y 80k	89r 89g 89b

20c 80m 50y 0k	202r 88g 104b
0c 0m 0y 100k	0r 0g 0b
0c 0m 0y 20k	211r 211g 211b

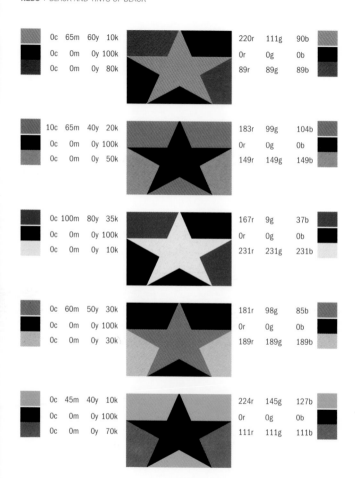

0c	65m	60y	10k
0c	0m	0y	100k
0c	0m	0y	80k

220r	111g	90b
0r	0g	0b
89r	89g	89b

10c	65m	40y	20k
0c	0m	0y	100k
0c	0m	0y	50k

183r	99g	104b
0r	0g	0b
149r	149g	149b

0c	100m	80y	35k
0c	0m	0y	100k
0c	0m	0y	10k

167r	9g	37b
0r	0g	0b
231r	231g	231b

0c	60m	50y	30k
0c	0m	0y	100k
0c	0m	0y	30k

181r	98g	85b
0r	0g	0b
189r	189g	189b

0c	45m	40y	10k
0c	0m	0y	100k
0c	0m	0y	70k

224r	145g	127b
0r	0g	0b
111r	111g	111b

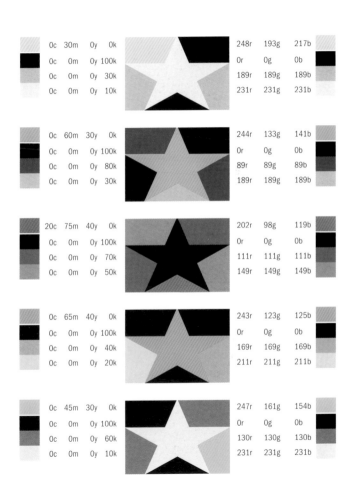

0c	30m	0y	0k	248r	193g	217b	
0c	0m	0y	100k	0r	0g	0b	
0c	0m	0y	30k	189r	189g	189b	
0c	0m	0y	10k	231r	231g	231b	

0c	60m	30y	0k	244r	133g	141b	
0c	0m	0y	100k	0r	0g	0b	
0c	0m	0y	80k	89r	89g	89b	
0c	0m	0y	30k	189r	189g	189b	

20c	75m	40y	0k	202r	98g	119b	
0c	0m	0y	100k	0r	0g	0b	
0c	0m	0y	70k	111r	111g	111b	
0c	0m	0y	50k	149r	149g	149b	

0c	65m	40y	0k	243r	123g	125b	
0c	0m	0y	100k	0r	0g	0b	
0c	0m	0y	40k	169r	169g	169b	
0c	0m	0y	20k	211r	211g	211b	

0c	45m	30y	0k	247r	161g	154b	
0c	0m	0y	100k	0r	0g	0b	
0c	0m	0y	60k	130r	130g	130b	
0c	0m	0y	10k	231r	231g	231b	

0c	60m	65y	0k	244r	122g	99b
0c	0m	0y	100k	0r	0g	0b
0c	0m	0y	30k	189r	189g	189b
0c	0m	0y	10k	231r	231g	231b

0c	45m	40y	0	247r	160g	139b
0c	0m	0y	100k	0r	0g	0b
0c	0m	0y	50k	149r	149g	149b
0c	0m	0y	20k	211r	211g	211b

20c	100m	50y	0k	200r	33g	93b
0c	0m	0y	100k	0r	0g	0b
0c	0m	0y	60k	130r	130g	130b
0c	0m	0y	30k	189r	189g	189b

0c	100m	80y	0k	237r	26g	58b
0c	0m	0y	100k	0r	0g	0b
0c	0m	0y	70k	111r	111g	111b
0c	0m	0y	30k	189r	189g	189b

0c	100m	80y	20k	196r	18g	47b
0c	0m	0y	100k	0r	0g	0b
0c	0m	0y	80k	89r	89g	89b
0c	0m	0y	60k	130r	130g	130b

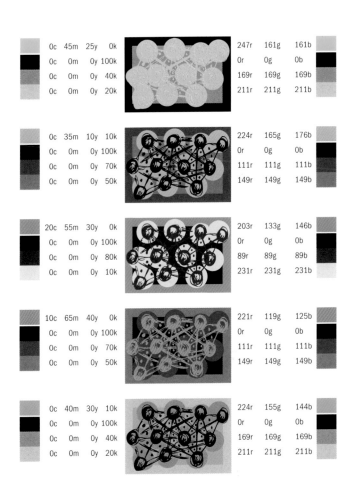

0c	45m	25y	0k	247r	161g	161b	
0c	0m	0y	100k	0r	0g	0b	
0c	0m	0y	40k	169r	169g	169b	
0c	0m	0y	20k	211r	211g	211b	

0c	35m	10y	10k	224r	165g	176b	
0c	0m	0y	100k	0r	0g	0b	
0c	0m	0y	70k	111r	111g	111b	
0c	0m	0y	50k	149r	149g	149b	

20c	55m	30y	0k	203r	133g	146b	
0c	0m	0y	100k	0r	0g	0b	
0c	0m	0y	80k	89r	89g	89b	
0c	0m	0y	10k	231r	231g	231b	

10c	65m	40y	0k	221r	119g	125b	
0c	0m	0y	100k	0r	0g	0b	
0c	0m	0y	70k	111r	111g	111b	
0c	0m	0y	50k	149r	149g	149b	

0c	40m	30y	10k	224r	155g	144b	
0c	0m	0y	100k	0r	0g	0b	
0c	0m	0y	40k	169r	169g	169b	
0c	0m	0y	20k	211r	211g	211b	

0c	30m	10y	0k
0c	0m	0y	100k
0c	0m	0y	40k
0c	0m	0y	30k
0c	0m	0y	10k

249r	191g	198b
0r	0g	0b
169r	169g	169b
189r	189g	189b
231r	231g	231b

10c	65m	30y	0k
0c	45m	10y	0k
0c	0m	0y	100k
0c	0m	0y	80k
0c	0m	0y	50k

221r	119g	137b
246r	162g	182b
0r	0g	0b
89r	89g	89b
149r	149g	149b

0c	70m	50y	0k
0c	55m	30y	0k
0c	0m	0y	100k
0c	0m	0y	30k
0c	0m	0y	10k

243r	113g	108b
245r	143g	146b
0r	0g	0b
189r	189g	189b
231r	231g	231b

0c	65m	60y	0k
0c	60m	30y	0k
0c	0m	0y	100k
0c	0m	0y	80k
0c	0m	0y	60k

244r	122g	99b
244r	133g	141b
0r	0g	0b
89r	89g	89b
130r	130g	130b

0c	100m	80y	35k
0c	100m	50y	0k
0c	0m	0y	100k
0c	0m	0y	50k
0c	0m	0y	30k

167r	9g	37b
237r	20g	90b
0r	0g	0b
149r	149g	149b
189r	189g	189b

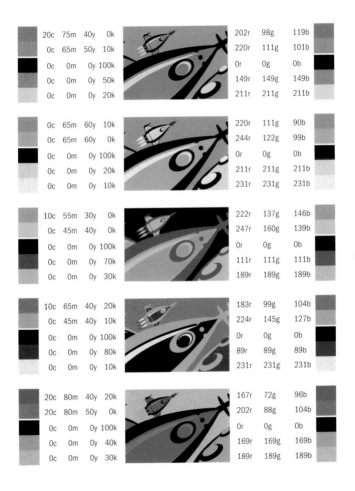

	20c	75m	40y	0k		202r	98g	119b	
	0c	65m	50y	10k		220r	111g	101b	
	0c	0m	0y	100k		0r	0g	0b	
	0c	0m	0y	50k		149r	149g	149b	
	0c	0m	0y	20k		211r	211g	211b	

	0c	65m	60y	10k		220r	111g	90b	
	0c	65m	60y	0k		244r	122g	99b	
	0c	0m	0y	100k		0r	0g	0b	
	0c	0m	0y	20k		211r	211g	211b	
	0c	0m	0y	10k		231r	231g	231b	

	10c	55m	30y	0k		222r	137g	146b	
	0c	45m	40y	0k		247r	160g	139b	
	0c	0m	0y	100k		0r	0g	0b	
	0c	0m	0y	70k		111r	111g	111b	
	0c	0m	0y	30k		189r	189g	189b	

	10c	65m	40y	20k		183r	99g	104b	
	0c	45m	40y	10k		224r	145g	127b	
	0c	0m	0y	100k		0r	0g	0b	
	0c	0m	0y	80k		89r	89g	89b	
	0c	0m	0y	10k		231r	231g	231b	

	20c	80m	40y	20k		167r	72g	96b	
	20c	80m	50y	0k		202r	88g	104b	
	0c	0m	0y	100k		0r	0g	0b	
	0c	0m	0y	40k		169r	169g	169b	
	0c	0m	0y	30k		189r	189g	189b	

4: ORANGE

Hues ranging from red-orange to orange-yellow;
saturations from intense to muted;
values from light to dark.

CHAPTER CONTENTS:

176-177
Expansion Palettes*

178-185
Combinations of Orange Hues

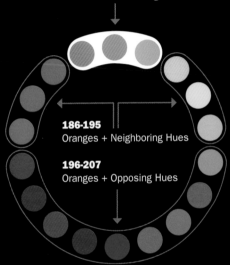

186-195
Oranges + Neighboring Hues

196-207
Oranges + Opposing Hues

208-215
Oranges + Neutral Hues

216-223
Oranges + Black and Tints of Black

* *See pages 12-14 for more information
about expansion palettes.*

0c	80m	100y	0k		241r	90g	34b
0c	80m	80y	0k		241r	90g	64b
0c	60m	60y	0k		245r	132g	102b
0c	40m	30y	0k		248r	170g	158b
0c	75m	100y	30k		179r	75g	20b
0c	55m	70y	20k		203r	116g	73b
0c	40m	50y	10k		225r	153g	116b
0c	15m	20y	5k		240r	209g	188b
10c	65m	100y	40k		147r	77g	17b
10c	55m	70y	30k		166r	101g	66b
10c	35m	40y	20k		187r	144g	123b
5c	20m	30y	10k		216r	186g	160b
0c	65m	90y	0k		244r	121g	50b
0c	55m	70y	0k		246r	140g	89b
0c	45m	50y	0k		248r	159g	124b
0c	30m	30y	0k		251r	189g	167b
0c	55m	100y	20k		203r	115g	23b
0c	40m	70y	20k		206r	139g	79b
0c	25m	30y	10k		227r	181g	156b
0c	15m	20y	10k		229r	200g	181b
15c	60m	70y	30k		159r	93g	65b
5c	40m	50y	20k		194r	137g	106b
0c	25m	40y	20k		208r	165g	129b
0c	20m	25y	5k		239r	199g	175b
0c	55m	90y	0k		246r	139g	51b
0c	45m	70y	0k		248r	158g	93b
0c	35m	50y	0k		250r	179g	131b
0c	20m	30y	0k		253r	209g	175b

176

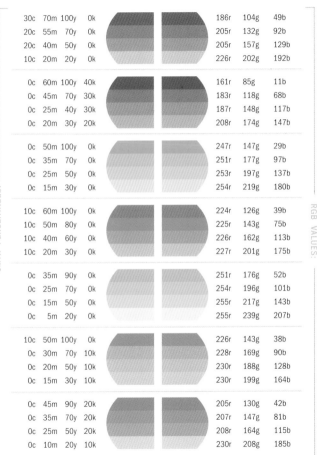

30c	70m	100y	0k		186r	104g	49b
20c	55m	70y	0k		205r	132g	92b
20c	40m	50y	0k		205r	157g	129b
10c	20m	20y	0k		226r	202g	192b
0c	60m	100y	40k		161r	85g	11b
0c	45m	70y	30k		183r	118g	68b
0c	25m	40y	30k		187r	148g	117b
0c	20m	30y	20k		208r	174g	147b
0c	50m	100y	0k		247r	147g	29b
0c	35m	70y	0k		251r	177g	97b
0c	25m	50y	0k		253r	197g	137b
0c	15m	30y	0k		254r	219g	180b
10c	60m	100y	0k		224r	126g	39b
10c	50m	80y	0k		225r	143g	75b
10c	40m	60y	0k		226r	162g	113b
10c	20m	30y	0k		227r	201g	175b
0c	35m	90y	0k		251r	176g	52b
0c	25m	70y	0k		254r	196g	101b
0c	15m	50y	0k		255r	217g	143b
0c	5m	20y	0k		255r	239g	207b
10c	50m	100y	0k		226r	143g	38b
0c	30m	70y	10k		228r	169g	90b
0c	20m	50y	10k		230r	188g	128b
0c	15m	30y	10k		230r	199g	164b
0c	45m	90y	20k		205r	130g	42b
0c	35m	70y	20k		207r	147g	81b
0c	25m	50y	20k		208r	164g	115b
0c	10m	20y	10k		230r	208g	185b

The orange chapter opens with monochromatic and near-monochromatic sets of colors. The hues in these samples come from this chapter's expansion palettes (previous spread). Monochromatic schemes tend to be more visually sedate than those built with hues from opposing positions on the color wheel.

0c	60m	60y	0k	245r	132g	102b
0c	25m	50y	0k	253r	197g	137b
0c	30m	30y	0k	251r	189g	167b

0c	45m	50y	0k	248r	159g	124b
0c	40m	30y	0k	248r	170g	158b
0c	20m	30y	0k	253r	209g	175b

0c	45m	70y	0k	248r	158g	93b
0c	35m	70y	0k	251r	177g	97b
0c	5m	20y	0k	255r	239g	207b

0c	65m	90y	0k	244r	121g	50b
0c	35m	50y	0k	250r	179g	131b
0c	25m	70y	0k	254r	196g	101b

	0c 55m 70y 0k	246r 140g 89b
	0c 30m 70y 10k	228r 169g 90b
	0c 15m 50y 0k	255r 217g 143b

	10c 50m 100y 0k	226r 143g 38b
	0c 45m 70y 0k	248r 158g 93b
	0c 30m 30y 0k	251r 189g 167b

	0c 80m 100y 0k	241r 90g 34b
	0c 55m 90y 0k	246r 139g 51b
	0c 35m 90y 0k	251r 176g 52b

	0c 65m 90y 0k	244r 121g 50b
	0c 50m 100y 0k	247r 147g 29b
	0c 15m 30y 0k	254r 219g 180b

	0c 60m 60y 0k	245r 132g 102b
	0c 35m 50y 0k	250r 179g 131b
	0c 15m 50y 0k	255r 217g 143b

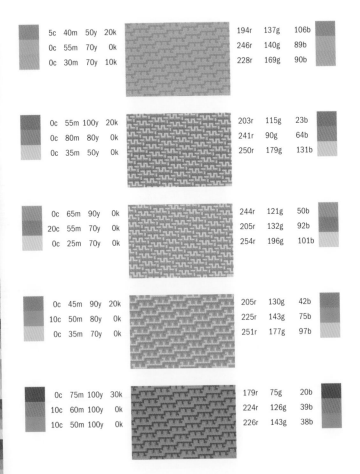

5c	40m	50y	20k	194r	137g	106b
0c	55m	70y	0k	246r	140g	89b
0c	30m	70y	10k	228r	169g	90b

0c	55m	100y	20k	203r	115g	23b
0c	80m	80y	0k	241r	90g	64b
0c	35m	50y	0k	250r	179g	131b

0c	65m	90y	0k	244r	121g	50b
20c	55m	70y	0k	205r	132g	92b
0c	25m	70y	0k	254r	196g	101b

0c	45m	90y	20k	205r	130g	42b
10c	50m	80y	0k	225r	143g	75b
0c	35m	70y	0k	251r	177g	97b

0c	75m	100y	30k	179r	75g	20b
10c	60m	100y	0k	224r	126g	39b
10c	50m	100y	0k	226r	143g	38b

0c	80m	80y	0k	241r	90g	64b
0c	45m	70y	0k	248r	158g	93b
0c	25m	50y	0k	253r	197g	137b
0c	15m	30y	0k	254r	219g	180b

0c	55m	70y	0k	246r	140g	89b
0c	25m	70y	0k	254r	196g	101b
0c	30m	30y	0k	251r	189g	167b
0c	15m	50y	0k	255r	217g	143b

10c	40m	60y	0k	226r	162g	113b
0c	40m	30y	0k	248r	170g	158b
0c	35m	50y	0k	250r	179g	131b
0c	15m	30y	0k	254r	219g	180b

10c	55m	70y	30k	166r	101g	66b
0c	65m	90y	0k	244r	121g	50b
0c	55m	90y	0k	246r	139g	51b
0c	50m	100y	0k	247r	147g	29b

0c	45m	50y	0k	248r	159g	124b
0c	20m	50y	10k	230r	188g	128b
10c	20m	30y	0k	227r	201g	175b
0c	20m	30y	0k	253r	209g	175b

0c	80m	100y	0k	241r	90g	34b
0c	55m	70y	0k	246r	140g	89b
0c	35m	50y	0k	250r	179g	131b
0c	15m	30y	0k	254r	219g	180b

10c	50m	100y	0k	226r	143g	38b
0c	35m	90y	0k	251r	176g	52b
0c	45m	50y	0k	248r	159g	124b
0c	20m	30y	0k	253r	209g	175b

0c	40m	70y	20k	206r	139g	79b
0c	60m	60y	0k	245r	132g	102b
0c	20m	50y	10k	230r	188g	128b
0c	15m	50y	0k	255r	217g	143b

0c	45m	70y	30k	183r	118g	68b
0c	65m	90y	0k	244r	121g	50b
0c	25m	50y	20k	208r	164g	115b
0c	45m	70y	0k	248r	158g	93b

0c	55m	70y	20k	203r	116g	73b
10c	50m	80y	0k	225r	143g	75b
0c	55m	90y	0k	246r	139g	51b
0c	35m	70y	0k	251r	177g	97b

0c	60m	100y	40k	161r	85g	11b
0c	50m	100y	0k	247r	147g	29b
0c	35m	70y	0k	251r	177g	97b
0c	20m	30y	0k	253r	209g	175b
0c	15m	50y	0k	255r	217g	143b

0c	45m	70y	30k	183r	118g	68b
0c	80m	80y	0k	241r	90g	64b
0c	40m	30y	0k	248r	170g	158b
0c	30m	30y	0k	251r	189g	167b
0c	5m	20y	0k	255r	239g	207b

10c	55m	70y	30k	166r	101g	66b
10c	50m	80y	0k	225r	143g	75b
0c	30m	70y	10k	228r	169g	90b
0c	25m	70y	0k	254r	196g	101b
0c	25m	50y	0k	253r	197g	137b

5c	40m	50y	20k	194r	137g	106b
0c	55m	70y	0k	246r	140g	89b
0c	35m	50y	0k	250r	179g	131b
0c	15m	30y	10k	230r	199g	164b
0c	15m	30y	0k	254r	219g	180b

10c	50m	100y	0k	226r	143g	38b
0c	60m	60y	0k	245r	132g	102b
0c	45m	70y	0k	248r	158g	93b
0c	45m	50y	0k	248r	159g	124b
0c	35m	70y	0k	251r	177g	97b

0c	40m	70y	20k	206r	139g	79b
0c	80m	80y	0k	241r	90g	64b
0c	55m	70y	0k	246r	140g	89b
0c	45m	70y	0k	248r	158g	93b
0c	35m	70y	0k	251r	177g	97b

10c	55m	70y	30k	166r	101g	66b
0c	80m	100y	0k	241r	90g	34b
0c	65m	90y	0k	244r	121g	50b
0c	55m	90y	0k	246r	139g	51b
0c	50m	100y	0k	247r	147g	29b

10c	65m	100y	40k	147r	77g	17b
0c	45m	90y	20k	205r	130g	42b
10c	50m	100y	0k	226r	143g	38b
0c	35m	90y	0k	251r	176g	52b
10c	40m	60y	0k	226r	162g	113b

0c	30m	70y	10k	228r	169g	90b
0c	40m	30y	0k	248r	170g	158b
0c	35m	50y	0k	250r	179g	131b
0c	15m	30y	0k	254r	219g	180b
0c	5m	20y	0k	255r	239g	207b

0c	65m	90y	0k	244r	121g	50b
0c	50m	100y	0k	247r	147g	29b
0c	60m	60y	0k	245r	132g	102b
0c	45m	50y ·	0k	248r	159g	124b
0c	20m	30y	0k	253r	209g	175b

30c	70m	100y	0k
0c	55m	90y	0k
20c	55m	70y	0k
20c	40m	50y	0k
10c	20m	20y	0k

186r	104g	49b
246r	139g	51b
205r	132g	92b
205r	157g	129b
226r	202g	192b

10c	35m	40y	20k
10c	60m	100y	0k
0c	35m	70y	20k
0c	25m	50y	20k
0c	20m	50y	10k

187r	144g	123b
224r	126g	39b
207r	147g	81b
208r	164g	115b
230r	188g	128b

15c	60m	70y	30k
0c	80m	80y	0k
0c	45m	90y	20k
0c	40m	70y	20k
0c	25m	40y	30k

159r	93g	65b
241r	90g	64b
205r	130g	42b
206r	139g	79b
187r	148g	117b

0c	20m	30y	20k
0c	25m	70y	0k
0c	25m	30y	10k
0c	15m	30y	10k
0c	25m	50y	0k

208r	174g	147b
254r	196g	101b
227r	181g	156b
230r	199g	164b
253r	197g	137b

5c	40m	50y	20k
20c	40m	50y	0k
0c	20m	30y	20k
5c	20m	30y	10k
0c	30m	30y	0k

194r	137g	106b
205r	157g	129b
208r	174g	147b
216r	186g	160b
251r	189g	167b

The next ten pages feature palettes of this chapter's orange hues along with analogous and near-analogous colors from the red and yellow chapters. Such combinations of neighboring hues tend to impart a more restrained mood than palettes built of colors from opposing segments on the color wheel.

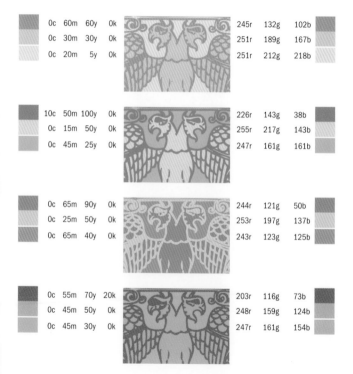

0c	60m	60y	0k	245r	132g	102b
0c	30m	30y	0k	251r	189g	167b
0c	20m	5y	0k	251r	212g	218b

10c	50m	100y	0k	226r	143g	38b
0c	15m	50y	0k	255r	217g	143b
0c	45m	25y	0k	247r	161g	161b

0c	65m	90y	0k	244r	121g	50b
0c	25m	50y	0k	253r	197g	137b
0c	65m	40y	0k	243r	123g	125b

0c	55m	70y	20k	203r	116g	73b
0c	45m	50y	0k	248r	159g	124b
0c	45m	30y	0k	247r	161g	154b

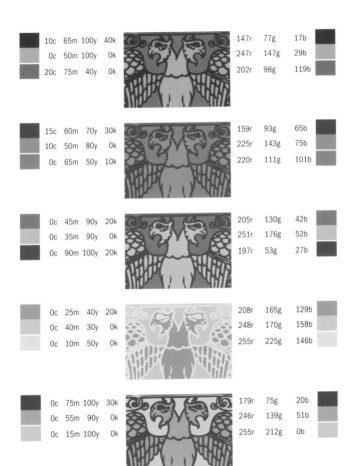

10c	65m	100y	40k		
0c	50m	100y	0k		
20c	75m	40y	0k		

147r	77g	17b
247r	147g	29b
202r	98g	119b

15c	60m	70y	30k
10c	50m	80y	0k
0c	65m	50y	10k

159r	93g	65b
225r	143g	75b
220r	111g	101b

0c	45m	90y	20k
0c	35m	90y	0k
0c	90m	100y	20k

205r	130g	42b
251r	176g	52b
197r	53g	27b

0c	25m	40y	20k
0c	40m	30y	0k
0c	10m	50y	0k

208r	165g	129b
248r	170g	158b
255r	225g	146b

0c	75m	100y	30k
0c	55m	90y	0k
0c	15m	100y	0k

179r	75g	20b
246r	139g	51b
255r	212g	0b

0c	45m	70y	0k	248r	158g	93b	
0c	15m	30y	0k	254r	219g	180b	
0c	0m	25y	0k	255r	251g	203b	

10c	65m	100y	40k	147r	77g	17b	
0c	80m	100y	0k	241r	90g	34b	
5c	20m	50y	0k	240r	202g	140b	

0c	45m	90y	20k	205r	130g	42b	
10c	50m	100y	0k	226r	143g	38b	
0c	20m	90y	10k	231r	185g	46b	

0c	55m	100y	20k	203r	115g	23b	
0c	25m	50y	0k	253r	197g	137b	
0c	25m	80y	20k	209r	161g	64b	

0c	35m	70y	20k	207r	147g	81b	
0c	25m	70y	0k	254r	196g	101b	
0c	5m	70y	10k	234r	211g	99b	

188

				10010011				
0c	45m	50y	0k		248r	159g	124b	
0c	20m	30y	0k		253r	209g	175b	
0c	5m	20y	0k		255r	239g	207b	
0c	30m	0y	0k		248r	193g	217b	
10c	50m	80y	0k		225r	143g	75b	
0c	30m	70y	10k		228r	169g	90b	
0c	35m	70y	0k		251r	177g	97b	
0c	30m	10y	0k		249r	191g	198b	
0c	60m	100y	40k		161r	85g	11b	
0c	80m	80y	0k		241r	90g	64b	
0c	55m	70y	0k		246r	140g	89b	
10c	65m	30y	0k		221r	119g	137b	
0c	65m	90y	0k		244r	121g	50b	
0c	55m	90y	0k		246r	139g	51b	
0c	50m	100y	0k		247r	147g	29b	
0c	90m	60y	0k		239r	65g	86b	
0c	55m	70y	20k		203r	116g	73b	
20c	55m	70y	0k		205r	132g	92b	
0c	30m	30y	0k		251r	189g	167b	
0c	70m	50y	0k		243r	113g	108b	

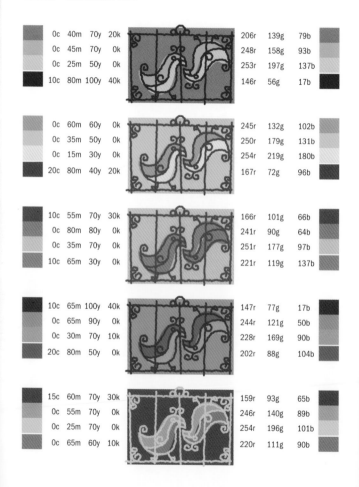

0c	40m	70y	20k
0c	45m	70y	0k
0c	25m	50y	0k
10c	80m	100y	40k

206r	139g	79b
248r	158g	93b
253r	197g	137b
146r	56g	17b

0c	60m	60y	0k
0c	35m	50y	0k
0c	15m	30y	0k
20c	80m	40y	20k

245r	132g	102b
250r	179g	131b
254r	219g	180b
167r	72g	96b

10c	55m	70y	30k
0c	80m	80y	0k
0c	35m	70y	0k
10c	65m	30y	0k

166r	101g	66b
241r	90g	64b
251r	177g	97b
221r	119g	137b

10c	65m	100y	40k
0c	65m	90y	0k
0c	30m	70y	10k
20c	80m	50y	0k

147r	77g	17b
244r	121g	50b
228r	169g	90b
202r	88g	104b

15c	60m	70y	30k
0c	55m	70y	0k
0c	25m	70y	0k
0c	65m	60y	10k

159r	93g	65b
246r	140g	89b
254r	196g	101b
220r	111g	90b

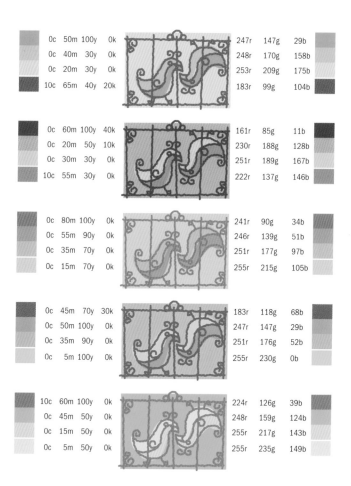

0c	50m	100y	0k		247r	147g	29b
0c	40m	30y	0k		248r	170g	158b
0c	20m	30y	0k		253r	209g	175b
10c	65m	40y	20k		183r	99g	104b

0c	60m	100y	40k		161r	85g	11b
0c	20m	50y	10k		230r	188g	128b
0c	30m	30y	0k		251r	189g	167b
10c	55m	30y	0k		222r	137g	146b

0c	80m	100y	0k		241r	90g	34b
0c	55m	90y	0k		246r	139g	51b
0c	35m	70y	0k		251r	177g	97b
0c	15m	70y	0k		255r	215g	105b

0c	45m	70y	30k		183r	118g	68b
0c	50m	100y	0k		247r	147g	29b
0c	35m	90y	0k		251r	176g	52b
0c	5m	100y	0k		255r	230g	0b

10c	60m	100y	0k		224r	126g	39b
0c	45m	50y	0k		248r	159g	124b
0c	15m	50y	0k		255r	217g	143b
0c	5m	50y	0k		255r	235g	149b

ORANGES + NEIGHBORING HUES

0c 55m 70y 20k	203r 116g 73b
0c 50m 100y 0k	247r 147g 29b
0c 35m 90y 0k	251r 176g 52b
10c 30m 100y 0k	230r 177g 34b

0c 80m 80y 0k	241r 90g 64b
0c 45m 50y 0k	248r 159g 124b
0c 15m 30y 0k	254r 219g 180b
5c 20m 50y 0k	240r 202g 140b

10c 55m 70y 30k	166r 101g 66b
10c 60m 100y 0k	224r 126g 39b
10c 50m 100y 0k	226r 143g 38b
0c 25m 100y 20k	209r 160g 13b

0c 45m 70y 0k	248r 158g 93b
0c 35m 70y 0k	251r 177g 97b
0c 15m 50y 0k	255r 217g 143b
0c 35m 100y 30k	186r 131g 13b

0c 55m 70y 0k	246r 140g 89b
0c 30m 30y 0k	251r 189g 167b
0c 45m 70y 30k	183r 118g 68b
0c 15m 100y 20k	212r 176g 4b

	CMYK				RGB		
	10c	65m	100y	40k	147r	77g	17b
	10c	55m	70y	30k	166r	101g	66b
	10c	50m	80y	0k	225r	143g	75b
	0c	35m	90y	0k	251r	176g	52b
	0c	70m	50y	0k	243r	113g	108b

	0c	65m	90y	0k	244r	121g	50b
	0c	35m	50y	0k	250r	179g	131b
	0c	20m	30y	0k	253r	209g	175b
	0c	65m	20y	0k	242r	124g	150b
	0c	45m	30y	0k	247r	161g	154b

	0c	45m	70y	0k	248r	158g	93b
	0c	25m	70y	0k	254r	196g	101b
	0c	5m	20y	0k	255r	239g	207b
	0c	65m	40y	0k	243r	123g	125b
	0c	45m	40y	0k	247r	160g	139b

	0c	35m	70y	20k	207r	147g	81b
	0c	30m	70y	10k	228r	169g	90b
	0c	15m	30y	0k	254r	219g	180b
	20c	80m	50y	0k	202r	88g	104b
	0c	65m	60y	10k	220r	111g	90b

	0c	60m	100y	40k	161r	85g	11b
	10c	60m	100y	0k	224r	126g	39b
	0c	40m	30y	0k	248r	170g	158b
	10c	65m	30y	0k	221r	119g	137b
	0c	60m	30y	0k	244r	133g	141b

0c	80m	80y	0k	241r	90g	64b
0c	55m	70y	0k	246r	140g	89b
0c	35m	50y	0k	250r	179g	131b
0c	100m	80y	35k	167r	9g	37b
0c	100m	20y	0k	237r	6g	119b

15c	60m	70y	30k	159r	93g	65b
0c	40m	50y	10k	225r	153g	116b
0c	15m	30y	0k	254r	219g	180b
20c	55m	30y	20k	168r	111g	122b
0c	65m	50y	10k	220r	111g	101b

0c	30m	70y	10k	228r	169g	90b
0c	35m	70y	0k	251r	177g	97b
0c	15m	50y	0k	255r	217g	143b
20c	75m	40y	0k	202r	98g	119b
0c	40m	30y	10k	224r	155g	144b

10c	65m	100y	40k	147r	77g	17b
0c	60m	60y	0k	245r	132g	102b
10c	40m	60y	0k	226r	162g	113b
10c	65m	40y	20k	183r	99g	104b
10c	65m	40y	0k	221r	119g	125b

30c	70m	100y	0k	186r	104g	49b
0c	45m	90y	20k	205r	130g	42b
0c	55m	90y	0k	246r	139g	51b
0c	20m	30y	0k	253r	209g	175b
0c	15m	70y	0k	255r	215g	105b

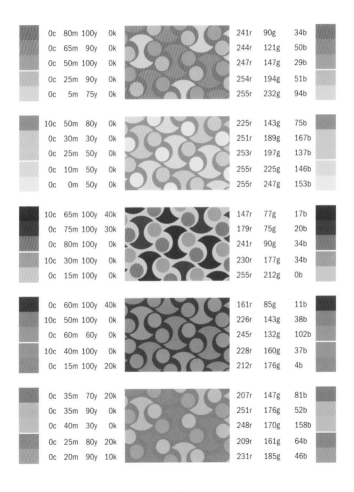

0c	80m	100y	0k
0c	65m	90y	0k
0c	50m	100y	0k
0c	25m	90y	0k
0c	5m	75y	0k

241r	90g	34b
244r	121g	50b
247r	147g	29b
254r	194g	51b
255r	232g	94b

10c	50m	80y	0k
0c	30m	30y	0k
0c	25m	50y	0k
0c	10m	50y	0k
0c	0m	50y	0k

225r	143g	75b
251r	189g	167b
253r	197g	137b
255r	225g	146b
255r	247g	153b

10c	65m	100y	40k
0c	75m	100y	30k
0c	80m	100y	0k
10c	30m	100y	0k
0c	15m	100y	0k

147r	77g	17b
179r	75g	20b
241r	90g	34b
230r	177g	34b
255r	212g	0b

0c	60m	100y	40k
10c	50m	100y	0k
0c	60m	60y	0k
10c	40m	100y	0k
0c	15m	100y	20k

161r	85g	11b
226r	143g	38b
245r	132g	102b
228r	160g	37b
212r	176g	4b

0c	35m	70y	20k
0c	35m	90y	0k
0c	40m	30y	0k
0c	25m	80y	20k
0c	20m	90y	10k

207r	147g	81b
251r	176g	52b
248r	170g	158b
209r	161g	64b
231r	185g	46b

In this section, the chapter's orange hues are joined by comple-
ments and near-complements from the green, blue and violet
chapters. Palettes of opposing hues such as these tend to be more
visually active than monochromatic combinations or those made
of hues from neighboring positions on the color wheel.

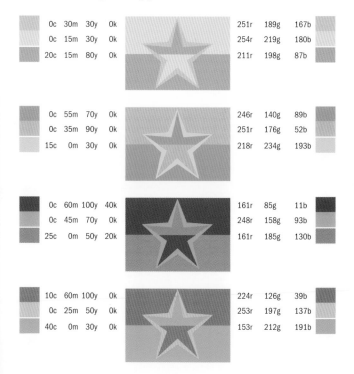

0c	30m	30y	0k
0c	15m	30y	0k
20c	15m	80y	0k

251r	189g	167b
254r	219g	180b
211r	198g	87b

0c	55m	70y	0k
0c	35m	90y	0k
15c	0m	30y	0k

246r	140g	89b
251r	176g	52b
218r	234g	193b

0c	60m	100y	40k
0c	45m	70y	0k
25c	0m	50y	20k

161r	85g	11b
248r	158g	93b
161r	185g	130b

10c	60m	100y	0k
0c	25m	50y	0k
40c	0m	30y	0k

224r	126g	39b
253r	197g	137b
153r	212g	191b

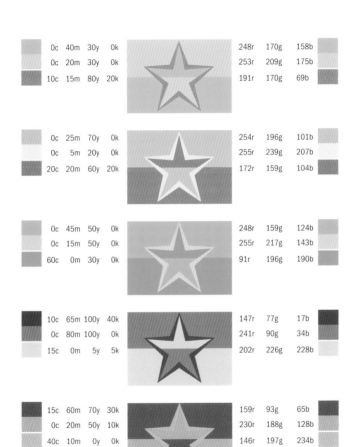

0c	40m	30y	0k	248r	170g	158b
0c	20m	30y	0k	253r	209g	175b
10c	15m	80y	20k	191r	170g	69b

0c	25m	70y	0k	254r	196g	101b
0c	5m	20y	0k	255r	239g	207b
20c	20m	60y	20k	172r	159g	104b

0c	45m	50y	0k	248r	159g	124b
0c	15m	50y	0k	255r	217g	143b
60c	0m	30y	0k	91r	196g	190b

10c	65m	100y	40k	147r	77g	17b
0c	80m	100y	0k	241r	90g	34b
15c	0m	5y	5k	202r	226g	228b

15c	60m	70y	30k	159r	93g	65b
0c	20m	50y	10k	230r	188g	128b
40c	10m	0y	0k	146r	197g	234b

0c	55m	70y	0k	246r	140g	89b	
0c	15m	50y	0k	255r	217g	143b	
75c	40m	0y	0k	62r	133g	198b	

0c	50m	100y	0k	247r	147g	29b	
0c	20m	30y	0k	253r	209g	175b	
60c	0m	10y	30k	58r	150g	170b	

0c	80m	80y	0k	241r	90g	64b	
0c	35m	90y	0k	251r	176g	52b	
65c	0m	0y	30k	24r	148g	184b	

0c	30m	70y	10k	228r	169g	90b	
10c	20m	30y	0k	227r	201g	175b	
40c	20m	0y	20k	125r	152g	187b	

10c	65m	100y	40k	147r	77g	17b	
0c	80m	100y	0k	241r	90g	34b	
15c	15m	0y	0k	212r	209g	233b	

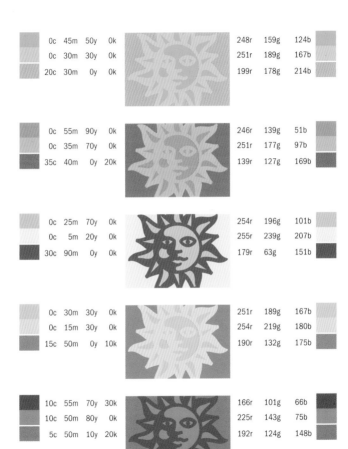

0c 45m 50y 0k	248r 159g 124b
0c 30m 30y 0k	251r 189g 167b
20c 30m 0y 0k	199r 178g 214b

0c 55m 90y 0k	246r 139g 51b
0c 35m 70y 0k	251r 177g 97b
35c 40m 0y 20k	139r 127g 169b

0c 25m 70y 0k	254r 196g 101b
0c 5m 20y 0k	255r 239g 207b
30c 90m 0y 0k	179r 63g 151b

0c 30m 30y 0k	251r 189g 167b
0c 15m 30y 0k	254r 219g 180b
15c 50m 0y 10k	190r 132g 175b

10c 55m 70y 30k	166r 101g 66b
10c 50m 80y 0k	225r 143g 75b
5c 50m 10y 20k	192r 124g 148b

0c	80m	100y	0k	241r	90g	34b	
0c	65m	90y	0k	244r	121g	50b	
0c	45m	70y	0k	248r	158g	93b	
25c	0m	80y	0k	200r	220g	93b	

0c	40m	30y	0k	248r	170g	158b	
0c	25m	50y	0k	253r	197g	137b	
0c	15m	50y	0k	255r	217g	143b	
15c	0m	70y	20k	184r	191g	96b	

0c	55m	90y	0k	246r	139g	51b	
0c	35m	70y	0k	251r	177g	97b	
0c	25m	70y	0k	254r	196g	101b	
60c	0m	80y	0k	109r	192g	103b	

10c	55m	70y	30k	166r	101g	66b	
0c	45m	50y	0k	248r	159g	124b	
0c	20m	30y	0k	253r	209g	175b	
45c	0m	40y	0k	141r	207g	173b	

0c	60m	60y	0k	245r	132g	102b	
0c	20m	50y	10k	230r	188g	128b	
0c	15m	30y	0k	254r	219g	180b	
25c	30m	80y	30k	146r	127g	62b	

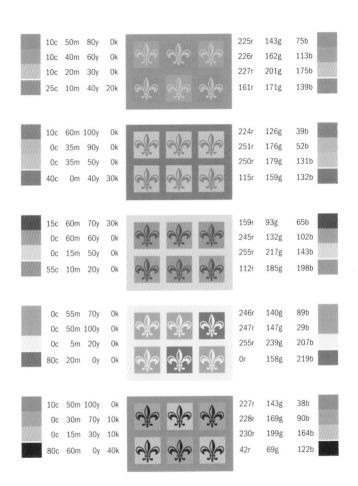

10c	50m	80y	0k	225r	143g	75b	
10c	40m	60y	0k	226r	162g	113b	
10c	20m	30y	0k	227r	201g	175b	
25c	10m	40y	20k	161r	171g	139b	

10c	60m	100y	0k	224r	126g	39b	
0c	35m	90y	0k	251r	176g	52b	
0c	35m	50y	0k	250r	179g	131b	
40c	0m	40y	30k	115r	159g	132b	

15c	60m	70y	30k	159r	93g	65b	
0c	60m	60y	0k	245r	132g	102b	
0c	15m	50y	0k	255r	217g	143b	
55c	10m	20y	0k	112r	185g	198b	

0c	55m	70y	0k	246r	140g	89b	
0c	50m	100y	0k	247r	147g	29b	
0c	5m	20y	0k	255r	239g	207b	
80c	20m	0y	0k	0r	158g	219b	

10c	50m	100y	0k	227r	143g	38b	
0c	30m	70y	10k	228r	169g	90b	
0c	15m	30y	10k	230r	199g	164b	
80c	60m	0y	40k	42r	69g	122b	

15c	60m	70y	30k	159r	93g	65b	
0c	35m	70y	20k	207r	147g	81b	
0c	35m	70y	0k	251r	177g	97b	
35c	0m	10y	30k	120r	165g	172b	

0c	55m	90y	0k	246r	139g	51b	
0c	35m	90y	0k	251r	176g	52b	
0c	15m	50y	0k	255r	217g	143b	
70c	20m	10y	20k	53r	137g	170b	

0c	75m	100y	30k	179r	75g	20b	
10c	50m	100y	0k	226r	143g	38b	
0c	65m	90y	0k	244r	121g	50b	
70c	20m	0y	20k	45r	137g	185b	

30c	70m	100y	0k	186r	104g	49b	
0c	45m	70y	0k	248r	158g	93b	
0c	25m	50y	0k	253r	197g	137b	
65c	50m	10y	40k	77r	83g	118b	

0c	80m	80y	0k	241r	90g	64b	
0c	45m	50y	0k	248r	159g	124b	
0c	25m	70y	0k	254r	196g	101b	
45c	60m	0y	0k	148r	116g	180b	

10c	55m	70y	30k		166r	101g	66b	
0c	35m	50y	0k		250r	179g	131b	
0c	20m	30y	0k		253r	209g	175b	
45c	60m	0y	0k		148r	116g	180b	

10c	65m	100y	40k		147r	77g	17b	
20c	40m	50y	0k		205r	157g	129b	
0c	50m	100y	0k		247r	147g	29b	
15c	40m	0y	0k		210r	163g	203b	

0c	55m	100y	20k		203r	115g	23b	
0c	55m	70y	0k		246r	140g	89b	
0c	20m	50y	10k		230r	188g	128b	
30c	50m	0y	20k		148r	115g	160b	

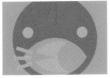

0c	60m	60y	0k		245r	132g	102b	
0c	30m	70y	10k		228r	169g	90b	
0c	30m	30y	0k		251r	189g	167b	
25c	70m	20y	40k		128r	69g	98b	

10c	60m	100y	0k		224r	126g	39b	
10c	40m	60y	0k		226r	162g	113b	
0c	15m	30y	0k		254r	219g	180b	
5c	40m	10y	20k		193r	140g	157b	

0c	65m	90y	0k		244r	121g	50b
0c	35m	70y	0k		251r	177g	97b
0c	25m	70y	0k		254r	196g	101b
0c	15m	30y	0k		254r	219g	180b
60c	0m	80y	0k		109r	192g	103b

0c	45m	50y	0k		248r	159g	124b
0c	30m	30y	0k		251r	189g	167b
0c	25m	50y	0k		253r	197g	137b
10c	5m	60y	0k		233r	224g	131b
5c	0m	40y	0k		244r	243g	173b

15c	60m	70y	30k		159r	93g	65b
0c	55m	70y	0k		246r	140g	89b
0c	35m	50y	0k		250r	179g	131b
20c	20m	60y	20k		172r	159g	104b
10c	5m	30y	5k		217r	216g	178b

10c	65m	100y	40k		147r	77g	17b
0c	45m	70y	30k		183r	118g	68b
0c	20m	30y	0k		253r	209g	175b
45c	0m	40y	0k		141r	207g	173b
15c	0m	30y	0k		218r	234g	193b

10c	50m	80y	0k		225r	143g	75b
0c	15m	50y	0k		255r	217g	143b
0c	5m	20y	0k		255r	239g	207b
25c	0m	30y	20k		159r	188g	161b
40c	0m	30y	0k		153r	212g	191b

0c	80m	80y	0k		241r	90g	64b
0c	45m	70y	0k		248r	158g	93b
0c	20m	30y	0k		253r	209g	175b
40c	55m	70y	40k		109r	82g	61b
10c	10m	60y	10k		209r	195g	118b

10c	60m	100y	0k		224r	126g	39b
0c	30m	70y	10k		228r	169g	90b
0c	15m	30y	10k		230r	199g	164b
30c	15m	30y	30k		135r	147g	136b
25c	10m	40y	20k		161r	171g	139b

0c	75m	100y	30k		179r	75g	20b
0c	45m	90y	20k		205r	130g	42b
0c	20m	50y	10k		230r	188g	128b
0c	20m	30y	0k		253r	209g	175b
40c	10m	0y	0k		146r	197g	234b

0c	35m	70y	20k		207r	147g	81b
0c	35m	90y	0k		251r	176g	52b
0c	10m	20y	10k		230r	208g	185b
40c	0m	10y	20k		122r	179g	190b
15c	0m	5y	5k		202r	226g	228b

10c	40m	60y	0k		226r	162g	113b
0c	30m	30y	0k		251r	189g	167b
10c	20m	30y	0k		227r	201g	175b
45c	10m	10y	20k		114r	161g	180b
35c	0m	10y	30k		120r	165g	172b

0c	50m	100y	0k	247r	147g	29b
0c	20m	50y	10k	230r	188g	128b
0c	15m	30y	10k	230r	199g	164b
90c	0m	0y	50k	0r	107g	145b
70c	20m	0y	20k	45r	137g	185b
10c	55m	70y	30k	166r	101g	66b
0c	35m	50y	0k	250r	179g	131b
0c	25m	70y	0k	254r	196g	101b
25c	20m	0y	10k	170r	175g	206b
35c	10m	20y	0k	166r	199g	199b
0c	35m	70y	20k	207r	147g	81b
0c	30m	70y	10k	228r	169g	90b
0c	10m	20y	10k	230r	208g	185b
80c	20m	0y	0k	0r	158g	219b
40c	0m	10y	20k	122r	179g	190b
10c	65m	100y	40k	147r	77g	17b
0c	55m	70y	20k	203r	116g	73b
0c	60m	60y	0k	245r	132g	102b
40c	30m	10y	40k	104r	111g	132b
35c	10m	0y	30k	120r	152g	178b
0c	80m	80y	0k	241r	90g	64b
0c	35m	90y	0k	251r	176g	52b
0c	25m	50y	0k	253r	197g	137b
0c	15m	30y	0k	254r	219g	180b
10c	50m	0y	0k	219r	147g	192b

0c	60m	100y	40k		161r	85g	11b
0c	55m	70y	0k		246r	140g	89b
0c	35m	70y	0k		251r	177g	97b
15c	40m	0y	0k		210r	163g	203b
10c	20m	0y	0k		223r	204g	228b

0c	40m	30y	0k		248r	170g	158b
0c	30m	30y	0k		251r	189g	167b
0c	20m	30y	0k		253r	209g	175b
5c	60m	0y	10k		208r	119g	166b
5c	30m	0y	0k		233r	188g	216b

10c	50m	100y	0k		226r	143g	38b
0c	45m	50y	0k		248r	159g	124b
0c	15m	50y	0k		255r	217g	143b
50c	80m	20y	40k		97r	51g	93b
45c	40m	0y	20k		120r	123g	168b

15c	60m	70y	30k		159r	93g	65b
0c	45m	70y	0k		248r	158g	93b
0c	25m	70y	0k		254r	196g	101b
10c	30m	10y	20k		185r	153g	165b
0c	25m	0y	10k		225r	184g	203b

0c	55m	70y	20k		203r	116g	73b
10c	60m	100y	0k		224r	126g	39b
0c	65m	90y	0k		244r	121g	50b
30c	40m	10y	40k		120r	104g	126b
20c	20m	0y	20k		166r	164g	189b

In the following samples, this chapter's orange hues are added to palettes dominated by a broad range of neutral colors. Some of the neutrals are brown or skin tones; others are grays that contain suggestions of a particular hue. Simple grays (tints of black) are featured in the section that follows.

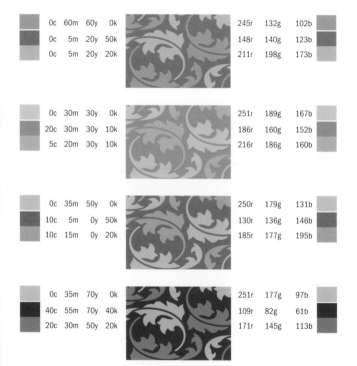

0c	60m	60y	0k		245r	132g	102b
0c	5m	20y	50k		148r	140g	123b
0c	5m	20y	20k		211r	198g	173b

0c	30m	30y	0k		251r	189g	167b
20c	30m	30y	10k		186r	160g	152b
5c	20m	30y	10k		216r	186g	160b

0c	35m	50y	0k		250r	179g	131b
10c	5m	0y	50k		130r	136g	146b
10c	15m	0y	20k		185r	177g	195b

0c	35m	70y	0k		251r	177g	97b
40c	55m	70y	40k		109r	82g	61b
20c	30m	50y	20k		171r	145g	113b

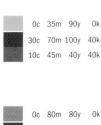 0c 35m 90y 0k
30c 70m 100y 40k
10c 45m 40y 40k

251r 176g 52b
122r 68g 24b
149r 103g 93b

 0c 80m 80y 0k
0c 30m 40y 60k
20c 10m 20y 30k

241r 90g 64b
127r 95g 76b
152r 159g 152b

 0c 65m 90y 0k
0c 10m 40y 50k
0c 15m 20y 20k

244r 121g 50b
148r 132g 98b
209r 183g 166b
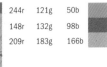

 0c 45m 70y 0k
0c 10m 30y 60k
10c 10m 0y 30k

248r 158g 93b
129r 116g 95b
166r 166g 181b

 0c 25m 50y 0k
20c 30m 20y 20k
20c 15m 20y 10k

253r 197g 137b
169r 148g 153b
185r 185g 179b

10c	50m	80y	0k	225r	143g	75b	
0c	30m	50y	40k	166r	125g	89b	
0c	10m	10y	20k	209r	191g	184b	

10c	50m	100y	0k	226r	143g	38b	
30c	10m	20y	40k	118r	137g	136b	
5c	0m	10y	40k	158r	164g	156b	

0c	35m	70y	20k	207r	147g	81b	
20c	30m	20y	20k	169r	148g	153b	
10c	10m	10y	10k	205r	201g	199b	

0c	20m	50y	10k	230r	188g	128b	
0c	15m	20y	60k	128r	112g	102b	
0c	10m	20y	30k	188r	171g	153b	

10c	40m	60y	0k	226r	162g	113b	
0c	10m	40y	30k	189r	169g	125b	
0c	5m	20y	20k	211r	198g	173b	

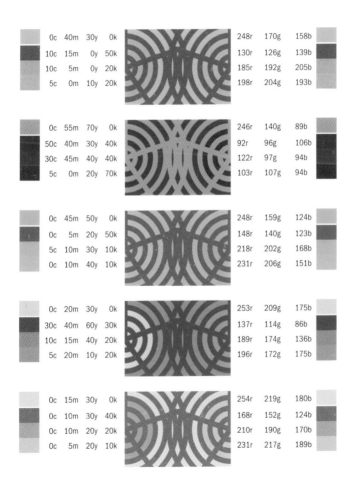

0c	40m	30y	0k	248r	170g	158b	
10c	15m	0y	50k	130r	126g	139b	
10c	5m	0y	20k	185r	192g	205b	
5c	0m	10y	20k	198r	204g	193b	

0c	55m	70y	0k	246r	140g	89b	
50c	40m	30y	40k	92r	96g	106b	
30c	45m	40y	40k	122r	97g	94b	
5c	0m	20y	70k	103r	107g	94b	

0c	45m	50y	0k	248r	159g	124b	
0c	5m	20y	50k	148r	140g	123b	
5c	10m	30y	10k	218r	202g	168b	
0c	10m	40y	10k	231r	206g	151b	

0c	20m	30y	0k	253r	209g	175b	
30c	40m	60y	30k	137r	114g	86b	
10c	15m	40y	20k	189r	174g	136b	
5c	20m	10y	20k	196r	172g	175b	

0c	15m	30y	0k	254r	219g	180b	
0c	10m	30y	40k	168r	152g	124b	
0c	10m	20y	20k	210r	190g	170b	
0c	5m	20y	10k	231r	217g	189b	

0c	50m	100y	0k	247r	147g	29b	
40c	60m	80y	30k	123r	87g	56b	
25c	40m	50y	20k	161r	129g	107b	
20c	30m	30y	10k	186r	160g	152b	

0c	15m	50y	0k	255r	217g	143b	
40c	40m	30y	40k	107r	100g	106b	
5c	0m	10y	50k	139r	145g	138b	
10c	5m	0y	30k	167r	173g	185b	

0c	80m	100y	0k	241r	90g	34b	
0c	10m	20y	70k	109r	99g	89b	
0c	10m	30y	30k	189r	170g	139b	
0c	5m	20y	10k	231r	217g	189b	

0c	55m	90y	0k	246r	139g	51b	
0c	10m	40y	70k	110r	98g	70b	
5c	0m	20y	60k	122r	126g	111b	
0c	5m	20y	20k	211r	198g	173b	

10c	50m	100y	0k	226r	143g	38b	
50c	40m	30y	40k	92r	96g	106b	
30c	10m	20y	40k	118r	137g	136b	
20c	20m	20y	10k	185r	177g	175b	

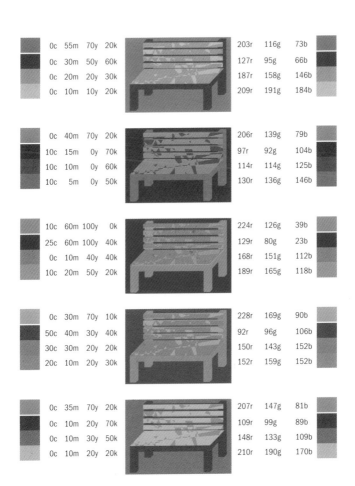

	0c	55m	70y	20k	203r	116g	73b
	0c	30m	50y	60k	127r	95g	66b
	0c	20m	20y	30k	187r	158g	146b
	0c	10m	10y	20k	209r	191g	184b

	0c	40m	70y	20k	206r	139g	79b
	10c	15m	0y	70k	97r	92g	104b
	10c	10m	0y	60k	114r	114g	125b
	10c	5m	0y	50k	130r	136g	146b

	10c	60m	100y	0k	224r	126g	39b
	25c	60m	100y	40k	129r	80g	23b
	0c	10m	40y	40k	168r	151g	112b
	10c	20m	50y	20k	189r	165g	118b

	0c	30m	70y	10k	228r	169g	90b
	50c	40m	30y	40k	92r	96g	106b
	30c	30m	20y	20k	150r	143g	152b
	20c	10m	20y	30k	152r	159g	152b

	0c	35m	70y	20k	207r	147g	81b
	0c	10m	20y	70k	109r	99g	89b
	0c	10m	30y	50k	148r	133g	109b
	0c	10m	20y	20k	210r	190g	170b

213

0c	35m	70y	0k	251r	177g	97b	
0c	10m	40y	70k	110r	98g	70b	
0c	5m	20y	50k	148r	140g	123b	
0c	5m	20y	30k	189r	178g	157b	
0c	5m	20y	10k	231r	217g	189b	

0c	80m	80y	0k	241r	90g	64b	
40c	55m	70y	40k	109r	82g	61b	
5c	0m	10y	70k	103r	107g	102b	
5c	0m	20y	50k	139r	144g	127b	
5c	0m	10y	20k	198r	204g	193b	

0c	55m	70y	0k	246r	140g	89b	
0c	30m	30y	0k	251r	189g	167b	
25c	60m	80y	40k	129r	80g	46b	
0c	20m	20y	40k	166r	141g	131b	
5c	20m	30y	10k	216r	186g	160b	

0c	45m	70y	0k	248r	158g	93b	
0c	25m	50y	0k	253r	197g	137b	
50c	40m	30y	40k	92r	96g	106b	
5c	0m	20y	60k	122r	126g	111b	
10c	20m	50y	20k	189r	165g	118b	

0c	45m	50y	0k	248r	159g	124b	
0c	40m	30y	0k	248r	170g	158b	
0c	10m	30y	70k	109r	98g	80b	
25c	40m	50y	20k	161r	129g	107b	
0c	5m	20y	10k	231r	217g	189b	

0c	35m	50y	0k	250r	179g	131b	
0c	15m	50y	0k	255r	217g	143b	
10c	5m	0y	60k	114r	119g	128b	
10c	10m	0y	40k	148r	148g	162b	
10c	15m	0y	20k	185r	177g	195b	

0c	65m	90y	0k	244r	121g	50b	
0c	50m	100y	0k	247r	147g	29b	
0c	15m	20y	70k	109r	95g	87b	
0c	25m	30y	50k	146r	117g	101b	
0c	10m	20y	20k	210r	190g	170b	

10c	50m	100y	0k	226r	143g	38b	
0c	35m	90y	0k	251r	176g	52b	
0c	30m	50y	60k	127r	95g	66b	
0c	10m	40y	50k	148r	132g	98b	
10c	30m	20y	20k	186r	153g	153b	

0c	60m	60y	0k	245r	132g	102b	
0c	15m	30y	0k	254r	219g	180b	
0c	30m	40y	60k	127r	95g	76b	
30c	40m	60y	30k	137r	114g	86b	
20c	10m	20y	20k	169r	176g	168b	

20c	55m	70y	0k	205r	132g	92b	
0c	45m	70y	0k	248r	158g	93b	
5c	0m	20y	70k	103r	107g	94b	
5c	0m	20y	50k	139r	144g	127b	
5c	0m	10y	20k	198r	204g	193b	

In this final section of chapter 4, the orange hues are combined with black and tints of black. Consider ideas such as these when seeking ideas for jobs that are limited to black plus one other color of ink. Explore palette solutions where black inks are given prominence, as well as those where the color is allowed to dominate the scheme.

0c	20m	30y	0k	253r	209g	175b
0c	0m	0y	100k	0r	0g	0b
0c	0m	0y	70k	111r	111g	111b

0c	35m	70y	0k	251r	177g	97b
0c	0m	0y	100k	0r	0g	0b
0c	0m	0y	10k	231r	231g	231b

0c	15m	30y	0k	254r	219g	180b
0c	0m	0y	100k	0r	0g	0b
0c	0m	0y	70k	111r	111g	111b

0c	25m	70y	0k	254r	196g	101b
0c	0m	0y	100k	0r	0g	0b
0c	0m	0y	40k	169r	169g	169b

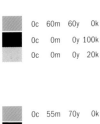

0c	60m	60y	0k
0c	0m	0y	100k
0c	0m	0y	20k

245r	132g	102b
0r	0g	0b
211r	211g	211b

0c	55m	70y	0k
0c	0m	0y	100k
0c	0m	0y	80k

246r	140g	89b
0r	0g	0b
89r	89g	89b

0c	40m	70y	20k
0c	0m	0y	100k
0c	0m	0y	60k

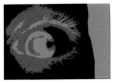

206r	139g	79b
0r	0g	0b
130r	130g	130b

0c	50m	100y	0k
0c	0m	0y	100k
0c	0m	0y	10k

247r	147g	29b
0r	0g	0b
231r	231g	231b

0c	15m	50y	0k
0c	0m	0y	100k
0c	0m	0y	30k

255r	217g	143b
0r	0g	0b
189r	189g	189b

ORANGES + BLACK AND TINTS OF BLACK

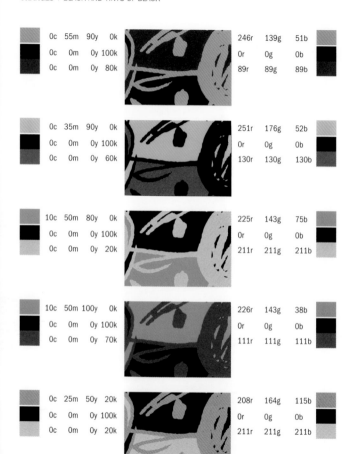

0c	55m	90y	0k
0c	0m	0y	100k
0c	0m	0y	80k

246r	139g	51b
0r	0g	0b
89r	89g	89b

0c	35m	90y	0k
0c	0m	0y	100k
0c	0m	0y	60k

251r	176g	52b
0r	0g	0b
130r	130g	130b

10c	50m	80y	0k
0c	0m	0y	100k
0c	0m	0y	20k

225r	143g	75b
0r	0g	0b
211r	211g	211b

10c	50m	100y	0k
0c	0m	0y	100k
0c	0m	0y	70k

226r	143g	38b
0r	0g	0b
111r	111g	111b

0c	25m	50y	20k
0c	0m	0y	100k
0c	0m	0y	20k

208r	164g	115b
0r	0g	0b
211r	211g	211b

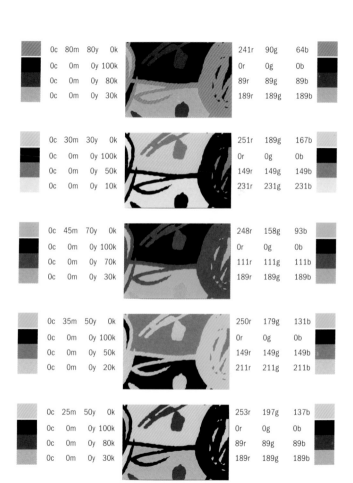

	0c	80m	80y	0k		241r	90g	64b	
0c	0m	0y	100k		0r	0g	0b	
0c	0m	0y	80k		89r	89g	89b	
0c	0m	0y	30k		189r	189g	189b	

	0c	30m	30y	0k		251r	189g	167b	
0c	0m	0y	100k		0r	0g	0b	
0c	0m	0y	50k		149r	149g	149b	
0c	0m	0y	10k		231r	231g	231b	

	0c	45m	70y	0k		248r	158g	93b	
0c	0m	0y	100k		0r	0g	0b	
0c	0m	0y	70k		111r	111g	111b	
0c	0m	0y	30k		189r	189g	189b	

	0c	35m	50y	0k		250r	179g	131b	
0c	0m	0y	100k		0r	0g	0b	
0c	0m	0y	50k		149r	149g	149b	
0c	0m	0y	20k		211r	211g	211b	

	0c	25m	50y	0k		253r	197g	137b	
0c	0m	0y	100k		0r	0g	0b	
0c	0m	0y	80k		89r	89g	89b	
0c	0m	0y	30k		189r	189g	189b	

0c	40m	30y	0k	248r	170g	158b
0c	0m	0y	100k	0r	0g	0b
0c	0m	0y	70k	111r	111g	111b
0c	0m	0y	30k	189r	189g	189b

0c	80m	100y	0k	241r	90g	34b
0c	0m	0y	100k	0r	0g	0b
0c	0m	0y	60k	130r	130g	130b
0c	0m	0y	50k	149r	149g	149b

0c	65m	90y	0k	244r	121g	50b
0c	0m	0y	100k	0r	0g	0b
0c	0m	0y	80k	89r	89g	89b
0c	0m	0y	60k	130r	130g	130b

0c	20m	30y	0k	253r	209g	175b
0c	0m	0y	100k	0r	0g	0b
0c	0m	0y	40k	169r	169g	169b
0c	0m	0y	10k	231r	231g	231b

0c	5m	20y	0k	255r	239g	207b
0c	0m	0y	100k	0r	0g	0b
0c	0m	0y	50k	149r	149g	149b
0c	0m	0y	30k	189r	189g	189b

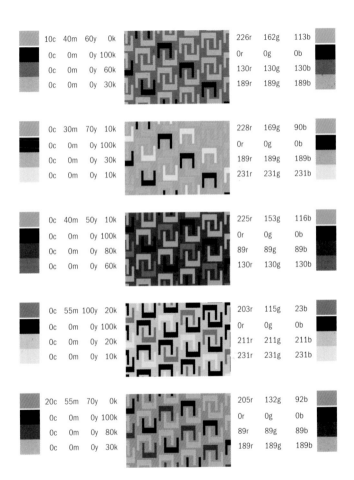

10c	40m	60y	0k		226r	162g	113b
0c	0m	0y	100k		0r	0g	0b
0c	0m	0y	60k		130r	130g	130b
0c	0m	0y	30k		189r	189g	189b

0c	30m	70y	10k		228r	169g	90b
0c	0m	0y	100k		0r	0g	0b
0c	0m	0y	30k		189r	189g	189b
0c	0m	0y	10k		231r	231g	231b

0c	40m	50y	10k		225r	153g	116b
0c	0m	0y	100k		0r	0g	0b
0c	0m	0y	80k		89r	89g	89b
0c	0m	0y	60k		130r	130g	130b

0c	55m	100y	20k		203r	115g	23b
0c	0m	0y	100k		0r	0g	0b
0c	0m	0y	20k		211r	211g	211b
0c	0m	0y	10k		231r	231g	231b

20c	55m	70y	0k		205r	132g	92b
0c	0m	0y	100k		0r	0g	0b
0c	0m	0y	80k		89r	89g	89b
0c	0m	0y	30k		189r	189g	189b

221

ORANGES + BLACK AND TINTS OF BLACK

0c	55m	70y	0k	246r	140g	89b	
0c	0m	0y	100k	0r	0g	0b	
0c	0m	0y	70k	111r	111g	111b	
0c	0m	0y	50k	149r	149g	149b	
0c	0m	0y	10k	231r	231g	231b	

0c	45m	70y	0k	248r	158g	93b	
0c	25m	50y	0k	253r	197g	137b	
0c	0m	0y	100k	0r	0g	0b	
0c	0m	0y	60k	130r	130g	130b	
0c	0m	0y	50k	149r	149g	149b	

0c	60m	60y	0k	245r	132g	102b	
0c	45m	50y	0k	248r	159g	124b	
0c	0m	0y	100k	0r	0g	0b	
0c	0m	0y	70k	111r	111g	111b	
0c	0m	0y	30k	189r	189g	189b	

0c	30m	70y	10k	228r	169g	90b	
0c	25m	70y	0k	254r	196g	101b	
0c	0m	0y	100k	0r	0g	0b	
0c	0m	0y	70k	111r	111g	111b	
0c	0m	0y	40k	169r	169g	169b	

0c	80m	80y	0k	241r	90g	64b	
0c	35m	70y	0k	251r	177g	97b	
0c	0m	0y	100k	0r	0g	0b	
0c	0m	0y	30k	189r	189g	189b	
0c	0m	0y	10k	231r	231g	231b	

0c	20m	50y	10k	230r	188g	128b
0c	35m	50y	0k	250r	179g	131b
0c	0m	0y	100k	0r	0g	0b
0c	0m	0y	70k	111r	111g	111b
0c	0m	0y	10k	231r	231g	231b

0c	45m	90y	20k	205r	130g	42b
0c	50m	100y	0k	247r	147g	29b
0c	0m	0y	100k	0r	0g	0b
0c	0m	0y	70k	111r	111g	111b
0c	0m	0y	40k	169r	169g	169b

30c	70m	100y	0k	186r	104g	49b
0c	55m	90y	0k	246r	139g	51b
0c	0m	0y	100k	0r	0g	0b
0c	0m	0y	20k	211r	211g	211b
0c	0m	0y	10k	231r	231g	231b

0c	80m	100y	0k	241r	90g	34b
10c	50m	100y	0k	226r	143g	38b
0c	0m	0y	100k	0r	0g	0b
0c	0m	0y	60k	130r	130g	130b
0c	0m	0y	30k	189r	189g	189b

10c	50m	80y	0k	225r	143g	75b
0c	35m	90y	0k	251r	176g	52b
0c	0m	0y	100k	0r	0g	0b
0c	0m	0y	80k	89r	89g	89b
0c	0m	0y	10k	231r	231g	231b

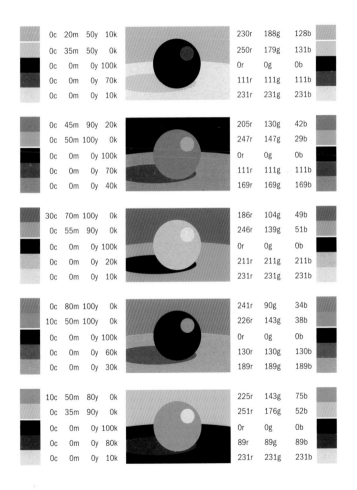

5: YELLOW

Hues ranging from orange-yellow to yellow-green;
saturations from intense to muted;
values from light to dark.

CHAPTER CONTENTS:

226-227
Expansion Palettes*

228-235
Combinations of Yellow Hues

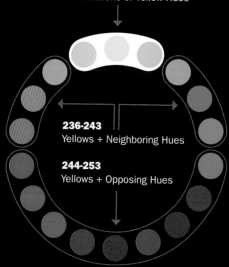

236-243
Yellows + Neighboring Hues

244-253
Yellows + Opposing Hues

254-259
Yellows + Neutral Hues

260-265
Yellows + Black and Tints of Black

* *See pages 12-14 for more information
about expansion palettes.*

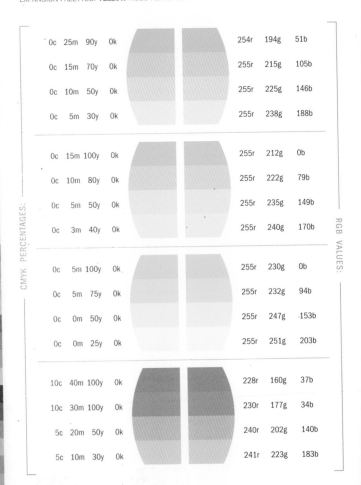

CMYK PERCENTAGES:

				RGB VALUES:
0c	25m	90y	0k	254r 194g 51b
0c	15m	70y	0k	255r 215g 105b
0c	10m	50y	0k	255r 225g 146b
0c	5m	30y	0k	255r 238g 188b
0c	15m	100y	0k	255r 212g 0b
0c	10m	80y	0k	255r 222g 79b
0c	5m	50y	0k	255r 235g 149b
0c	3m	40y	0k	255r 240g 170b
0c	5m	100y	0k	255r 230g 0b
0c	5m	75y	0k	255r 232g 94b
0c	0m	50y	0k	255r 247g 153b
0c	0m	25y	0k	255r 251g 203b
10c	40m	100y	0k	228r 160g 37b
10c	30m	100y	0k	230r 177g 34b
5c	20m	50y	0k	240r 202g 140b
5c	10m	30y	0k	241r 223g 183b

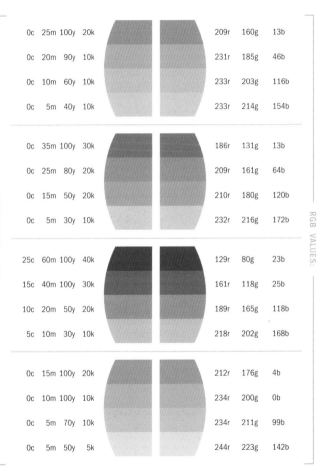

0c	25m	100y	20k		209r	160g	13b
0c	20m	90y	10k		231r	185g	46b
0c	10m	60y	10k		233r	203g	116b
0c	5m	40y	10k		233r	214g	154b
0c	35m	100y	30k		186r	131g	13b
0c	25m	80y	20k		209r	161g	64b
0c	15m	50y	20k		210r	180g	120b
0c	5m	30y	10k		232r	216g	172b
25c	60m	100y	40k		129r	80g	23b
15c	40m	100y	30k		161r	118g	25b
10c	20m	50y	20k		189r	165g	118b
5c	10m	30y	10k		218r	202g	168b
0c	15m	100y	20k		212r	176g	4b
0c	10m	100y	10k		234r	200g	0b
0c	5m	70y	10k		234r	211g	99b
0c	5m	50y	5k		244r	223g	142b

227

The yellow chapter opens with monochromatic and near-monochromatic sets of colors. The hues in these samples come from this chapter's expansion palettes (previous spread). Monochromatic schemes tend to be more visually sedate than those built with hues from opposing positions on the color wheel.

0c	25m	90y	0k	254r	194g	51b
0c	10m	80y	0k	255r	222g	79b
0c	0m	25y	0k	255r	251g	203b

0c	25m	90y	0k	254r	194g	51b
0c	15m	70y	0k	255r	215g	105b
0c	5m	30y	0k	255r	238g	188b

0c	15m	50y	20k	210r	180g	120b
5c	20m	50y	0k	240r	202g	140b
0c	5m	75y	0k	255r	232g	94b

10c	40m	100y	0k	228r	160g	37b
0c	10m	60y	10k	233r	203g	116b
0c	10m	50y	0k	255r	225g	146b

10c	20m	50y	20k		189r	165g	118b	
0c	5m	50y	5k		244r	223g	142b	
0c	5m	50y	0k		255r	235g	149b	

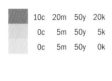 

5c	10m	30y	10k		218r	202g	168b	
5c	10m	30y	10k		241r	223g	183b	
0c	3m	40y	0k		255r	240g	170b	

15c	40m	100y	30k		161r	118g	25b	
0c	25m	100y	20k		209r	160g	13b	
0c	5m	100y	0k		255r	230g	0b	

0c	5m	40y	10k		233r	214g	154b	
0c	5m	30y	10k		232r	216g	172b	
0c	0m	50y	0k		255r	247g	153b	

0c	25m	80y	20k		209r	161g	64b	
0c	20m	90y	10k		231r	185g	46b	
5c	20m	50y	0k		240r	202g	140b	

0c	35m	100y	30k		186r	131g	13b
0c	15m	100y	20k		212r	176g	4b
0c	25m	90y	0k		254r	194g	51b

0c	20m	90y	10k		231r	185g	46b
0c	10m	80y	0k		255r	222g	79b
5c	10m	30y	0k		241r	223g	183b

10c	20m	50y	20k		189r	165g	118b
5c	20m	50y	0k		240r	202g	140b
0c	0m	50y	0k		255r	247g	153b

15c	40m	100y	30k		161r	118g	25b
10c	40m	100y	0k		228r	160g	37b
0c	10m	100y	10k		234r	200g	0b

0c	25m	100y	20k		209r	160g	13b
0c	10m	60y	10k		233r	203g	116b
0c	5m	40y	10k		233r	214g	154b

25c	60m	100y	40k	129r	80g	23b	
10c	40m	100y	0k	228r	160g	37b	
0c	15m	50y	20k	210r	180g	120b	
0c	15m	70y	0k	255r	215g	105b	

0c	25m	80y	20k	209r	161g	64b	
0c	5m	70y	10k	234r	211g	99b	
0c	5m	50y	5k	244r	223g	142b	
0c	5m	30y	0k	255r	238g	188b	

15c	40m	100y	30k	161r	118g	25b	
0c	15m	50y	20k	210r	180g	120b	
5c	10m	30y	10k	218r	202g	168b	
0c	0m	25y	0k	255r	251g	203b	

0c	35m	100y	30k	186r	131g	13b	
0c	25m	100y	20k	209r	160g	13b	
0c	10m	100y	10k	234r	200g	0b	
0c	10m	50y	0k	255r	225g	146b	

0c	15m	100y	20k	212r	176g	4b	
0c	10m	80y	0k	255r	222g	79b	
5c	20m	50y	0k	240r	202g	140b	
0c	3m	40y	0k	255r	240g	170b	

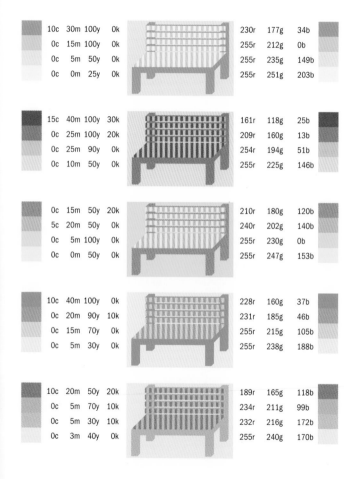

10c	30m	100y	0k		230r	177g	34b
0c	15m	100y	0k		255r	212g	0b
0c	5m	50y	0k		255r	235g	149b
0c	0m	25y	0k		255r	251g	203b

15c	40m	100y	30k		161r	118g	25b
0c	25m	100y	20k		209r	160g	13b
0c	25m	90y	0k		254r	194g	51b
0c	10m	50y	0k		255r	225g	146b

0c	15m	50y	20k		210r	180g	120b
5c	20m	50y	0k		240r	202g	140b
0c	5m	100y	0k		255r	230g	0b
0c	0m	50y	0k		255r	247g	153b

10c	40m	100y	0k		228r	160g	37b
0c	20m	90y	10k		231r	185g	46b
0c	15m	70y	0k		255r	215g	105b
0c	5m	30y	0k		255r	238g	188b

10c	20m	50y	20k		189r	165g	118b
0c	5m	70y	10k		234r	211g	99b
0c	5m	30y	10k		232r	216g	172b
0c	3m	40y	0k		255r	240g	170b

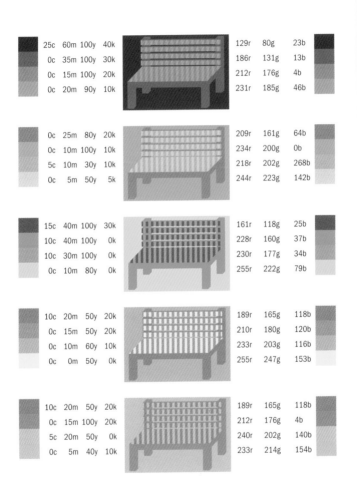

25c	60m	100y	40k	129r	80g	23b
0c	35m	100y	30k	186r	131g	13b
0c	15m	100y	20k	212r	176g	4b
0c	20m	90y	10k	231r	185g	46b

0c	25m	80y	20k	209r	161g	64b
0c	10m	100y	10k	234r	200g	0b
5c	10m	30y	10k	218r	202g	268b
0c	5m	50y	5k	244r	223g	142b

15c	40m	100y	30k	161r	118g	25b
10c	40m	100y	0k	228r	160g	37b
10c	30m	100y	0k	230r	177g	34b
0c	10m	80y	0k	255r	222g	79b

10c	20m	50y	20k	189r	165g	118b
0c	15m	50y	20k	210r	180g	120b
0c	10m	60y	10k	233r	203g	116b
0c	0m	50y	0k	255r	247g	153b

10c	20m	50y	20k	189r	165g	118b
0c	15m	100y	20k	212r	176g	4b
5c	20m	50y	0k	240r	202g	140b
0c	5m	40y	10k	233r	214g	154b

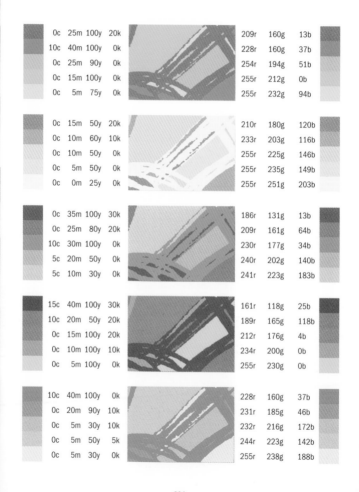

0c	25m	100y	20k		209r	160g	13b
10c	40m	100y	0k		228r	160g	37b
0c	25m	90y	0k		254r	194g	51b
0c	15m	100y	0k		255r	212g	0b
0c	5m	75y	0k		255r	232g	94b

0c	15m	50y	20k		210r	180g	120b
0c	10m	60y	10k		233r	203g	116b
0c	10m	50y	0k		255r	225g	146b
0c	5m	50y	0k		255r	235g	149b
0c	0m	25y	0k		255r	251g	203b

0c	35m	100y	30k		186r	131g	13b
0c	25m	80y	20k		209r	161g	64b
10c	30m	100y	0k		230r	177g	34b
5c	20m	50y	0k		240r	202g	140b
5c	10m	30y	0k		241r	223g	183b

15c	40m	100y	30k		161r	118g	25b
10c	20m	50y	20k		189r	165g	118b
0c	15m	100y	20k		212r	176g	4b
0c	10m	100y	10k		234r	200g	0b
0c	5m	100y	0k		255r	230g	0b

10c	40m	100y	0k		228r	160g	37b
0c	20m	90y	10k		231r	185g	46b
0c	5m	30y	10k		232r	216g	172b
0c	5m	50y	5k		244r	223g	142b
0c	5m	30y	0k		255r	238g	188b

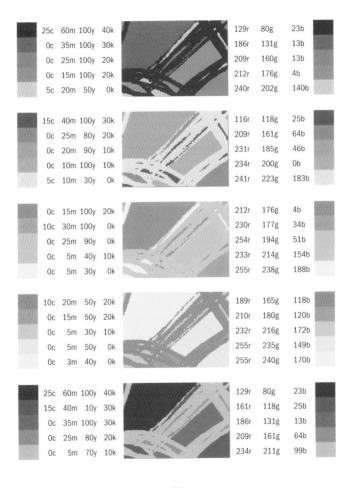

25c	60m	100y	40k	129r	80g	23b	
0c	35m	100y	30k	186r	131g	13b	
0c	25m	100y	20k	209r	160g	13b	
0c	15m	100y	20k	212r	176g	4b	
5c	20m	50y	0k	240r	202g	140b	

15c	40m	100y	30k	116r	118g	25b	
0c	25m	80y	20k	209r	161g	64b	
0c	20m	90y	10k	231r	185g	46b	
0c	10m	100y	10k	234r	200g	0b	
5c	10m	30y	0k	241r	223g	183b	

0c	15m	100y	20k	212r	176g	4b	
10c	30m	100y	0k	230r	177g	34b	
0c	25m	90y	0k	254r	194g	51b	
0c	5m	40y	10k	233r	214g	154b	
0c	5m	30y	0k	255r	238g	188b	

10c	20m	50y	20k	189r	165g	118b	
0c	15m	50y	20k	210r	180g	120b	
0c	5m	30y	10k	232r	216g	172b	
0c	5m	50y	0k	255r	235g	149b	
0c	3m	40y	0k	255r	240g	170b	

25c	60m	100y	40k	129r	80g	23b	
15c	40m	10y	30k	161r	118g	25b	
0c	35m	100y	30k	186r	131g	13b	
0c	25m	80y	20k	209r	161g	64b	
0c	5m	70y	10k	234r	211g	99b	

The next eight pages feature palettes of this chapter's yellow hues along with analogous and near-analogous colors from the orange and green chapters. Such combinations of neighboring hues tend to impart a more restrained mood than palettes built of colors from opposing segments on the color wheel.

0c	5m	30y	0k	255r	238g	188b	
0c	0m	25y	0k	255r	251g	203b	
0c	40m	30y	0k	248r	170g	158b	

0c	15m	100y	0k	255r	212g	0b	
0c	0m	50y	0k	255r	247g	153b	
0c	55m	70y	0k	246r	140g	89b	

0c	20m	90y	10k	231r	185g	46b	
0c	5m	100y	0k	255r	230g	0b	
20c	55m	70y	0k	205r	132g	92b	

10c	30m	100y	0k	230r	177g	34b	
0c	15m	70y	0k	255r	215g	105b	
0c	50m	100y	0k	247r	147g	29b	

0c	15m	50y	20k
0c	10m	80y	0k
0c	80m	100y	0k

210r	180g	120b
255r	222g	79b
241r	90g	34b

0c	10m	100y	10k
0c	5m	75y	0k
0c	55m	100y	20k

234r	200g	0b
255r	232g	94b
203r	115g	23b

15c	40m	100y	30k
0c	5m	50y	0k
10c	50m	80y	0k

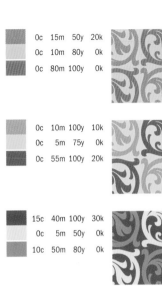

161r	118g	25b
255r	235g	149b
225r	143g	75b

0c	25m	100y	20k
5c	10m	30y	0k
15c	0m	60y	0k

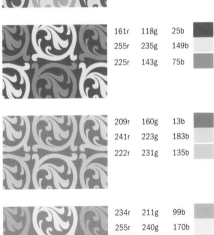

209r	160g	13b
241r	223g	183b
222r	231g	135b

0c	5m	70y	10k
0c	3m	40y	0k
15c	0m	70y	20k

234r	211g	99b
255r	240g	170b
184r	191g	96b

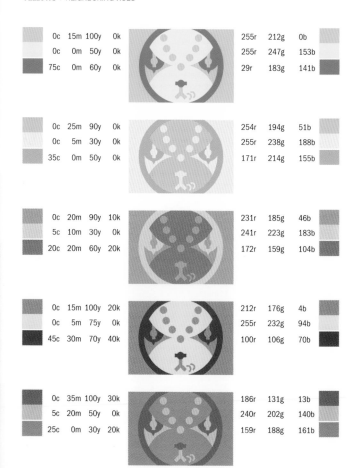

0c	15m	100y	0k
0c	0m	50y	0k
75c	0m	60y	0k

255r	212g	0b
255r	247g	153b
29r	183g	141b

0c	25m	90y	0k
0c	5m	30y	0k
35c	0m	50y	0k

254r	194g	51b
255r	238g	188b
171r	214g	155b

0c	20m	90y	10k
5c	10m	30y	0k
20c	20m	60y	20k

231r	185g	46b
241r	223g	183b
172r	159g	104b

0c	15m	100y	20k
0c	5m	75y	0k
45c	30m	70y	40k

212r	176g	4b
255r	232g	94b
100r	106g	70b

0c	35m	100y	30k
5c	20m	50y	0k
25c	0m	30y	20k

186r	131g	13b
240r	202g	140b
159r	188g	161b

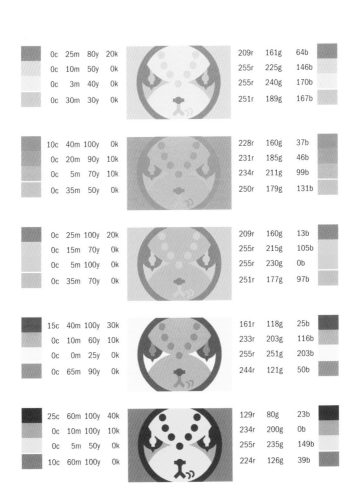

0c	25m	80y	20k	209r	161g	64b
0c	10m	50y	0k	255r	225g	146b
0c	3m	40y	0k	255r	240g	170b
0c	30m	30y	0k	251r	189g	167b

10c	40m	100y	0k	228r	160g	37b
0c	20m	90y	10k	231r	185g	46b
0c	5m	70y	10k	234r	211g	99b
0c	35m	50y	0k	250r	179g	131b

0c	25m	100y	20k	209r	160g	13b
0c	15m	70y	0k	255r	215g	105b
0c	5m	100y	0k	255r	230g	0b
0c	35m	70y	0k	251r	177g	97b

15c	40m	100y	30k	161r	118g	25b
0c	10m	60y	10k	233r	203g	116b
0c	0m	25y	0k	255r	251g	203b
0c	65m	90y	0k	244r	121g	50b

25c	60m	100y	40k	129r	80g	23b
0c	10m	100y	10k	234r	200g	0b
0c	5m	50y	0k	255r	235g	149b
10c	60m	100y	0k	224r	126g	39b

0c	25m	90y	0k	254r	194g	51b
0c	10m	80y	0k	255r	222g	79b
0c	0m	25y	0k	255r	251g	203b
0c	60m	60y	0k	245r	132g	102b

0c	35m	100y	30k	186r	131g	13b
10c	40m	100y	0k	228r	160g	37b
0c	15m	100y	0k	255r	212g	0b
0c	45m	70y	0k	248r	158g	93b

10c	30m	100y	0k	230r	177g	34b
0c	15m	70y	0k	255r	215g	105b
0c	5m	75y	0k	255r	232g	94b
5c	0m	40y	0k	244r	243g	173b

0c	25m	100y	20k	209r	160g	13b
0c	20m	90y	10k	231r	185g	46b
0c	5m	50y	0k	255r	235g	149b
15c	0m	30y	0k	218r	234g	193b

15c	40m	100y	30k	161r	118g	25b
0c	15m	100y	20k	212r	176g	4b
0c	5m	70y	0k	234r	211g	99b
45c	0m	40y	0k	141r	207g	173b

5c	20m	50y	0k		240r	202g	140b
0c	5m	40y	10k		233r	214g	154b
0c	5m	30y	0k		255r	238g	188b
10c	15m	80y	20k		191r	170g	69b

0c	10m	100y	10k		234r	200g	0b
0c	10m	60y	10k		233r	203g	116b
0c	3m	40y	0k		255r	240g	170b
25c	0m	90y	20k		165r	182g	56b

0c	25m	80y	20k		209r	161g	64b
0c	15m	50y	20k		210r	180g	120b
0c	5m	30y	10k		232r	216g	172b
25c	30m	80y	30k		146r	127g	62b

25c	60m	100y	40k		129r	80g	23b
0c	10m	50y	0k		255r	225g	146b
0c	0m	25y	0k		255r	251g	203b
10c	0m	20y	20k		189r	200g	178b

10c	30m	100y	0k		230r	177g	34b
0c	25m	90y	0k		254r	194g	51b
0c	5m	50y	0k		255r	235g	149b
90c	0m	50y	0k		0r	174g	156b

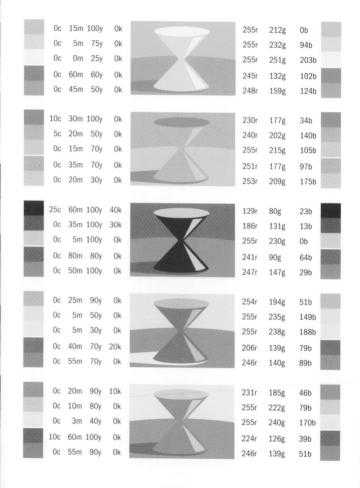

0c	15m	100y	0k		255r	212g	0b
0c	5m	75y	0k		255r	232g	94b
0c	0m	25y	0k		255r	251g	203b
0c	60m	60y	0k		245r	132g	102b
0c	45m	50y	0k		248r	159g	124b
10c	30m	100y	0k		230r	177g	34b
5c	20m	50y	0k		240r	202g	140b
0c	15m	70y	0k		255r	215g	105b
0c	35m	70y	0k		251r	177g	97b
0c	20m	30y	0k		253r	209g	175b
25c	60m	100y	40k		129r	80g	23b
0c	35m	100y	30k		186r	131g	13b
0c	5m	100y	0k		255r	230g	0b
0c	80m	80y	0k		241r	90g	64b
0c	50m	100y	0k		247r	147g	29b
0c	25m	90y	0k		254r	194g	51b
0c	5m	50y	0k		255r	235g	149b
0c	5m	30y	0k		255r	238g	188b
0c	40m	70y	20k		206r	139g	79b
0c	55m	70y	0k		246r	140g	89b
0c	20m	90y	10k		231r	185g	46b
0c	10m	80y	0k		255r	222g	79b
0c	3m	40y	0k		255r	240g	170b
10c	60m	100y	0k		224r	126g	39b
0c	55m	90y	0k		246r	139g	51b

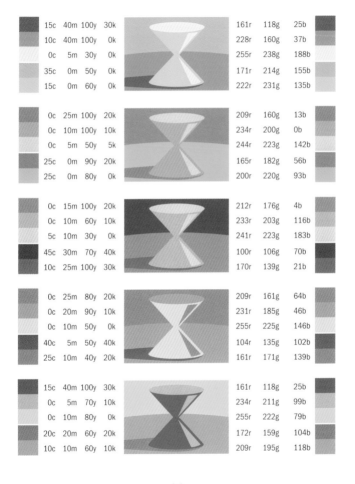

15c	40m	100y	30k	161r	118g	25b	
10c	40m	100y	0k	228r	160g	37b	
0c	5m	30y	0k	255r	238g	188b	
35c	0m	50y	0k	171r	214g	155b	
15c	0m	60y	0k	222r	231g	135b	

0c	25m	100y	20k	209r	160g	13b	
0c	10m	100y	10k	234r	200g	0b	
0c	5m	50y	5k	244r	223g	142b	
25c	0m	90y	20k	165r	182g	56b	
25c	0m	80y	0k	200r	220g	93b	

0c	15m	100y	20k	212r	176g	4b	
0c	10m	60y	10k	233r	203g	116b	
5c	10m	30y	0k	241r	223g	183b	
45c	30m	70y	40k	100r	106g	70b	
10c	25m	100y	30k	170r	139g	21b	

0c	25m	80y	20k	209r	161g	64b	
0c	20m	90y	10k	231r	185g	46b	
0c	10m	50y	0k	255r	225g	146b	
40c	5m	50y	40k	104r	135g	102b	
25c	10m	40y	20k	161r	171g	139b	

15c	40m	100y	30k	161r	118g	25b	
0c	5m	70y	10k	234r	211g	99b	
0c	10m	80y	0k	255r	222g	79b	
20c	20m	60y	20k	172r	159g	104b	
10c	10m	60y	10k	209r	195g	118b	

243

In this section, the chapter's yellow hues are joined by complements and near-complements from the blue, violet and red chapters. Palettes of opposing hues such as these tend to be more visually active than monochromatic combinations or those made of hues from neighboring positions on the color wheel.

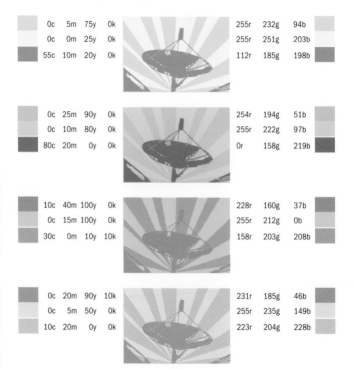

0c	5m	75y	0k
0c	0m	25y	0k
55c	10m	20y	0k

255r	232g	94b
255r	251g	203b
112r	185g	198b

0c	25m	90y	0k
0c	10m	80y	0k
80c	20m	0y	0k

254r	194g	51b
255r	222g	97b
0r	158g	219b

10c	40m	100y	0k
0c	15m	100y	0k
30c	0m	10y	10k

228r	160g	37b
255r	212g	0b
158r	203g	208b

0c	20m	90y	10k
0c	5m	50y	0k
10c	20m	0y	0k

231r	185g	46b
255r	235g	149b
223r	204g	228b

0c	25m	90y	0k
0c	10m	50y	0k
20c	70m	0y	0k

254r	194g	51b
255r	225g	146b
199r	108g	171b

0c	25m	80y	20k
0c	5m	40y	10k
5c	45m	0y	0k

209r	161g	64b
233r	214g	154b
231r	159g	198b

5c	20m	50y	0k
0c	5m	30y	0k
10c	30m	10y	20k

240r	202g	140b
255r	238g	188b
185r	153g	165b

15c	40m	100y	30k
0c	5m	70y	10k
0c	60m	30y	0k

161r	118g	25b
234r	211g	99b
244r	133g	141b

0c	35m	100y	30k
0c	0m	50y	0k
0c	45m	30y	0k

186r	131g	13b
255r	247g	153b
247r	161g	154b

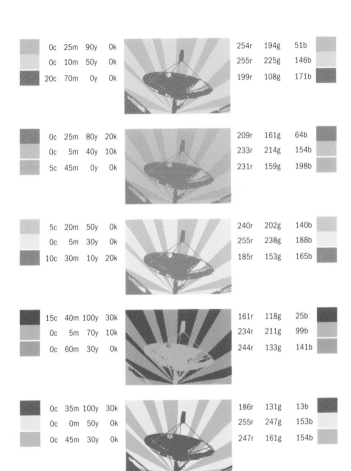

245

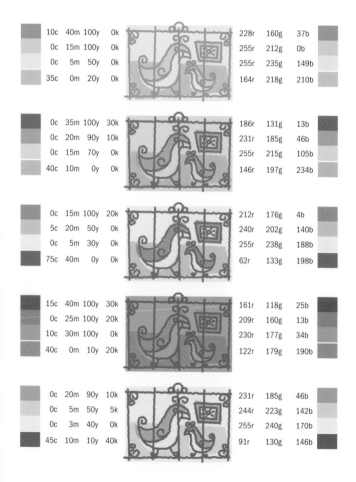

10c	40m	100y	0k	228r	160g	37b
0c	15m	100y	0k	255r	212g	0b
0c	5m	50y	0k	255r	235g	149b
35c	0m	20y	0k	164r	218g	210b

0c	35m	100y	30k	186r	131g	13b
0c	20m	90y	10k	231r	185g	46b
0c	15m	70y	0k	255r	215g	105b
40c	10m	0y	0k	146r	197g	234b

0c	15m	100y	20k	212r	176g	4b
5c	20m	50y	0k	240r	202g	140b
0c	5m	30y	0k	255r	238g	188b
75c	40m	0y	0k	62r	133g	198b

15c	40m	100y	30k	161r	118g	25b
0c	25m	100y	20k	209r	160g	13b
10c	30m	100y	0k	230r	177g	34b
40c	0m	10y	20k	122r	179g	190b

0c	20m	90y	10k	231r	185g	46b
0c	5m	50y	5k	244r	223g	142b
0c	3m	40y	0k	255r	240g	170b
45c	10m	10y	40k	91r	130g	146b

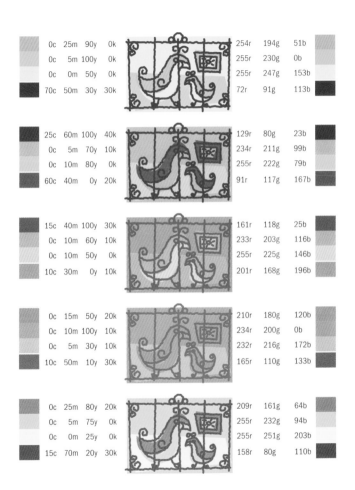

0c	25m	90y	0k
0c	5m	100y	0k
0c	0m	50y	0k
70c	50m	30y	30k

254r	194g	51b
255r	230g	0b
255r	247g	153b
72r	91g	113b

25c	60m	100y	40k
0c	5m	70y	10k
0c	10m	80y	0k
60c	40m	0y	20k

129r	80g	23b
234r	211g	99b
255r	222g	79b
91r	117g	167b

15c	40m	100y	30k
0c	10m	60y	10k
0c	10m	50y	0k
10c	30m	0y	10k

161r	118g	25b
233r	203g	116b
255r	225g	146b
201r	168g	196b

0c	15m	50y	20k
0c	10m	100y	10k
0c	5m	30y	10k
10c	50m	10y	30k

210r	180g	120b
234r	200g	0b
232r	216g	172b
165r	110g	133b

0c	25m	80y	20k
0c	5m	75y	0k
0c	0m	25y	0k
15c	70m	20y	30k

209r	161g	64b
255r	232g	94b
255r	251g	203b
158r	80g	110b

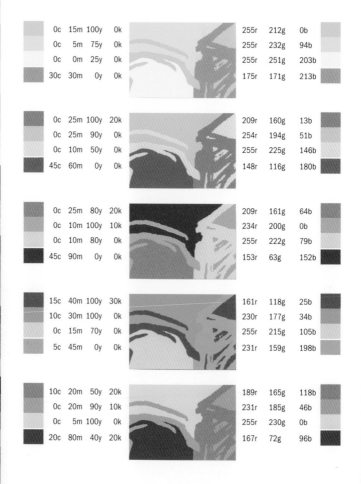

0c	15m	100y	0k
0c	5m	75y	0k
0c	0m	25y	0k
30c	30m	0y	0k

255r	212g	0b
255r	232g	94b
255r	251g	203b
175r	171g	213b

0c	25m	100y	20k
0c	25m	90y	0k
0c	10m	50y	0k
45c	60m	0y	0k

209r	160g	13b
254r	194g	51b
255r	225g	146b
148r	116g	180b

0c	25m	80y	20k
0c	10m	100y	10k
0c	10m	80y	0k
45c	90m	0y	0k

209r	161g	64b
234r	200g	0b
255r	222g	79b
153r	63g	152b

15c	40m	100y	30k
10c	30m	100y	0k
0c	15m	70y	0k
5c	45m	0y	0k

161r	118g	25b
230r	177g	34b
255r	215g	105b
231r	159g	198b

10c	20m	50y	20k
0c	20m	90y	10k
0c	5m	100y	0k
20c	80m	40y	20k

189r	165g	118b
231r	185g	46b
255r	230g	0b
167r	72g	96b

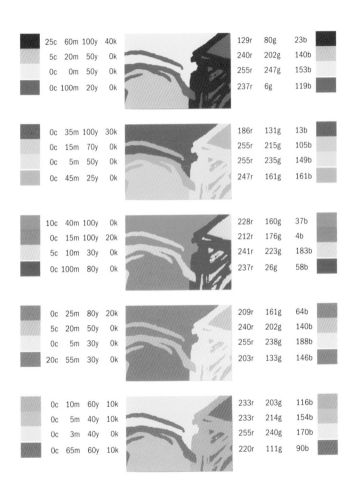

25c	60m	100y	40k
5c	20m	50y	0k
0c	0m	50y	0k
0c	100m	20y	0k

129r	80g	23b
240r	202g	140b
255r	247g	153b
237r	6g	119b

0c	35m	100y	30k
0c	15m	70y	0k
0c	5m	50y	0k
0c	45m	25y	0k

186r	131g	13b
255r	215g	105b
255r	235g	149b
247r	161g	161b

10c	40m	100y	0k
0c	15m	100y	20k
5c	10m	30y	0k
0c	100m	80y	0k

228r	160g	37b
212r	176g	4b
241r	223g	183b
237r	26g	58b

0c	25m	80y	20k
5c	20m	50y	0k
0c	5m	30y	0k
20c	55m	30y	0k

209r	161g	64b
240r	202g	140b
255r	238g	188b
203r	133g	146b

0c	10m	60y	10k
0c	5m	40y	10k
0c	3m	40y	0k
0c	65m	60y	10k

233r	203g	116b
233r	214g	154b
255r	240g	170b
220r	111g	90b

0c	25m	90y	0k		254r	194g	51b
0c	15m	70y	0k		255r	215g	105b
0c	5m	50y	0k		255r	235g	149b
0c	0m	25y	0k		255r	251g	203b
80c	20m	0y	0k		0r	158g	219b
0c	20m	90y	10k		231r	185g	46b
0c	10m	80y	0k		255r	222g	79b
0c	3m	40y	0k		255r	240g	170b
75c	40m	0y	0k		62r	133g	198b
55c	10m	20y	0k		112r	185g	198b
0c	15m	100y	0k		255r	212g	0b
0c	5m	100y	0k		255r	230g	0b
0c	0m	50y	0k		255r	247g	153b
70c	20m	0y	20k		45r	137g	185b
60c	0m	0y	0k		68r	199g	244b
25c	60m	100y	40k		129r	80g	23b
0c	25m	80y	20k		209r	161g	64b
10c	30m	100y	0k		230r	177g	34b
35c	10m	10y	30k		123r	151g	163b
30c	0m	10y	10k		158r	203g	208b
0c	15m	100y	20k		212r	176g	4b
0c	25m	90y	0k		254r	194g	51b
0c	5m	75y	0k		255r	232g	94b
65c	0m	0y	30k		24r	148g	184b
40c	20m	0y	0k		149r	181g	223b

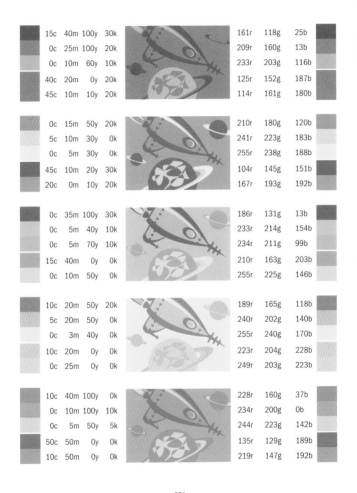

15c	40m	100y	30k	161r	118g	25b
0c	25m	100y	20k	209r	160g	13b
0c	10m	60y	10k	233r	203g	116b
40c	20m	0y	20k	125r	152g	187b
45c	10m	10y	20k	114r	161g	180b
0c	15m	50y	20k	210r	180g	120b
5c	10m	30y	0k	241r	223g	183b
0c	5m	30y	0k	255r	238g	188b
45c	10m	20y	30k	104r	145g	151b
20c	0m	10y	20k	167r	193g	192b
0c	35m	100y	30k	186r	131g	13b
0c	5m	40y	10k	233r	214g	154b
0c	5m	70y	10k	234r	211g	99b
15c	40m	0y	0k	210r	163g	203b
0c	10m	50y	0k	255r	225g	146b
10c	20m	50y	20k	189r	165g	118b
5c	20m	50y	0k	240r	202g	140b
0c	3m	40y	0k	255r	240g	170b
10c	20m	0y	0k	223r	204g	228b
0c	25m	0y	0k	249r	203g	223b
10c	40m	100y	0k	228r	160g	37b
0c	10m	100y	10k	234r	200g	0b
0c	5m	50y	5k	244r	223g	142b
50c	50m	0y	0k	135r	129g	189b
10c	50m	0y	0k	219r	147g	192b

5c	20m	50y	0k	
0c	15m	70y	0k	
0c	5m	30y	0k	
5c	50m	10y	20k	
0c	35m	0y	10k	

240r	202g	140b
255r	215g	105b
255r	238g	188b
192r	124g	148b
223r	166g	192b

15c	40m	100y	30k	
10c	40m	100y	0k	
0c	15m	100y	20k	
25c	70m	20y	40k	
35c	40m	0y	20k	

161r	118g	25b
228r	160g	37b
212r	176g	4b
128r	69g	98b
139r	127g	169b

10c	30m	100y	0k	
0c	10m	60y	10k	
0c	10m	50y	0k	
30c	30m	10y	20k	
15c	20m	0y	10k	

230r	177g	34b
233r	203g	116b
255r	225g	146b
149r	143g	164b
192r	182g	207b

0c	25m	80y	20k	
0c	20m	90y	10k	
0c	25m	90y	0k	
30c	50m	0y	20k	
10c	70m	0y	0k	

209r	161g	64b
231r	185g	46b
254r	194g	51b
148r	115g	160b
218r	111g	171b

10c	20m	50y	20k	
0c	25m	100y	20k	
0c	10m	100y	10k	
0c	15m	50y	20k	
0c	100m	80y	20k	

189r	165g	118b
209r	160g	13b
234r	200g	0b
210r	180g	120b
196r	18g	47b

0c	5m	70y	10k		234r	211g	99b
0c	10m	80y	0k		255r	222g	79b
0c	0m	50y	0k		255r	247g	153b
0c	70m	50y	0k		243r	113g	108b
0c	45m	40y	0k		247r	160g	139b

25c	60m	100y	40k		129r	80g	23b
10c	30m	100y	0k		230r	177g	34b
0c	5m	50y	0k		255r	235g	149b
20c	75m	40y	0k		202r	98g	119b
0c	35m	10y	10k		224r	165g	176b

0c	25m	80y	20k		209r	161g	64b
5c	20m	50y	0k		240r	202g	140b
0c	5m	100y	0k		255r	230g	0b
10c	65m	40y	0k		221r	119g	125b
0c	65m	20y	0k		242r	124g	150b

15c	40m	100y	30k		161r	118g	25b
0c	25m	90y	0k		254r	194g	51b
0c	5m	75y	0k		255r	232g	94b
0c	100m	50y	0k		237r	20g	90b
0c	90m	100y	0k		239r	65g	35b

0c	35m	100y	30k		186r	131g	13b
0c	5m	50y	5k		244r	223g	142b
0c	0m	25y	0k		255r	251g	203b
0c	65m	50y	10k		220r	111g	101b
0c	65m	60y	0k		244r	122g	99b

In the following samples, this chapter's yellow hues are added to palettes dominated by a broad range of neutral colors. Some of the neutrals are brown or skin tones; others are grays that contain suggestions of a particular hue. Simple grays (tints of black) are featured in the section that follows.

0c	10m	50y	0k	255r	225g	146b	
0c	5m	20y	40k	168r	159g	140b	
0c	10m	40y	20k	211r	188g	139b	

0c	15m	100y	0k	255r	212g	0b	
15c	60m	70y	30k	159r	93g	65b	
5c	40m	50y	20k	194r	137g	106b	

0c	3m	40y	0k	255r	240g	170b	
30c	40m	30y	20k	151r	128g	132b	
10c	10m	10y	10k	205r	201g	199b	

0c	0m	50y	0k	255r	247g	153b	
25c	40m	50y	20k	161r	129g	107b	
0c	5m	20y	30k	189r	178g	157b	

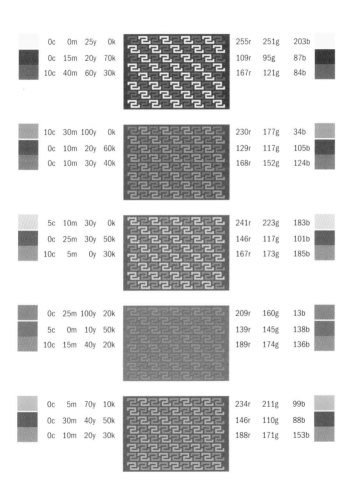

	0c	0m	25y	0k		255r	251g	203b
	0c	15m	20y	70k		109r	95g	87b
	10c	40m	60y	30k		167r	121g	84b
	10c	30m	100y	0k		230r	177g	34b
	0c	10m	20y	60k		129r	117g	105b
	0c	10m	30y	40k		168r	152g	124b
	5c	10m	30y	0k		241r	223g	183b
	0c	25m	30y	50k		146r	117g	101b
	10c	5m	0y	30k		167r	173g	185b
	0c	25m	100y	20k		209r	160g	13b
	5c	0m	10y	50k		139r	145g	138b
	10c	15m	40y	20k		189r	174g	136b
	0c	5m	70y	10k		234r	211g	99b
	0c	30m	40y	50k		146r	110g	88b
	0c	10m	20y	30k		188r	171g	153b

0c	15m	70y	0k	255r	215g	105b
0c	30m	50y	60k	127r	95g	66b
0c	30m	50y	40k	166r	125g	89b
0c	30m	50y	20k	207r	156g	112b

0c	5m	30y	0k	255r	238g	188b
0c	30m	30y	60k	127r	96g	85b
0c	20m	20y	30k	187r	158g	146b
0c	5m	20y	20k	211r	198g	173b

0c	10m	80y	0k	255r	222g	79b
30c	70m	100y	40k	122r	68g	24b
30c	40m	60y	30k	137r	114g	86b
5c	40m	50y	20k	194r	137g	106b

0c	5m	50y	0k	255r	235g	149b
0c	15m	20y	40k	167r	147g	134b
0c	10m	20y	30k	188r	171g	153b
0c	10m	30y	20k	210r	189g	154b

0c	5m	75y	0k	255r	232g	94b
10c	10m	0y	70k	97r	96g	106b
10c	15m	0y	50k	130r	126g	139b
10c	5m	0y	40k	148r	155g	166b

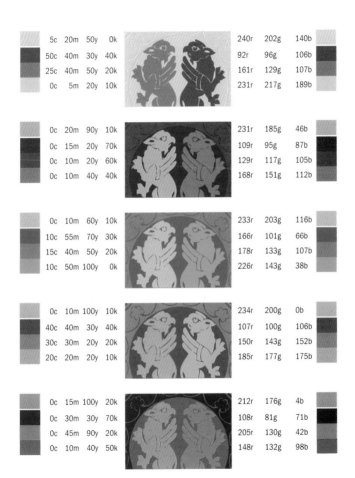

5c	20m	50y	0k	240r	202g	140b	
50c	40m	30y	40k	92r	96g	106b	
25c	40m	50y	20k	161r	129g	107b	
0c	5m	20y	10k	231r	217g	189b	

0c	20m	90y	10k	231r	185g	46b	
0c	15m	20y	70k	109r	95g	87b	
0c	10m	20y	60k	129r	117g	105b	
0c	10m	40y	40k	168r	151g	112b	

0c	10m	60y	10k	233r	203g	116b	
10c	55m	70y	30k	166r	101g	66b	
15c	40m	50y	20k	178r	133g	107b	
10c	50m	100y	0k	226r	143g	38b	

0c	10m	100y	10k	234r	200g	0b	
40c	40m	30y	40k	107r	100g	106b	
30c	30m	20y	20k	150r	143g	152b	
20c	20m	20y	10k	185r	177g	175b	

0c	15m	100y	20k	212r	176g	4b	
0c	30m	30y	70k	108r	81g	71b	
0c	45m	90y	20k	205r	130g	42b	
0c	10m	40y	50k	148r	132g	98b	

0c	25m	90y	0k	254r	194g	51b	
0c	10m	80y	0k	255r	222g	79b	
25c	60m	80y	40k	129r	80g	46b	
10c	40m	60y	30k	167r	121g	84b	
5c	30m	40y	20k	196r	154g	126b	

0c	15m	100y	0k	255r	212g	0b	
0c	0m	50y	0k	255r	247g	153b	
40c	60m	80y	30k	123r	87g	56b	
0c	10m	40y	50k	148r	132g	98b	
0c	10m	30y	30k	189r	170g	139b	

0c	10m	50y	0k	255r	225g	146b	
0c	0m	25y	0k	255r	251g	203b	
0c	30m	30y	60k	127r	96g	85b	
0c	20m	20y	40k	166r	141g	131b	
0c	10m	30y	20k	210r	189g	154b	

0c	5m	70y	10k	234r	211g	99b	
0c	5m	50y	0k	255r	235g	149b	
10c	5m	0y	70k	97r	101g	109b	
10c	15m	0y	40k	148r	143g	158b	
0c	10m	20y	30k	188r	171g	153b	

10c	30m	100y	0k	230r	177g	34b	
0c	5m	100y	0k	255r	230g	0b	
40c	25m	40y	40k	106r	115g	104b	
20c	20m	20y	30k	152r	146g	145b	
20c	30m	20y	20k	169r	148g	153b	

0c	20m	90y	10k	231r	185g	46b
0c	15m	70y	0k	255r	215g	105b
25c	60m	100y	40k	129r	80g	23b
15c	40m	50y	20k	178r	133g	107b
0c	25m	50y	20k	208r	164g	115b

0c	25m	100y	20k	209r	160g	13b
0c	15m	100y	20k	212r	176g	4b
0c	15m	20y	70k	109r	95g	87b
10c	15m	0y	50k	130r	126g	139b
10c	10m	0y	20k	185r	185g	200b

5c	20m	50y	0k	240r	202g	140b
0c	5m	40y	10k	233r	214g	154b
0c	10m	20y	60k	129r	117g	105b
0c	5m	20y	40k	168r	159g	140b
0c	10m	40y	20k	211r	188g	139b

5c	10m	30y	0k	241r	223g	183b
0c	5m	30y	0k	255r	238g	188b
30c	20m	20y	40k	120r	126g	130b
20c	10m	20y	30k	152r	159g	152b
0c	5m	20y	30k	189r	178g	157b

0c	25m	80y	20k	209r	161g	64b
0c	10m	100y	10k	234r	200g	0b
0c	30m	30y	50k	146r	111g	99b
0c	10m	40y	30k	189r	169g	125b
0c	5m	20y	10k	231r	217g	189b

In this final section of chapter 5, the yellow hues are combined with black and tints of black. Consider ideas such as these when seeking ideas for jobs that are limited to black plus one other color of ink. Explore palette solutions where black inks are given prominence, as well as those where the color is allowed to dominate the scheme.

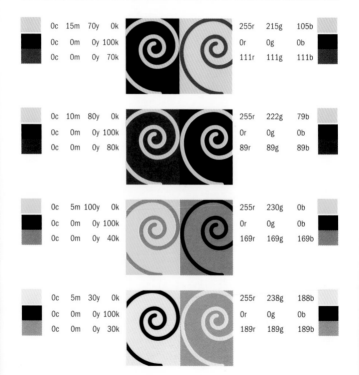

0c	15m	70y	0k		255r	215g	105b
0c	0m	0y	100k		0r	0g	0b
0c	0m	0y	70k		111r	111g	111b

0c	10m	80y	0k		255r	222g	79b
0c	0m	0y	100k		0r	0g	0b
0c	0m	0y	80k		89r	89g	89b

0c	5m	100y	0k		255r	230g	0b
0c	0m	0y	100k		0r	0g	0b
0c	0m	0y	40k		169r	169g	169b

0c	5m	30y	0k		255r	238g	188b
0c	0m	0y	100k		0r	0g	0b
0c	0m	0y	30k		189r	189g	189b

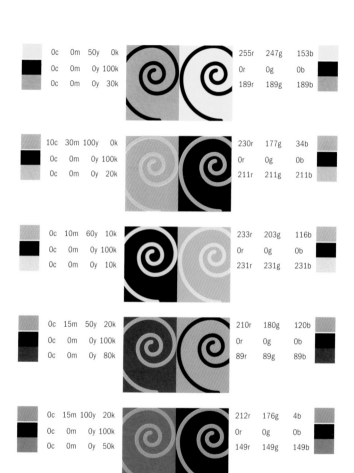

0c	0m	50y	0k		255r	247g	153b	
0c	0m	0y	100k		0r	0g	0b	
0c	0m	0y	30k		189r	189g	189b	

10c	30m	100y	0k		230r	177g	34b	
0c	0m	0y	100k		0r	0g	0b	
0c	0m	0y	20k		211r	211g	211b	

0c	10m	60y	10k		233r	203g	116b	
0c	0m	0y	100k		0r	0g	0b	
0c	0m	0y	10k		231r	231g	231b	

0c	15m	50y	20k		210r	180g	120b	
0c	0m	0y	100k		0r	0g	0b	
0c	0m	0y	80k		89r	89g	89b	

0c	15m	100y	20k		212r	176g	4b	
0c	0m	0y	100k		0r	0g	0b	
0c	0m	0y	50k		149r	149g	149b	

0c	25m	90y	0k	254r	194g	51b	
0c	0m	0y	100k	0r	0g	0b	
0c	0m	0y	50k	149r	149g	149b	
0c	0m	0y	20k	211r	211g	211b	

0c	10m	50y	0k	255r	225g	146b	
0c	0m	0y	100k	0r	0g	0b	
0c	0m	0y	70k	111r	111g	111b	
0c	0m	0y	40k	169r	169g	169b	

0c	15m	100y	0k	255r	212g	0b	
0c	0m	0y	100k	0r	0g	0b	
0c	0m	0y	80k	89r	89g	89b	
0c	0m	0y	40k	169r	169g	169b	

0c	3m	40y	0k	255r	240g	170b	
0c	0m	0y	100k	0r	0g	0b	
0c	0m	0y	60k	130r	130g	130b	
0c	0m	0y	30k	189r	189g	189b	

0c	5m	75y	0k	255r	232g	94b	
0c	0m	0y	100k	0r	0g	0b	
0c	0m	0y	80k	89r	89g	89b	
0c	0m	0y	20k	211r	211g	211b	

5c	20m	50y	0k	240r	202g	140b
0c	0m	0y	100k	0r	0g	0b
0c	0m	0y	40k	169r	169g	169b
0c	0m	0y	10k	231r	231g	231b

0c	25m	100y	20k	209r	160g	13b
0c	0m	0y	100k	0r	0g	0b
0c	0m	0y	60k	130r	130g	130b
0c	0m	0y	20k	211r	211g	211b

0c	5m	40y	10k	233r	214g	154b
0c	0m	0y	100k	0r	0g	0b
0c	0m	0y	50k	149r	149g	149b
0c	0m	0y	30k	189r	189g	189b

0c	5m	30y	10k	232r	216g	172b
0c	0m	0y	100k	0r	0g	0b
0c	0m	0y	70k	111r	111g	111b
0c	0m	0y	40k	169r	169g	169b

0c	5m	70y	10k	234r	211g	99b
0c	0m	0y	100k	0r	0g	0b
0c	0m	0y	80k	89r	89g	89b
0c	0m	0y	20k	211r	211g	211b

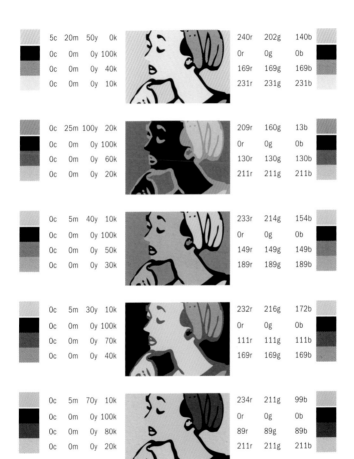

10c	30m	100y	0k	230r	177g	34b
0c	15m	70y	0k	255r	215g	105b
0c	0m	0y	100k	0r	0g	0b
0c	0m	0y	50k	149r	149g	149b
0c	0m	0y	10k	231r	231g	231b

0c	5m	40y	10k	233r	214g	154b
0c	5m	50y	0k	255r	235g	149b
0c	0m	0y	100k	0r	0g	0b
0c	0m	0y	80k	89r	89g	89b
0c	0m	0y	60k	130r	130g	130b

0c	15m	50y	20k	210r	180g	120b
0c	5m	100y	0k	255r	230g	0b
0c	0m	0y	100k	0r	0g	0b
0c	0m	0y	70k	111r	111g	111b
0c	0m	0y	20k	211r	211g	211b

5c	20m	50y	0k	240r	202g	140b
0c	0m	25y	0k	255r	251g	203b
0c	0m	0y	100k	0r	0g	0b
0c	0m	0y	70k	111r	111g	111b
0c	0m	0y	40k	169r	169g	169b

0c	10m	60y	10k	233r	203g	116b
5c	10m	30y	0k	241r	223g	183b
0c	0m	0y	100k	0r	0g	0b
0c	0m	0y	60k	130r	130g	130b
0c	0m	0y	10k	231r	231g	231b

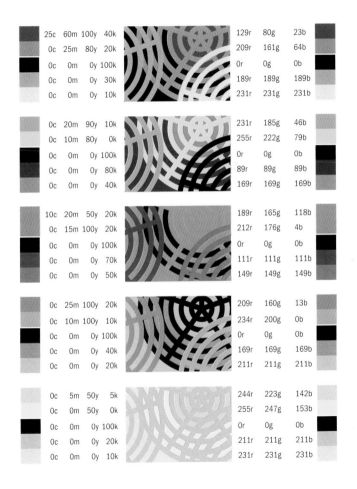

25c	60m	100y	40k		129r	80g	23b
0c	25m	80y	20k		209r	161g	64b
0c	0m	0y	100k		0r	0g	0b
0c	0m	0y	30k		189r	189g	189b
0c	0m	0y	10k		231r	231g	231b

0c	20m	90y	10k		231r	185g	46b
0c	10m	80y	0k		255r	222g	79b
0c	0m	0y	100k		0r	0g	0b
0c	0m	0y	80k		89r	89g	89b
0c	0m	0y	40k		169r	169g	169b

10c	20m	50y	20k		189r	165g	118b
0c	15m	100y	20k		212r	176g	4b
0c	0m	0y	100k		0r	0g	0b
0c	0m	0y	70k		111r	111g	111b
0c	0m	0y	50k		149r	149g	149b

0c	25m	100y	20k		209r	160g	13b
0c	10m	100y	10k		234r	200g	0b
0c	0m	0y	100k		0r	0g	0b
0c	0m	0y	40k		169r	169g	169b
0c	0m	0y	20k		211r	211g	211b

0c	5m	50y	5k		244r	223g	142b
0c	0m	50y	0k		255r	247g	153b
0c	0m	0y	100k		0r	0g	0b
0c	0m	0y	20k		211r	211g	211b
0c	0m	0y	10k		231r	231g	231b

265

6: GREEN

Hues ranging from yellow-green to green-blue;
saturations from intense to muted;
values from light to dark.

CHAPTER CONTENTS:

268-269
Expansion Palettes*

270-277
Combinations of Green Hues

278-287
Greens + Neighboring Hues

288-299
Greens + Opposing Hues

300-307
Greens + Neutral Hues

308-315
Greens + Black and Tints of Black

* See pages 12-14 for more information about expansion palettes.

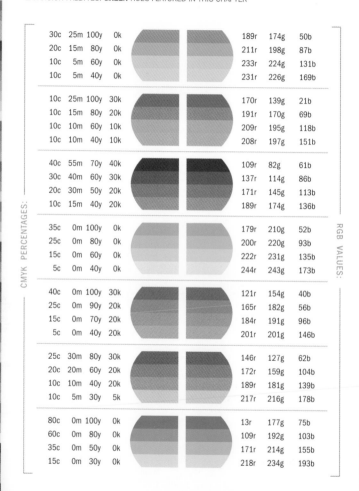

CMYK PERCENTAGES:

RGB VALUES:

30c	25m	100y	0k	189r	174g	50b
20c	15m	80y	0k	211r	198g	87b
10c	5m	60y	0k	233r	224g	131b
10c	5m	40y	0k	231r	226g	169b
10c	25m	100y	30k	170r	139g	21b
10c	15m	80y	20k	191r	170g	69b
10c	10m	60y	10k	209r	195g	118b
10c	10m	40y	10k	208r	197g	151b
40c	55m	70y	40k	109r	82g	61b
30c	40m	60y	30k	137r	114g	86b
20c	30m	50y	20k	171r	145g	113b
10c	15m	40y	20k	189r	174g	136b
35c	0m	100y	0k	179r	210g	52b
25c	0m	80y	0k	200r	220g	93b
15c	0m	60y	0k	222r	231g	135b
5c	0m	40y	0k	244r	243g	173b
40c	0m	100y	30k	121r	154g	40b
25c	0m	90y	20k	165r	182g	56b
15c	0m	70y	20k	184r	191g	96b
5c	0m	40y	20k	201r	201g	146b
25c	30m	80y	30k	146r	127g	62b
20c	20m	60y	20k	172r	159g	104b
10c	10m	40y	20k	189r	181g	139b
10c	5m	30y	5k	217r	216g	178b
80c	0m	100y	0k	13r	177g	75b
60c	0m	80y	0k	109r	192g	103b
35c	0m	50y	0k	171r	214g	155b
15c	0m	30y	0k	218r	234g	193b

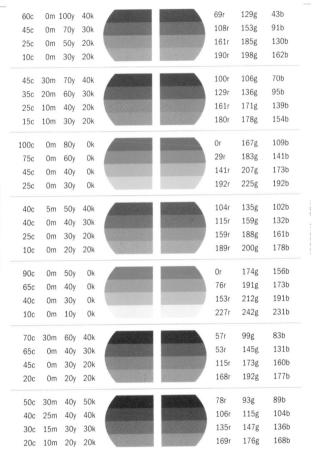

CMYK					RGB		
60c	0m	100y	40k		69r	129g	43b
45c	0m	70y	30k		108r	153g	91b
25c	0m	50y	20k		161r	185g	130b
10c	0m	30y	20k		190r	198g	162b
45c	30m	70y	40k		100r	106g	70b
35c	20m	60y	30k		129r	136g	95b
25c	10m	40y	20k		161r	171g	139b
15c	10m	30y	20k		180r	178g	154b
100c	0m	80y	0k		0r	167g	109b
75c	0m	60y	0k		29r	183g	141b
45c	0m	40y	0k		141r	207g	173b
25c	0m	30y	0k		192r	225g	192b
40c	5m	50y	40k		104r	135g	102b
40c	0m	40y	30k		115r	159g	132b
25c	0m	30y	20k		159r	188g	161b
10c	0m	20y	20k		189r	200g	178b
90c	0m	50y	0k		0r	174g	156b
65c	0m	40y	0k		76r	191g	173b
40c	0m	30y	0k		153r	212g	191b
10c	0m	10y	0k		227r	242g	231b
70c	30m	60y	40k		57r	99g	83b
65c	0m	40y	30k		53r	145g	131b
45c	0m	30y	20k		115r	173g	160b
20c	0m	20y	20k		168r	192g	177b
50c	30m	40y	50k		78r	93g	89b
40c	25m	40y	40k		106r	115g	104b
30c	15m	30y	30k		135r	147g	136b
20c	10m	20y	20k		169r	176g	168b

The green chapter opens with monochromatic and near-monochromatic sets of colors. The hues in these samples come from this chapter's expansion palettes (previous spread). Monochromatic schemes tend to be more visually sedate than those built with hues from opposing positions on the color wheel.

15c	0m	70y	20k
25c	0m	80y	0k
5c	0m	40y	0k

184r	191g	96b
200r	220g	93b
244r	243g	173b

45c	0m	70y	30k
35c	0m	50y	0k
10c	5m	60y	0k

108r	153g	91b
171r	214g	155b
233r	224g	131b

60c	0m	100y	40k
80c	0m	100y	0k
35c	0m	100y	0k

69r	129g	43b
13r	177g	75b
179r	210g	52b

75c	0m	60y	0k
25c	0m	30y	0k
10c	0m	10y	0k

29r	183g	141b
192r	225g	192b
227r	242g	231b

70c	30m	60y	40k
90c	0m	50y	0k
15c	0m	60y	0k

57r	99g	83b
0r	174g	156b
222r	231g	135b

35c	20m	60y	30k
20c	20m	60y	20k
10c	10m	60y	10k

129r	136g	95b
172r	159g	104b
209r	195g	118b

45c	30m	70y	40k
10c	25m	100y	30k
25c	0m	30y	20k

100r	106g	70b
170r	139g	21b
159r	188g	161b

40c	0m	100y	30k
30c	25m	100y	0k
10c	10m	40y	20k

121r	154g	40b
189r	174g	50b
189r	181g	139b

40c	5m	50y	40k
45c	0m	40y	0k
10c	5m	40y	0k

104r	135g	102b
141r	207g	173b
231r	226g	169b

40c	5m	50y	40k	104r	135g	102b
65c	0m	40y	0k	76r	191g	173b
15c	0m	60y	0k	222r	231g	135b

40c	25m	40y	40k	106r	115g	104b
10c	25m	100y	30k	170r	139g	21b
45c	0m	40y	0k	141r	207g	173b

75c	0m	60y	0k	29r	183g	141b
10c	15m	80y	20k	191r	170g	69b
20c	15m	80y	0k	211r	198g	87b

30c	15m	30y	30k	135r	147g	136b
25c	0m	50y	20k	161r	185g	130b
10c	10m	60y	10k	209r	195g	118b

35c	20m	60y	30k	129r	136g	95b
25c	0m	90y	20k	165r	182g	56b
5c	0m	40y	20k	201r	201g	146b

25c	0m	30y	0k		192r	225g	192b
15c	0m	30y	0k		218r	234g	193b
10c	0m	10y	0k		227r	242g	231b
5c	0m	40y	0k		244r	243g	173b

40c	0m	100y	30k		121r	154g	40b
15c	0m	70y	20k		184r	191g	96b
25c	0m	80y	0k		200r	220g	93b
10c	5m	60y	0k		233r	224g	131b

70c	30m	60y	40k		57r	99g	83b
90c	0m	50y	0k		0r	174g	156b
60c	0m	80y	0k		109r	192g	103b
35c	0m	100y	0k		179r	210g	52b

45c	30m	70y	40k		100r	106g	70b
60c	0m	100y	40k		69r	129g	43b
80c	0m	100y	0k		13r	177g	75b
35c	0m	50y	0k		171r	214g	155b

40c	0m	40y	30k		115r	159g	132b
45c	0m	30y	20k		115r	173g	160b
40c	0m	30y	0k		153r	212g	191b
10c	5m	40y	0k		231r	226g	169b

10c	25m	100y	30k		170r	139g	21b
10c	15m	80y	20k		191r	170g	69b
10c	10m	60y	10k		209r	195g	118b
10c	10m	40y	10k		208r	197g	151b

35c	20m	60y	30k		129r	136g	95b
25c	0m	30y	20k		159r	188g	161b
10c	10m	40y	20k		189r	181g	139b
10c	5m	30y	5k		217r	216g	178b

50c	30m	40y	50k		78r	93g	89b
25c	30m	80y	30k		146r	127g	62b
30c	25m	100y	0k		189r	174g	50b
10c	0m	20y	20k		189r	200g	178b

30c	40m	60y	30k		137r	114g	86b
30c	15m	30y	30k		135r	147g	136b
20c	20m	60y	20k		172r	159g	104b
15c	0m	60y	0k		222r	231g	135b

45c	0m	70y	30k		108r	153g	91b
45c	0m	30y	20k		115r	173g	160b
25c	0m	90y	20k		165r	182g	56b
45c	0m	40y	0k		141r	207g	173b

45c	30m	70y	40k	100r	106g	70b	
40c	0m	100y	30k	121r	154g	40b	
20c	15m	80y	0k	211r	198g	87b	
10c	5m	40y	0k	231r	226g	169b	

70c	30m	60y	40k	57r	99g	83b	
25c	10m	40y	20k	161r	171g	139b	
5c	0m	40y	20k	201r	201g	146b	
15c	0m	30y	0k	218r	234g	193b	

15c	0m	70y	20k	184r	191g	96b	
35c	0m	50y	0k	171r	214g	155b	
25c	0m	80y	0k	200r	220g	93b	
10c	5m	60y	0k	233r	224g	131b	

40c	55m	70y	40k	109r	82g	61b	
40c	25m	40y	40k	106r	115g	104b	
40c	5m	50y	40k	104r	135g	102b	
25c	30m	80y	30k	146r	127g	62b	

65c	0m	40y	30k	53r	145g	131b	
65c	0m	40y	0k	76r	191g	173b	
40c	0m	30y	0k	153r	212g	191b	
10c	0m	10y	0k	227r	242g	231b	

60c	0m	100y	40k	69r	129g	43b	
25c	0m	90y	20k	165r	182g	56b	
35c	0m	50y	0k	171r	214g	155b	
25c	0m	80y	0k	200r	220g	93b	
5c	0m	40y	0k	244r	243g	173b	

35c	20m	60y	30k	129r	136g	95b	
15c	0m	70y	20k	184r	191g	96b	
25c	0m	30y	0k	192r	225g	192b	
15c	0m	60y	0k	222r	231g	135b	
10c	0m	10y	0k	227r	242g	231b	

40c	0m	100y	30k	121r	154g	40b	
100c	0m	80y	0k	0r	167g	109b	
60c	0m	80y	0k	109r	192g	103b	
65c	0m	40y	0k	76r	191g	173b	
35c	0m	100y	0k	179r	210g	52b	

25c	30m	80y	30k	146r	127g	62b	
10c	25m	10y	30k	170r	139g	21b	
30c	25m	100y	0k	189r	174g	50b	
20c	15m	80y	0k	211r	198g	87b	
10c	5m	40y	0k	231r	226g	169b	

10c	15m	80y	20k	191r	170g	69b	
25c	0m	50y	20k	161r	185g	130b	
10c	10m	60y	10k	209r	195g	118b	
10c	0m	30y	20k	190r	198g	162b	
10c	5m	60y	0k	233r	224g	131b	

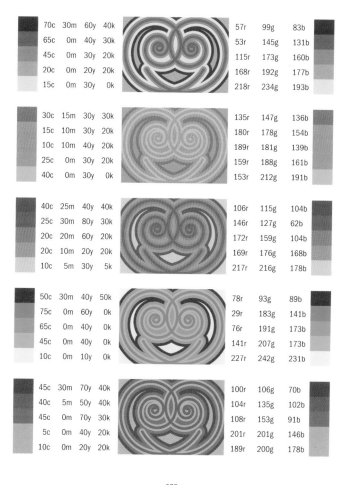

70c	30m	60y	40k		57r	99g	83b
65c	0m	40y	30k		53r	145g	131b
45c	0m	30y	20k		115r	173g	160b
20c	0m	20y	20k		168r	192g	177b
15c	0m	30y	0k		218r	234g	193b

30c	15m	30y	30k		135r	147g	136b
15c	10m	30y	20k		180r	178g	154b
10c	10m	40y	20k		189r	181g	139b
25c	0m	30y	20k		159r	188g	161b
40c	0m	30y	0k		153r	212g	191b

40c	25m	40y	40k		106r	115g	104b
25c	30m	80y	30k		146r	127g	62b
20c	20m	60y	20k		172r	159g	104b
20c	10m	20y	20k		169r	176g	168b
10c	5m	30y	5k		217r	216g	178b

50c	30m	40y	50k		78r	93g	89b
75c	0m	60y	0k		29r	183g	141b
65c	0m	40y	0k		76r	191g	173b
45c	0m	40y	0k		141r	207g	173b
10c	0m	10y	0k		227r	242g	231b

45c	30m	70y	40k		100r	106g	70b
40c	5m	50y	40k		104r	135g	102b
45c	0m	70y	30k		108r	153g	91b
5c	0m	40y	20k		201r	201g	146b
10c	0m	20y	20k		189r	200g	178b

The next ten pages feature palettes of this chapter's green hues along with analogous and near-analogous hues from the yellow and blue chapters. Such combinations of neighboring hues tend to impart a more restrained mood than palettes built of colors from opposing segments on the color wheel.

60c	0m	100y	40k		69r	129g	43b
25c	0m	90y	20k		165r	182g	56b
0c	25m	90y	0k		254r	194g	51b

60c	0m	80y	0k		109r	192g	103b
15c	0m	60y	0k		222r	231g	135b
0c	10m	80y	0k		255r	222g	79b

25c	0m	30y	20k		159r	188g	161b
25c	0m	30y	0k		192r	225g	192b
0c	0m	50y	0k		255r	247g	153b

15c	0m	70y	20k		184r	191g	96b
25c	0m	80y	0k		200r	220g	93b
0c	5m	30y	0k		255r	238g	188b

35c	20m	60y	30k
20c	20m	60y	20k
10c	40m	100y	0k

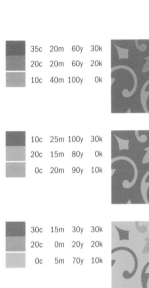

129r	136g	95b
172r	159g	104b
228r	160g	37b

10c	25m	100y	30k
20c	15m	80y	0k
0c	20m	90y	10k

170r	139g	21b
211r	198g	87b
231r	185g	46b

30c	15m	30y	30k
20c	0m	20y	20k
0c	5m	70y	10k

135r	147g	136b
168r	192g	177b
234r	211g	99b

70c	30m	60y	40k
80c	0m	100y	0k
75c	20m	20y	0k

57r	99g	83b
13r	177g	75b
42r	159g	188b

40c	0m	100y	30k
35c	0m	100y	0k
35c	0m	0y	0k

121r	154g	40b
179r	210g	52b
157r	220g	249b

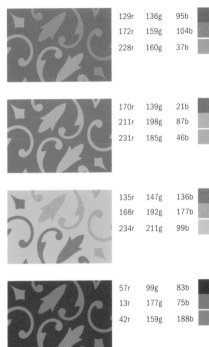
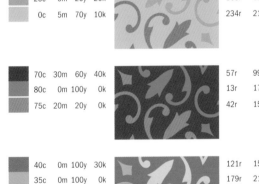

40c	0m	30y	0k
15c	0m	60y	0k
40c	10m	0y	0k

153r	212g	191b
222r	231g	135b
146r	197g	234b

45c	0m	40y	0k
35c	0m	50y	0k
75c	40m	0y	0k

141r	207g	173b
171r	214g	155b
62r	133g	198b

25c	10m	40y	20k
10c	15m	80y	20k
60c	0m	10y	30k

161r	171g	139b
191r	170g	69b
58r	150g	170b

40c	25m	40y	40k
5c	0m	40y	0k
35c	0m	0y	20k

106r	115g	104b
244r	243g	173b
131r	183g	208b

30c	25m	100y	0k
25c	0m	80y	0k
35c	10m	0y	30k

189r	174g	50b
200r	220g	93b
120r	152g	178b

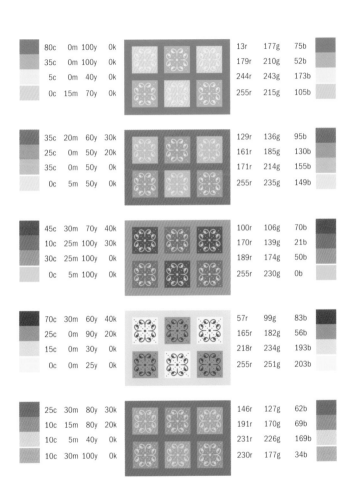

80c	0m	100y	0k		13r	177g	75b
35c	0m	100y	0k		179r	210g	52b
5c	0m	40y	0k		244r	243g	173b
0c	15m	70y	0k		255r	215g	105b

35c	20m	60y	30k		129r	136g	95b
25c	0m	50y	20k		161r	185g	130b
35c	0m	50y	0k		171r	214g	155b
0c	5m	50y	0k		255r	235g	149b

45c	30m	70y	40k		100r	106g	70b
10c	25m	100y	30k		170r	139g	21b
30c	25m	100y	0k		189r	174g	50b
0c	5m	100y	0k		255r	230g	0b

70c	30m	60y	40k		57r	99g	83b
25c	0m	90y	20k		165r	182g	56b
15c	0m	30y	0k		218r	234g	193b
0c	0m	25y	0k		255r	251g	203b

25c	30m	80y	30k		146r	127g	62b
10c	15m	80y	20k		191r	170g	69b
10c	5m	40y	0k		231r	226g	169b
10c	30m	100y	0k		230r	177g	34b

45c	0m	30y	20k	115r	173g	160b	
25c	0m	30y	0k	192r	225g	192b	
10c	0m	10y	0k	227r	242g	231b	
0c	10m	50y	0k	255r	225g	146b	
30c	40m	60y	30k	137r	114g	86b	
10c	10m	40y	20k	189r	181g	139b	
10c	5m	60y	0k	233r	224g	131b	
5c	20m	50y	0k	240r	202g	140b	
25c	30m	80y	30k	146r	127g	62b	
40c	0m	100y	30k	121r	154g	40b	
10c	5m	30y	5k	217r	216g	178b	
0c	25m	100y	20k	209r	160g	13b	
30c	15m	30y	30k	135r	147g	136b	
25c	10m	40y	20k	161r	171g	139b	
20c	15m	80y	0k	211r	198g	87b	
0c	25m	80y	20k	209r	161g	64b	
40c	5m	50y	40k	104r	135g	102b	
90c	0m	50y	0k	0r	174g	156b	
60c	0m	80y	0k	109r	192g	103b	
0c	10m	100y	10k	234r	200g	0b	

80c	0m	100y	0k
35c	0m	100y	0k
5c	0m	40y	0k
55c	10m	20y	0k

13r	177g	75b
179r	210g	52b
244r	243g	173b
112r	185g	198b

45c	30m	70y	40k
10c	25m	100y	30k
30c	25m	100y	0k
60c	0m	0y	0k

100r	106g	70b
170r	139g	21b
189r	174g	50b
68r	199g	244b

70c	30m	60y	40k
75c	0m	60y	0k
65c	0m	40y	0k
80c	20m	0y	0k

57r	99g	83b
29r	183g	141b
76r	191g	173b
0r	158g	219b

40c	25m	40y	40k
20c	20m	60y	20k
20c	10m	20y	20k
40c	20m	0y	0k

106r	115g	104b
172r	159g	104b
169r	176g	168b
149r	181g	223b

60c	0m	100y	40k
100c	0m	80y	0k
25c	0m	90y	20k
80c	60m	0y	40k

69r	129g	43b
0r	167g	109b
165r	182g	56b
42r	69g	122b

20c	20m	60y	20k	172r	159g	104b	
25c	0m	50y	20k	161r	185g	130b	
10c	15m	80y	20k	191r	170g	69b	
60c	10m	20y	40k	62r	123g	135b	

65c	0m	40y	30k	53r	145g	131b	
25c	0m	30y	20k	159r	188g	161b	
10c	5m	30y	5k	217r	216g	178b	
45c	10m	10y	20k	114r	161g	180b	

50c	30m	40y	50k	78r	93g	89b	
90c	0m	50y	0k	0r	174g	156b	
35c	0m	50y	0k	171r	214g	155b	
65c	0m	0y	30k	24r	148g	184b	

40c	0m	100y	30k	121r	154g	40b	
30c	25m	100y	0k	189r	174g	50b	
35c	0m	100y	0k	179r	210g	52b	
70c	50m	30y	30k	72r	91g	113b	

20c	0m	20y	20k	168r	192g	177b	
10c	0m	20y	20k	189r	200g	178b	
5c	0m	40y	20k	201r	201g	146b	
30c	20m	0y	20k	145r	158g	188b	

70c	30m	60y	40k	57r	99g	83b	
35c	20m	60y	30k	129r	136g	95b	
45c	0m	30y	20k	115r	173g	160b	
40c	0m	30y	0k	153r	212g	191b	
0c	10m	80y	0k	255r	222g	79b	

60c	0m	100y	40k	69r	129g	43b	
60c	0m	80y	0k	109r	192g	103b	
25c	0m	80y	0k	200r	220g	93b	
0c	15m	70y	0k	255r	215g	105b	
0c	5m	50y	0k	255r	235g	149b	

10c	10m	40y	20k	189r	181g	139b	
10c	10m	60y	10k	209r	195g	118b	
10c	5m	40y	0k	231r	226g	169b	
5c	20m	50y	0k	240r	202g	140b	
0c	10m	50y	0k	255r	225g	146b	

40c	25m	40y	40k	106r	115g	104b	
25c	30m	80y	30k	146r	127g	62b	
10c	15m	80y	20k	191r	170g	69b	
0c	10m	100y	10k	234r	200g	0b	
0c	5m	100y	0k	255r	230g	0b	

45c	30m	70y	40k	100r	106g	70b	
25c	10m	40y	20k	161r	171g	139b	
5c	0m	40y	0k	244r	243g	173b	
0c	15m	50y	20k	210r	180g	120b	
0c	10m	60y	10k	233r	203g	116b	

35c	20m	60y	30k	129r	136g	95b	
20c	0m	20y	20k	168r	192g	177b	
10c	5m	30y	5k	217r	216g	178b	
0c	35m	100y	30k	186r	131g	13b	
10c	30m	100y	0k	230r	177g	34b	

30c	15m	30y	30k	135r	147g	136b	
10c	0m	20y	20k	189r	200g	178b	
10c	10m	40y	10k	208r	197g	151b	
0c	25m	100y	20k	209r	160g	13b	
0c	15m	100y	20k	212r	176g	4b	

75c	0m	60y	0k	29r	183g	141b	
35c	0m	50y	0k	171r	214g	155b	
5c	0m	40y	0k	244r	243g	173b	
65c	0m	40y	30k	53r	145g	131b	
35c	0m	0y	0k	157r	220g	249b	

45c	0m	70y	30k	108r	153g	91b	
15c	0m	70y	20k	184r	191g	96b	
15c	0m	30y	0k	218r	234g	193b	
40c	10m	0y	0k	146r	197g	234b	
35c	10m	20y	0k	166r	199g	199b	

35c	0m	100y	0k	179r	210g	52b	
15c	0m	60y	0k	222r	231g	135b	
10c	0m	10y	0k	227r	242g	231b	
70c	20m	0y	20k	45r	137g	185b	
40c	20m	0y	0k	149r	181g	223b	

45c	30m	70y	40k		100r	106g	70b
20c	20m	60y	20k		172r	159g	104b
10c	5m	60y	0k		233r	224g	131b
55c	10m	20y	0k		112r	185g	198b
35c	0m	20y	0k		164r	218g	210b
25c	30m	80y	30k		146r	127g	62b
10c	15m	80y	20k		191r	170g	69b
10c	10m	40y	10k		208r	197g	151b
70c	50m	30y	30k		72r	91g	113b
20c	0m	10y	20k		167r	193g	192b
40c	55m	70y	40k		109r	82g	61b
25c	10m	40y	20k		161r	171g	139b
10c	5m	40y	0k		231r	226g	169b
45c	10m	10y	40k		91r	130g	146b
35c	10m	10y	10k		149r	183g	197b
50c	30m	40y	50k		78r	93g	89b
65c	0m	40y	0k		76r	191g	173b
45c	0m	40y	0k		141r	207g	173b
40c	30m	10y	40k		104r	111g	132b
35c	0m	0y	20k		131r	183g	208b
90c	0m	50y	0k		0r	174g	156b
30c	25m	100y	0k		189r	174g	50b
25c	0m	80y	0k		200r	220g	93b
80c	60m	0y	40k		42r	69g	122b
75c	40m	0y	0k		62r	133g	198b

In this section, the chapter's green hues are joined by complements and near-complements from the violet, red and orange chapters. Palettes of opposing hues such as these tend to be more visually active than monochromatic combinations or those made of hues from neighboring positions on the color wheel.

40c	0m	40y	30k
15c	0m	60y	0k
30c	30m	0y	0k

115r	159g	132b
222r	231g	135b
175r	171g	213b

60c	0m	100y	40k
60c	0m	80y	0k
10c	20m	0y	0k

69r	129g	43b
109r	192g	103b
223r	204g	228b

30c	15m	30y	30k
10c	10m	60y	10k
20c	70m	0y	0k

135r	147g	136b
209r	195g	118b
199r	108g	171b

75c	0m	60y	0k
40c	0m	30y	0k
15c	100m	0y	35k

29r	183g	141b
153r	212g	191b
148r	0g	100b

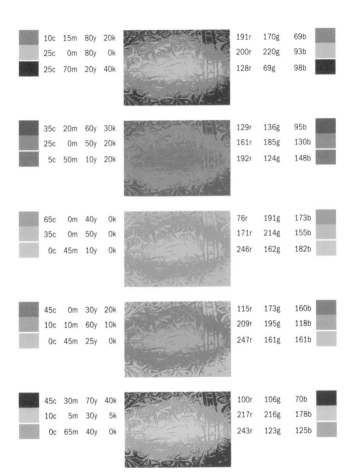

10c	15m	80y	20k	191r	170g	69b	
25c	0m	80y	0k	200r	220g	93b	
25c	70m	20y	40k	128r	69g	98b	

35c	20m	60y	30k	129r	136g	95b	
25c	0m	50y	20k	161r	185g	130b	
5c	50m	10y	20k	192r	124g	148b	

65c	0m	40y	0k	76r	191g	173b	
35c	0m	50y	0k	171r	214g	155b	
0c	45m	10y	0k	246r	162g	182b	

45c	0m	30y	20k	115r	173g	160b	
10c	10m	60y	10k	209r	195g	118b	
0c	45m	25y	0k	247r	161g	161b	

45c	30m	70y	40k	100r	106g	70b	
10c	5m	30y	5k	217r	216g	178b	
0c	65m	40y	0k	243r	123g	125b	

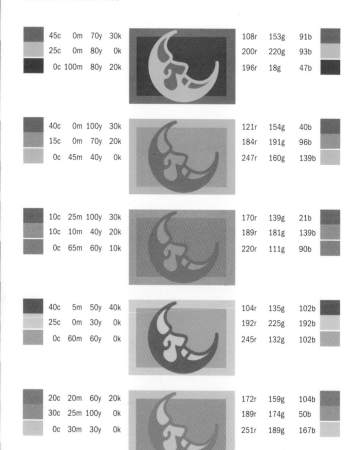

45c	0m	70y	30k
25c	0m	80y	0k
0c	100m	80y	20k

108r	153g	91b
200r	220g	93b
196r	18g	47b

40c	0m	100y	30k
15c	0m	70y	20k
0c	45m	40y	0k

121r	154g	40b
184r	191g	96b
247r	160g	139b

10c	25m	100y	30k
10c	10m	40y	20k
0c	65m	60y	10k

170r	139g	21b
189r	181g	139b
220r	111g	90b

40c	5m	50y	40k
25c	0m	30y	0k
0c	60m	60y	0k

104r	135g	102b
192r	225g	192b
245r	132g	102b

20c	20m	60y	20k
30c	25m	100y	0k
0c	30m	30y	0k

172r	159g	104b
189r	174g	50b
251r	189g	167b

65c	0m	40y	30k
10c	0m	10y	0k
0c	45m	70y	0k

53r	145g	131b
227r	242g	231b
248r	158g	93b

30c	15m	30y	30k
25c	10m	40y	20k
0c	25m	50y	0k

135r	147g	136b
161r	171g	139b
253r	197g	137b

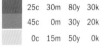

25c	30m	80y	30k
45c	0m	30y	20k
0c	15m	50y	0k

146r	127g	62b
115r	173g	160b
255r	117g	143b

60c	0m	100y	40k
10c	5m	60y	0k
0c	35m	90y	0k

69r	129g	43b
233r	224g	131b
251r	176g	52b

45c	30m	70y	40k
10c	15m	80y	20k
10c	50m	100y	0k

100r	106g	70b
191r	170g	69b
226r	143g	38b

60c	0m	80y	0k
40c	0m	30y	0k
5c	0m	40y	0k
15c	15m	0y	0k

109r	192g	103b
153r	212g	191b
244r	243g	173b
212r	209g	233b

40c	0m	100y	30k
35c	0m	50y	0k
10c	5m	60y	0k
65c	90m	0y	0k

121r	154g	40b
171r	214g	155b
233r	224g	131b
117r	64g	152b

50c	30m	40y	50k
25c	30m	80y	30k
15c	0m	70y	20k
10c	50m	0y	0k

78r	93g	89b
146r	127g	62b
184r	191g	96b
219r	147g	192b

40c	0m	40y	30k
45c	0m	40y	0k
15c	0m	30y	0k
5c	45m	0y	0k

115r	159g	132b
141r	207g	173b
218r	234g	193b
231r	159g	198b

30c	40m	60y	30k
30c	25m	100y	0k
10c	10m	40y	10k
5c	50m	10y	20k

137r	114g	86b
189r	174g	50b
208r	197g	151b
192r	124g	148b

20c	20m	60y	20k	172r	159g	104b
25c	0m	50y	20k	161r	185g	130b
25c	0m	30y	0k	192r	225g	192b
55c	60m	0y	30k	97r	84g	137b

70c	30m	60y	40k	57r	99g	83b
100c	0m	80y	0k	0r	167g	109b
10c	15m	80y	20k	191r	170g	69b
30c	90m	0y	30k	136r	41g	114b

45c	30m	70y	40k	100r	106g	70b
45c	0m	70y	30k	108r	153g	91b
10c	0m	30y	20k	190r	198g	162b
0c	15m	0y	0k	252r	223g	235b

40c	5m	50y	40k	104r	135g	102b
10c	10m	40y	20k	189r	181g	139b
10c	5m	40y	0k	231r	226g	169b
0c	60m	30y	0k	244r	133g	141b

40c	55m	70y	40k	109r	82g	61b
35c	20m	60y	30k	129r	136g	95b
35c	0m	100y	0k	179r	210g	52b
0c	90m	60y	0k	239r	65g	86b

50c	30m	40y	50k
5c	0m	40y	20k
15c	0m	60y	0k
0c	100m	80y	35k

78r	93g	89b
201r	201g	146b
222r	231g	135b
167r	9g	37b

70c	30m	60y	40k
35c	20m	60y	30k
10c	0m	10y	0k
0c	65m	50y	10k

57r	99g	83b
129r	136g	95b
227r	242g	231b
220r	111g	101b

25c	30m	80y	30k
10c	10m	40y	20k
10c	10m	40y	10k
0c	65m	60y	0k

146r	127g	62b
189r	181g	139b
208r	197g	151b
244r	122g	99b

45c	30m	70y	40k
60c	0m	100y	40k
40c	0m	100y	30k
0c	40m	30y	0k

100r	106g	70b
69r	129g	43b
121r	154g	40b
248r	170g	158b

40c	25m	40y	40k
10c	25m	100y	30k
30c	25m	100y	0k
0c	45m	50y	0k

106r	115g	104b
170r	139g	21b
189r	174g	50b
248r	159g	124b

40c	55m	70y	40k	109r	82g	61b	
30c	15m	30y	30k	135r	147g	136b	
20c	0m	20y	20k	168r	192g	177b	
0c	20m	30y	0k	253r	209g	175b	

30c	40m	60y	30k	137r	114g	86b	
25c	10m	40y	20k	161r	171g	139b	
5c	0m	40y	0k	244r	243g	173b	
0c	35m	70y	0k	251r	177g	97b	

65c	0m	40y	30k	53r	145g	131b	
20c	20m	60y	20k	172r	159g	104b	
25c	0m	30y	20k	159r	188g	161b	
10c	20m	30y	0k	227r	201g	175b	

90c	0m	50y	0k	0r	174g	156b	
75c	0m	60y	0k	29r	183g	141b	
60c	0m	80y	0k	109r	192g	103b	
0c	25m	70y	0k	254r	196g	101b	

40c	5m	50y	40k	104r	135g	102b	
10c	5m	60y	0k	233r	224g	131b	
15c	0m	30y	0k	218r	234g	193b	
10c	50m	100y	0k	226r	143g	38b	

30c	15m	30y	30k	135r	147g	136b	
35c	0m	50y	0k	171r	214g	155b	
15c	0m	60y	0k	222r	231g	135b	
10c	0m	10y	0k	227r	242g	231b	
20c	30m	0y	0k	199r	178g	214b	

65c	0m	40y	30k	53r	145g	131b	
90c	0m	50y	0k	0r	174g	156b	
5c	0m	40y	0k	244r	243g	173b	
30c	30m	0y	0k	175r	171g	213b	
10c	20m	0y	0k	223r	204g	228b	

45c	30m	70y	40k	100r	106g	70b	
25c	30m	80y	30k	146r	127g	62b	
10c	5m	40y	0k	231r	226g	169b	
20c	40m	0y	10k	181r	146g	185b	
15c	40m	0y	0k	210r	163g	203b	

80c	0m	100y	0k	13r	177g	75b	
35c	0m	100y	0k	179r	210g	52b	
40c	0m	30y	0k	153r	212g	191b	
50c	80m	20y	40k	97r	51g	93b	
30c	90m	0y	0k	179r	63g	151b	

30c	40m	60y	30k	137r	114g	86b	
20c	20m	60y	20k	172r	159g	104b	
10c	10m	40y	10k	208r	197g	151b	
5c	50m	10y	20k	192r	124g	148b	
10c	50m	0y	0k	219r	147g	192b	

35c	20m	60y	30k	129r	136g	95b	
40c	0m	40y	30k	115r	159g	132b	
10c	0m	30y	20k	190r	198g	162b	
35c	30m	0y	10k	150r	154g	194b	
20c	30m	0y	10k	181r	162g	195b	

40c	25m	40y	40k	106r	115g	104b	
45c	0m	30y	20k	115r	173g	160b	
45c	0m	40y	0k	141r	207g	173b	
10c	50m	10y	30k	165r	110g	133b	
0c	35m	0y	10k	223r	166g	192b	

70c	30m	60y	40k	57r	99g	83b	
25c	30m	80y	30k	146r	127g	62b	
10c	25m	100y	30k	170r	139g	21b	
30c	25m	100y	0k	189r	174g	50b	
0c	55m	30y	0k	245r	143g	146b	

60c	0m	100y	40k	69r	129g	43b	
40c	0m	100y	30k	121r	154g	40b	
15c	0m	70y	20k	184r	191g	96b	
0c	65m	20y	0k	242r	124g	150b	
0c	45m	25y	0k	247r	161g	161b	

50c	30m	40y	50k	78r	93g	89b	
10c	5m	30y	5k	217r	216g	178b	
10c	5m	40y	0k	231r	226g	169b	
20c	55m	30y	20k	168r	111g	122b	
10c	65m	40y	0k	221r	119g	125b	

35c	20m	60y	30k	129r	136g	95b	
20c	20m	60y	20k	172r	159g	104b	
10c	10m	40y	10k	208r	197g	151b	
0c	65m	50y	10k	220r	111g	101b	
0c	65m	60y	0k	244r	122g	99b	
45c	30m	70y	40k	100r	106g	70b	
10c	0m	20y	20k	189r	200g	178b	
25c	0m	30y	0k	192r	225g	192b	
10c	65m	40y	20k	183r	99g	104b	
0c	65m	60y	10k	220r	111g	90b	
70c	30m	60y	40k	57r	99g	83b	
45c	0m	40y	0k	141r	207g	173b	
5c	0m	40y	0k	244r	243g	173b	
0c	100m	80y	0k	237r	26g	58b	
0c	100m	0y	0k	236r	0g	140b	
10c	25m	100y	30k	170r	139g	21b	
30c	15m	30y	30k	135r	147g	136b	
15c	0m	70y	20k	184r	191g	96b	
20c	15m	80y	0k	211r	198g	87b	
0c	35m	50y	0k	250r	179g	131b	
30c	40m	60y	30k	137r	114g	86b	
40c	0m	100y	30k	121r	154g	40b	
35c	0m	100y	0k	179r	210g	52b	
0c	60m	60y	0k	245r	132g	102b	
0c	45m	50y	0k	248r	159g	124b	

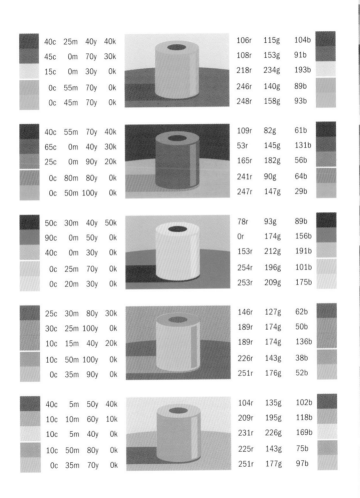

40c	25m	40y	40k	106r	115g	104b	
45c	0m	70y	30k	108r	153g	91b	
15c	0m	30y	0k	218r	234g	193b	
0c	55m	70y	0k	246r	140g	89b	
0c	45m	70y	0k	248r	158g	93b	

40c	55m	70y	40k	109r	82g	61b	
65c	0m	40y	30k	53r	145g	131b	
25c	0m	90y	20k	165r	182g	56b	
0c	80m	80y	0k	241r	90g	64b	
0c	50m	100y	0k	247r	147g	29b	

50c	30m	40y	50k	78r	93g	89b	
90c	0m	50y	0k	0r	174g	156b	
40c	0m	30y	0k	153r	212g	191b	
0c	25m	70y	0k	254r	196g	101b	
0c	20m	30y	0k	253r	209g	175b	

25c	30m	80y	30k	146r	127g	62b	
30c	25m	100y	0k	189r	174g	50b	
10c	15m	40y	20k	189r	174g	136b	
10c	50m	100y	0k	226r	143g	38b	
0c	35m	90y	0k	251r	176g	52b	

40c	5m	50y	40k	104r	135g	102b	
10c	10m	60y	10k	209r	195g	118b	
10c	5m	40y	0k	231r	226g	169b	
10c	50m	80y	0k	225r	143g	75b	
0c	35m	70y	0k	251r	177g	97b	

In the following samples, this chapter's green hues are added to palettes dominated by a broad range of neutral colors. Some of the neutrals are brown or skin tones; others are grays that contain suggestions of a particular hue. Simple grays (tints of black) are featured in the section that follows.

20c	15m	80y	0k	211r	198g	87b
40c	60m	80y	30k	123r	87g	56b
5c	0m	20y	50k	139r	144g	127b

5c	0m	40y	0k	244r	243g	173b
0c	30m	50y	50k	146r	109g	77b
0c	10m	40y	30k	189r	169g	125b

35c	0m	50y	0k	171r	214g	155b
10c	5m	0y	70k	97r	101g	109b
10c	15m	0y	40k	148r	143g	158b

45c	0m	40y	0k	141r	207g	173b
25c	60m	80y	40k	129r	80g	46b
0c	35m	70y	20k	207r	147g	81b

90c	0m	50y	0k		0r	174g	156b	
0c	10m	40y	60k		129r	115g	84b	
0c	10m	30y	40k		168r	152g	124b	

35c	0m	100y	0k		179r	210g	52b	
40c	40m	30y	40k		107r	100g	106b	
30c	40m	30y	20k		151r	128g	132b	

10c	15m	80y	20k		191r	170g	69b	
0c	15m	20y	60k		128r	112g	102b	
0c	10m	30y	20k		210r	189g	154b	

15c	0m	70y	20k		184r	191g	96b	
0c	5m	20y	20k		211r	198g	173b	
5c	10m	30y	0k		241r	223g	183b	

20c	20m	60y	20k		172r	159g	104b	
10c	40m	60y	30k		167r	121g	84b	
0c	10m	40y	20k		211r	188g	139b	

25c	0m	50y	20k	161r	185g	130b	
30c	45m	40y	40k	122r	97g	94b	
30c	10m	20y	40k	118r	137g	136b	

35c	20m	60y	30k	129r	136g	95b	
0c	30m	50y	30k	186r	140g	100b	
0c	25m	30y	20k	207r	166g	144b	

40c	5m	50y	40k	104r	135g	102b	
30c	70m	100y	40k	122r	68g	24b	
0c	5m	20y	10k	231r	217g	189b	

45c	0m	30y	20k	115r	173g	160b	
15c	40m	100y	30k	161r	118g	25b	
5c	10m	30y	10k	218r	202g	168b	

30c	15m	30y	30k	135r	147g	136b	
40c	60m	80y	30k	123r	87g	56b	
0c	10m	20y	10k	230r	208g	185b	

302

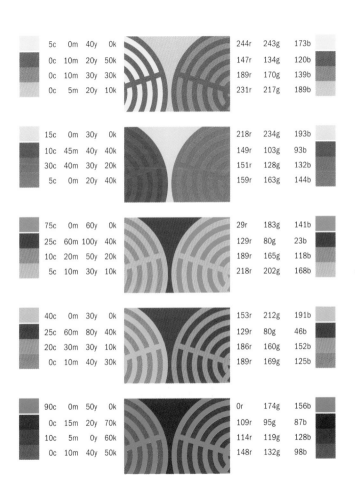

5c	0m	40y	0k		244r	243g	173b
0c	10m	20y	50k		147r	134g	120b
0c	10m	30y	30k		189r	170g	139b
0c	5m	20y	10k		231r	217g	189b

15c	0m	30y	0k		218r	234g	193b
10c	45m	40y	40k		149r	103g	93b
30c	40m	30y	20k		151r	128g	132b
5c	0m	20y	40k		159r	163g	144b

75c	0m	60y	0k		29r	183g	141b
25c	60m	100y	40k		129r	80g	23b
10c	20m	50y	20k		189r	165g	118b
5c	10m	30y	10k		218r	202g	168b

40c	0m	30y	0k		153r	212g	191b
25c	60m	80y	40k		129r	80g	46b
20c	30m	30y	10k		186r	160g	152b
0c	10m	40y	30k		189r	169g	125b

90c	0m	50y	0k		0r	174g	156b
0c	15m	20y	70k		109r	95g	87b
10c	5m	0y	60k		114r	119g	128b
0c	10m	40y	50k		148r	132g	98b

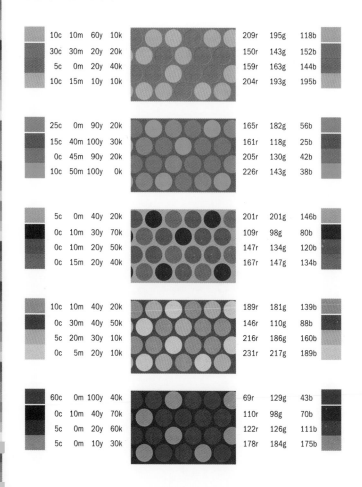

10c	10m	60y	10k	209r	195g	118b	
30c	30m	20y	20k	150r	143g	152b	
5c	0m	20y	40k	159r	163g	144b	
10c	15m	10y	10k	204r	193g	195b	
25c	0m	90y	20k	165r	182g	56b	
15c	40m	100y	30k	161r	118g	25b	
0c	45m	90y	20k	205r	130g	42b	
10c	50m	100y	0k	226r	143g	38b	
5c	0m	40y	20k	201r	201g	146b	
0c	10m	30y	70k	109r	98g	80b	
0c	10m	20y	50k	147r	134g	120b	
0c	15m	20y	40k	167r	147g	134b	
10c	10m	40y	20k	189r	181g	139b	
0c	30m	40y	50k	146r	110g	88b	
5c	20m	30y	10k	216r	186g	160b	
0c	5m	20y	10k	231r	217g	189b	
60c	0m	100y	40k	69r	129g	43b	
0c	10m	40y	70k	110r	98g	70b	
5c	0m	20y	60k	122r	126g	111b	
5c	0m	10y	30k	178r	184g	175b	

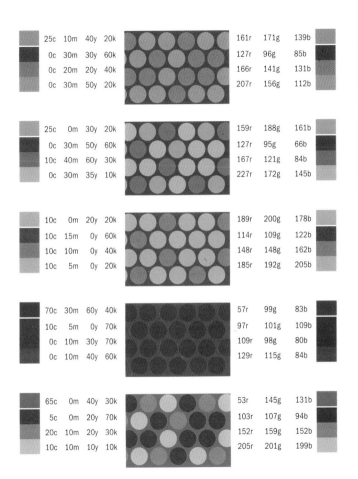

25c	10m	40y	20k	161r	171g	139b
0c	30m	30y	60k	127r	96g	85b
0c	20m	20y	40k	166r	141g	131b
0c	30m	50y	20k	207r	156g	112b

25c	0m	30y	20k	159r	188g	161b
0c	30m	50y	60k	127r	95g	66b
10c	40m	60y	30k	167r	121g	84b
0c	30m	35y	10k	227r	172g	145b

10c	0m	20y	20k	189r	200g	178b
10c	15m	0y	60k	114r	109g	122b
10c	10m	0y	40k	148r	148g	162b
10c	5m	0y	20k	185r	192g	205b

70c	30m	60y	40k	57r	99g	83b
10c	5m	0y	70k	97r	101g	109b
0c	10m	30y	70k	109r	98g	80b
0c	10m	40y	60k	129r	115g	84b

65c	0m	40y	30k	53r	145g	131b
5c	0m	20y	70k	103r	107g	94b
20c	10m	20y	30k	152r	159g	152b
10c	10m	10y	10k	205r	201g	199b

60c	0m	80y	0k	109r	192g	103b
10c	15m	0y	70k	97r	92g	104b
10c	5m	0y	60k	114r	119g	128b
10c	10m	0y	40k	148r	148g	162b
10c	15m	0y	20k	185r	177g	195b

5c	0m	40y	20k	201r	201g	146b
10c	5m	60y	0k	233r	224g	131b
0c	10m	30y	70k	109r	98g	80b
0c	5m	20y	50k	148r	140g	123b
0c	10m	40y	30k	189r	169g	125b

35c	0m	50y	0k	171r	214g	155b
5c	0m	40y	0k	244r	243g	173b
25c	60m	80y	40k	129r	80g	46b
0c	30m	40y	50k	146r	110g	88b
0c	30m	50y	30k	186r	140g	100b

65c	0m	40y	0k	76r	191g	173b
45c	0m	40y	0k	141r	207g	173b
0c	5m	20y	60k	129r	122g	107b
0c	10m	40y	40k	168r	151g	112b
10c	20m	50y	20k	189r	165g	118b

40c	0m	100y	30k	121r	154g	40b
35c	0m	100y	0k	179r	210g	52b
10c	45m	40y	40k	149r	103g	93b
30c	40m	30y	20k	151r	128g	132b
5c	20m	10y	20k	196r	172g	175b

CMYK					RGB		
70c	30m	60y	40k		57r	99g	83b
90c	0m	50y	0k		0r	174g	156b
0c	25m	40y	20k		208r	165g	129b
0c	30m	45y	10k		227r	171g	130b
0c	15m	30y	10k		230r	199g	164b

CMYK					RGB		
45c	0m	70y	30k		108r	153g	91b
25c	0m	80y	0k		200r	220g	93b
0c	10m	40y	70k		110r	98g	70b
15c	40m	100y	30k		161r	118g	25b
0c	10m	40y	50k		148r	132g	98b

CMYK					RGB		
20c	20m	60y	20k		172r	159g	104b
10c	10m	40y	10k		208r	197g	151b
40c	60m	80y	30k		123r	87g	56b
25c	40m	50y	20k		161r	129g	107b
20c	30m	30y	10k		186r	160g	152b

CMYK					RGB		
25c	30m	80y	30k		146r	127g	62b
10c	15m	80y	20k		191r	170g	69b
0c	10m	20y	70k		109r	99g	89b
0c	15m	20y	20k		209r	183g	166b
0c	5m	20y	10k		231r	217g	189b

CMYK					RGB		
45c	30m	70y	40k		100r	106g	70b
40c	0m	100y	30k		121r	154g	40b
10c	40m	60y	30k		167r	121g	84b
0c	25m	40y	30k		187r	148g	117b
0c	10m	40y	20k		211r	188g	139b

In this final section of chapter 6, the green hues are combined with black and tints of black. Consider ideas such as these when seeking ideas for jobs that are limited to black plus one other color of ink. Explore palette solutions where black inks are given prominence, as well as those where the color is allowed to dominate the scheme.

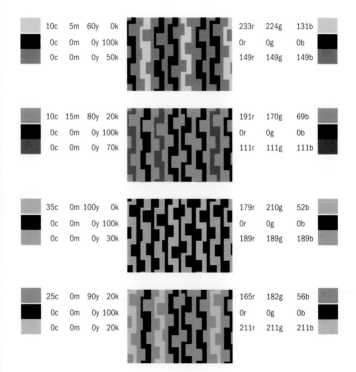

10c	5m	60y	0k		233r	224g	131b
0c	0m	0y	100k		0r	0g	0b
0c	0m	0y	50k		149r	149g	149b

10c	15m	80y	20k		191r	170g	69b
0c	0m	0y	100k		0r	0g	0b
0c	0m	0y	70k		111r	111g	111b

35c	0m	100y	0k		179r	210g	52b
0c	0m	0y	100k		0r	0g	0b
0c	0m	0y	30k		189r	189g	189b

25c	0m	90y	20k		165r	182g	56b
0c	0m	0y	100k		0r	0g	0b
0c	0m	0y	20k		211r	211g	211b

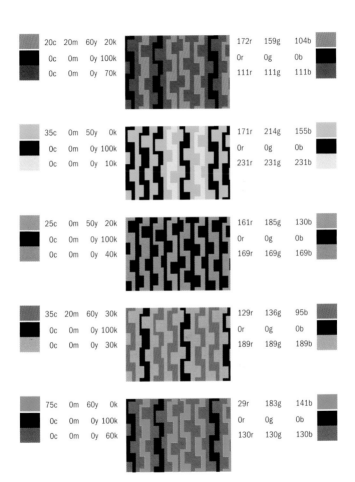

20c	20m	60y	20k	172r	159g	104b
0c	0m	0y	100k	0r	0g	0b
0c	0m	0y	70k	111r	111g	111b

35c	0m	50y	0k	171r	214g	155b
0c	0m	0y	100k	0r	0g	0b
0c	0m	0y	10k	231r	231g	231b

25c	0m	50y	20k	161r	185g	130b
0c	0m	0y	100k	0r	0g	0b
0c	0m	0y	40k	169r	169g	169b

35c	20m	60y	30k	129r	136g	95b
0c	0m	0y	100k	0r	0g	0b
0c	0m	0y	30k	189r	189g	189b

75c	0m	60y	0k	29r	183g	141b
0c	0m	0y	100k	0r	0g	0b
0c	0m	0y	60k	130r	130g	130b

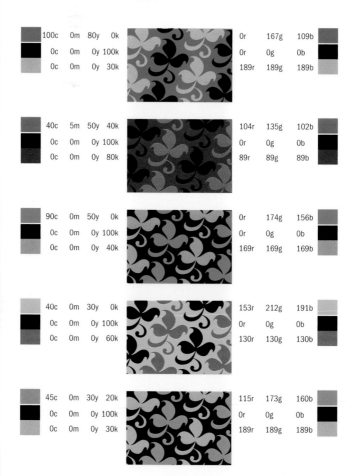

100c	0m	80y	0k		0r	167g	109b	
0c	0m	0y	100k		0r	0g	0b	
0c	0m	0y	30k		189r	189g	189b	

40c	5m	50y	40k		104r	135g	102b	
0c	0m	0y	100k		0r	0g	0b	
0c	0m	0y	80k		89r	89g	89b	

90c	0m	50y	0k		0r	174g	156b	
0c	0m	0y	100k		0r	0g	0b	
0c	0m	0y	40k		169r	169g	169b	

40c	0m	30y	0k		153r	212g	191b	
0c	0m	0y	100k		0r	0g	0b	
0c	0m	0y	60k		130r	130g	130b	

45c	0m	30y	20k		115r	173g	160b	
0c	0m	0y	100k		0r	0g	0b	
0c	0m	0y	30k		189r	189g	189b	

30c	25m	100y	0k	
0c	0m	0y	100k	
0c	0m	0y	60k	
0c	0m	0y	10k	

189r	174g	50b
0r	0g	0b
130r	130g	130b
231r	231g	231b

10c	5m	40y	0k	
0c	0m	0y	100k	
0c	0m	0y	60k	
0c	0m	0y	30k	

231r	226g	169b
0r	0g	0b
130r	130g	130b
189r	189g	189b

10c	10m	60y	10k	
0c	0m	0y	100k	
0c	0m	0y	80k	
0c	0m	0y	40k	

209r	195g	118b
0r	0g	0b
89r	89g	89b
169r	169g	169b

20c	30m	50y	20k	
0c	0m	0y	100k	
0c	0m	0y	60k	
0c	0m	0y	20k	

171r	145g	113b
0r	0g	0b
130r	130g	130b
211r	211g	211b

25c	0m	80y	0k	
0c	0m	0y	100k	
0c	0m	0y	30k	
0c	0m	0y	10k	

200r	220g	93b
0r	0g	0b
189r	189g	189b
231r	231g	231b

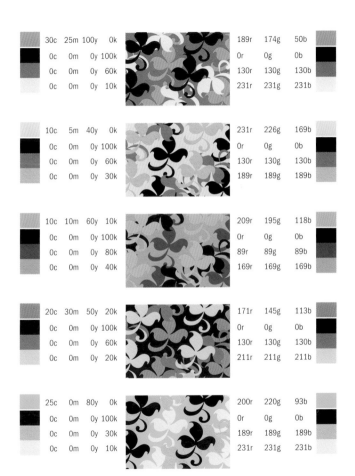

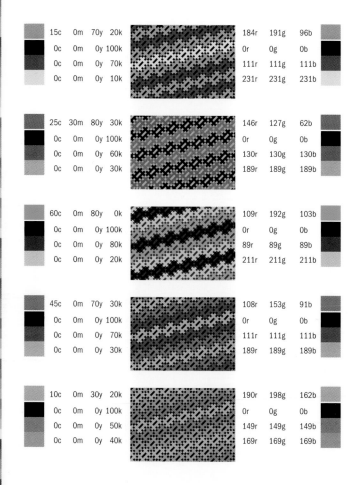

15c	0m	70y	20k	184r	191g	96b
0c	0m	0y	100k	0r	0g	0b
0c	0m	0y	70k	111r	111g	111b
0c	0m	0y	10k	231r	231g	231b

25c	30m	80y	30k	146r	127g	62b
0c	0m	0y	100k	0r	0g	0b
0c	0m	0y	60k	130r	130g	130b
0c	0m	0y	30k	189r	189g	189b

60c	0m	80y	0k	109r	192g	103b
0c	0m	0y	100k	0r	0g	0b
0c	0m	0y	80k	89r	89g	89b
0c	0m	0y	20k	211r	211g	211b

45c	0m	70y	30k	108r	153g	91b
0c	0m	0y	100k	0r	0g	0b
0c	0m	0y	70k	111r	111g	111b
0c	0m	0y	30k	189r	189g	189b

10c	0m	30y	20k	190r	198g	162b
0c	0m	0y	100k	0r	0g	0b
0c	0m	0y	50k	149r	149g	149b
0c	0m	0y	40k	169r	169g	169b

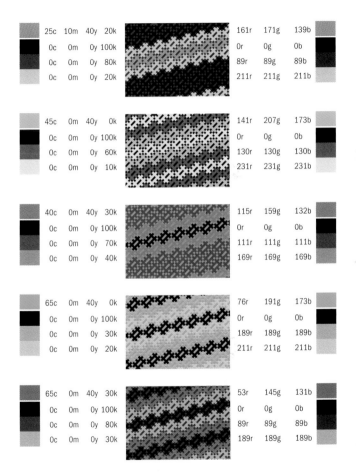

25c	10m	40y	20k	161r	171g	139b
0c	0m	0y	100k	0r	0g	0b
0c	0m	0y	80k	89r	89g	89b
0c	0m	0y	20k	211r	211g	211b

45c	0m	40y	0k	141r	207g	173b
0c	0m	0y	100k	0r	0g	0b
0c	0m	0y	60k	130r	130g	130b
0c	0m	0y	10k	231r	231g	231b

40c	0m	40y	30k	115r	159g	132b
0c	0m	0y	100k	0r	0g	0b
0c	0m	0y	70k	111r	111g	111b
0c	0m	0y	40k	169r	169g	169b

65c	0m	40y	0k	76r	191g	173b
0c	0m	0y	100k	0r	0g	0b
0c	0m	0y	30k	189r	189g	189b
0c	0m	0y	20k	211r	211g	211b

65c	0m	40y	30k	53r	145g	131b
0c	0m	0y	100k	0r	0g	0b
0c	0m	0y	80k	89r	89g	89b
0c	0m	0y	30k	189r	189g	189b

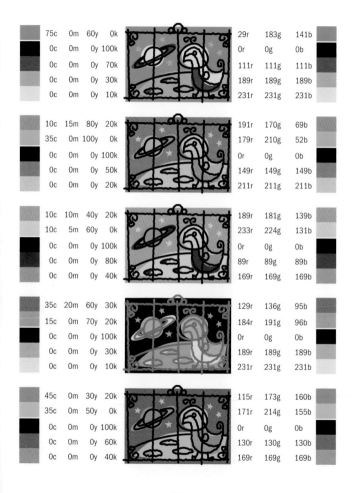

75c	0m	60y	0k	29r	183g	141b
0c	0m	0y	100k	0r	0g	0b
0c	0m	0y	70k	111r	111g	111b
0c	0m	0y	30k	189r	189g	189b
0c	0m	0y	10k	231r	231g	231b
10c	15m	80y	20k	191r	170g	69b
35c	0m	100y	0k	179r	210g	52b
0c	0m	0y	100k	0r	0g	0b
0c	0m	0y	50k	149r	149g	149b
0c	0m	0y	20k	211r	211g	211b
10c	10m	40y	20k	189r	181g	139b
10c	5m	60y	0k	233r	224g	131b
0c	0m	0y	100k	0r	0g	0b
0c	0m	0y	80k	89r	89g	89b
0c	0m	0y	40k	169r	169g	169b
35c	20m	60y	30k	129r	136g	95b
15c	0m	70y	20k	184r	191g	96b
0c	0m	0y	100k	0r	0g	0b
0c	0m	0y	30k	189r	189g	189b
0c	0m	0y	10k	231r	231g	231b
45c	0m	30y	20k	115r	173g	160b
35c	0m	50y	0k	171r	214g	155b
0c	0m	0y	100k	0r	0g	0b
0c	0m	0y	60k	130r	130g	130b
0c	0m	0y	40k	169r	169g	169b

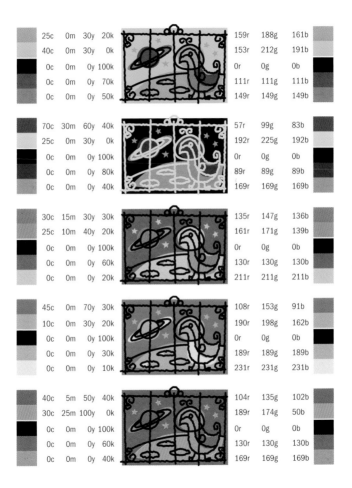

25c	0m	30y	20k		159r	188g	161b
40c	0m	30y	0k		153r	212g	191b
0c	0m	0y	100k		0r	0g	0b
0c	0m	0y	70k		111r	111g	111b
0c	0m	0y	50k		149r	149g	149b

70c	30m	60y	40k		57r	99g	83b
25c	0m	30y	0k		192r	225g	192b
0c	0m	0y	100k		0r	0g	0b
0c	0m	0y	80k		89r	89g	89b
0c	0m	0y	40k		169r	169g	169b

30c	15m	30y	30k		135r	147g	136b
25c	10m	40y	20k		161r	171g	139b
0c	0m	0y	100k		0r	0g	0b
0c	0m	0y	60k		130r	130g	130b
0c	0m	0y	20k		211r	211g	211b

45c	0m	70y	30k		108r	153g	91b
10c	0m	30y	20k		190r	198g	162b
0c	0m	0y	100k		0r	0g	0b
0c	0m	0y	30k		189r	189g	189b
0c	0m	0y	10k		231r	231g	231b

40c	5m	50y	40k		104r	135g	102b
30c	25m	100y	0k		189r	174g	50b
0c	0m	0y	100k		0r	0g	0b
0c	0m	0y	60k		130r	130g	130b
0c	0m	0y	40k		169r	169g	169b

7: MIXED

Hues from around the spectrum;
saturations from intense to muted;
values from light to dark.

CHAPTER CONTENTS:

318-327
Mixed Combinations of Saturated Hues

328-337
Mixed Combinations of Semi-Muted Hues

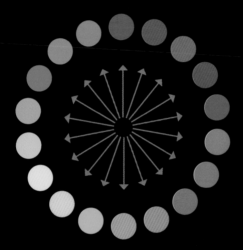

338-347
Mixed Combinations of Neutrals
and Muted Hues

348-357
Mixed Combinations of Neutrals
and Saturated Hues

This section of the mixed chapter features combinations of relatively intense hues from around the color wheel. Unlike the palettes shown in the other chapters, these color combos are not dominated by a particular hue. Saturated palettes such as these can be used to infuse images with high levels of visual energy.

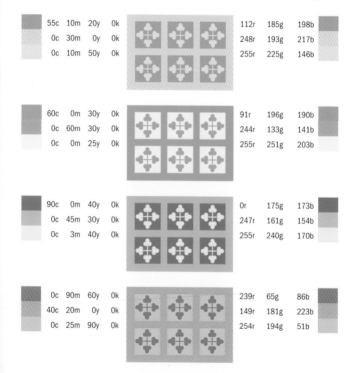

55c	10m	20y	0k	112r	185g	198b
0c	30m	0y	0k	248r	193g	217b
0c	10m	50y	0k	255r	225g	146b

60c	0m	30y	0k	91r	196g	190b
0c	60m	30y	0k	244r	133g	141b
0c	0m	25y	0k	255r	251g	203b

90c	0m	40y	0k	0r	175g	173b
0c	45m	30y	0k	247r	161g	154b
0c	3m	40y	0k	255r	240g	170b

0c	90m	60y	0k	239r	65g	86b
40c	20m	0y	0k	149r	181g	223b
0c	25m	90y	0k	254r	194g	51b

0c 40m 30y 0k	248r 170g 158b
15c 15m 0y 0k	212r 209g 233b
15c 0m 30y 0k	218r 234g 193b

15c 40m 0y 0k	210r 163g 203b
0c 45m 70y 0k	248r 158g 93b
25c 0m 80y 0k	200r 220g 93b

45c 60m 0y 0k	148r 116g 180b
0c 55m 70y 0k	246r 140g 89b
40c 0m 30y 0k	153r 212g 191b

40c 0m 100y 30k	121r 154g 40b
5c 45m 0y 0k	231r 159g 198b
0c 35m 70y 0k	251r 177g 97b

15c 80m 0y 20k	173r 71g 134b
0c 25m 70y 0k	254r 196g 101b
10c 5m 60y 0k	233r 224g 131b

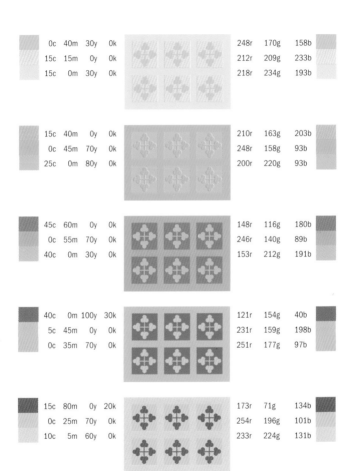

319

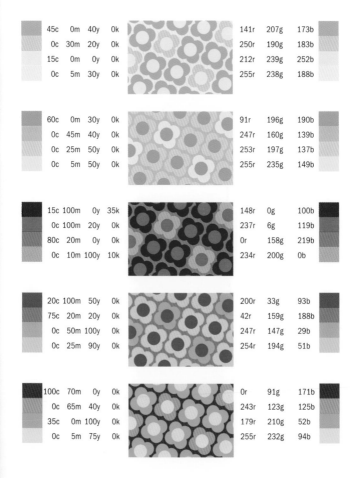

45c	0m	40y	0k	141r	207g	173b
0c	30m	20y	0k	250r	190g	183b
15c	0m	0y	0k	212r	239g	252b
0c	5m	30y	0k	255r	238g	188b

60c	0m	30y	0k	91r	196g	190b
0c	45m	40y	0k	247r	160g	139b
0c	25m	50y	0k	253r	197g	137b
0c	5m	50y	0k	255r	235g	149b

15c	100m	0y	35k	148r	0g	100b
0c	100m	20y	0k	237r	6g	119b
80c	20m	0y	0k	0r	158g	219b
0c	10m	100y	10k	234r	200g	0b

20c	100m	50y	0k	200r	33g	93b
75c	20m	20y	0k	42r	159g	188b
0c	50m	100y	0k	247r	147g	29b
0c	25m	90y	0k	254r	194g	51b

100c	70m	0y	0k	0r	91g	171b
0c	65m	40y	0k	243r	123g	125b
35c	0m	100y	0k	179r	210g	52b
0c	5m	75y	0k	255r	232g	94b

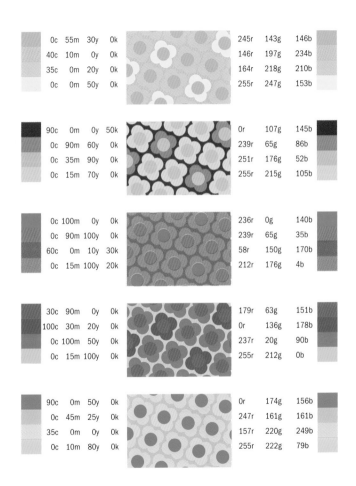

0c	55m	30y	0k		245r	143g	146b
40c	10m	0y	0k		146r	197g	234b
35c	0m	20y	0k		164r	218g	210b
0c	0m	50y	0k		255r	247g	153b

90c	0m	0y	50k		0r	107g	145b
0c	90m	60y	0k		239r	65g	86b
0c	35m	90y	0k		251r	176g	52b
0c	15m	70y	0k		255r	215g	105b

0c	100m	0y	0k		236r	0g	140b
0c	90m	100y	0k		239r	65g	35b
60c	0m	10y	30k		58r	150g	170b
0c	15m	100y	20k		212r	176g	4b

30c	90m	0y	0k		179r	63g	151b
100c	30m	20y	0k		0r	136g	178b
0c	100m	50y	0k		237r	20g	90b
0c	15m	100y	0k		255r	212g	0b

90c	0m	50y	0k		0r	174g	156b
0c	45m	25y	0k		247r	161g	161b
35c	0m	0y	0k		157r	220g	249b
0c	10m	80y	0k		255r	222g	79b

45c	60m	0y	0k	148r	116g	180b	
0c	55m	70y	0k	246r	140g	89b	
25c	0m	80y	0k	200r	220g	93b	
0c	0m	25y	0k	255r	251g	203b	

60c	0m	30y	0k	91r	196g	190b	
45c	0m	40y	0k	141r	207g	173b	
0c	25m	50y	0k	253r	197g	137b	
5c	20m	0y	0k	235r	208g	228b	

65c	90m	0y	0k	117r	64g	152b	
0c	90m	60y	0k	239r	65g	86b	
65c	0m	40y	0k	76r	191g	173b	
0c	50m	100y	0k	247r	147g	29b	

100c	50m	0y	0k	0r	113g	188b	
60c	0m	80y	0k	109r	192g	103b	
10c	50m	0y	0k	219r	147g	192b	
0c	35m	90y	0k	251r	176g	52b	

0c	100m	80y	20k	196r	18g	47b	
0c	80m	80y	0k	241r	90g	64b	
5c	45m	0y	0k	231r	159g	198b	
10c	5m	60y	0k	233r	224g	131b	

0c	30m	30y	0k		251r	189g	167b
0c	25m	0y	0k		249r	203g	223b
0c	15m	30y	0k		254r	219g	180b
5c	0m	40y	0k		244r	243g	173b

10c	50m	0y	0k		219r	147g	192b
20c	30m	0y	0k		199r	178g	214b
0c	35m	50y	0k		250r	179g	131b
15c	0m	30y	0k		218r	234g	193b

45c	90m	0y	0k		153r	63g	152b
90c	0m	50y	0k		0r	174g	156b
0c	60m	60y	0k		245r	132g	102b
20c	15m	80y	0k		211r	198g	87b

30c	25m	100y	0k		189r	174g	50b
15c	40m	0y	0k		210r	163g	203b
0c	10m	100y	10k		234r	200g	0b
0c	25m	70y	0k		254r	196g	101b

20c	100m	0y	0k		197r	22g	141b
0c	100m	0y	0k		236r	0g	140b
25c	0m	90y	20k		165r	182g	56b
0c	35m	70y	0k		251r	177g	97b

MIXED COMBINATIONS OF **SATURATED** HUES

C	M	Y	K		R	G	B
20c	5m	0y	0k		199r	223g	244b
0c	20m	20y	0k		252r	210g	193b
0c	15m	30y	0k		254r	219g	180b
10c	0m	10y	0k		227r	242g	231b
0c	5m	30y	0k		255r	238g	188b
0c	45m	10y	0k		246r	162g	182b
15c	15m	0y	0k		212r	209g	233b
15c	0m	60y	0k		222r	231g	135b
0c	10m	80y	0k		255r	222g	79b
15c	0m	10y	0k		215r	237g	230b
10c	70m	0y	0k		218r	111g	171b
0c	65m	60y	0k		244r	122g	99b
0c	45m	70y	0k		248r	158g	93b
60c	0m	0y	0k		68r	199g	244b
0c	15m	70y	0k		255r	215g	105b
75c	40m	0y	0k		62r	133g	198b
0c	65m	40y	0k		243r	123g	125b
60c	0m	80y	0k		109r	192g	103b
0c	55m	70y	0k		246r	140g	89b
0c	5m	50y	0k		255r	235g	149b
100c	30m	20y	0k		0r	136g	178b
30c	60m	0y	0k		178r	122g	180b
75c	0m	60y	0k		29r	183g	141b
0c	60m	30y	0k		244r	133g	141b
0c	0m	50y	0k		255r	247g	153b

C	M	Y	K		R	G	B
30c	90m	0y	0k		179r	63g	151b
0c	90m	60y	0k		239r	65g	86b
75c	20m	20y	0k		42r	159g	188b
0c	65m	90y	0k		244r	121g	50b
10c	30m	100y	0k		230r	177g	34b

C	M	Y	K		R	G	B
20c	100m	50y	0k		200r	33g	93b
90c	0m	40y	0k		0r	175g	173b
30c	25m	100y	0k		189r	174g	50b
0c	50m	100y	0k		247r	147g	29b
0c	10m	50y	0k		255r	225g	146b

C	M	Y	K		R	G	B
75c	70m	0y	0k		88r	95g	170b
80c	20m	0y	0k		0r	158g	219b
0c	100m	80y	0k		237r	26g	58b
35c	0m	100y	0k		179r	210g	52b
0c	25m	90y	0k		254r	194g	51b

C	M	Y	K		R	G	B
0c	100m	80y	35k		167r	9g	37b
100c	70m	0y	0k		0r	91g	171b
20c	100m	0y	0k		197r	22g	141b
0c	80m	100y	0k		241r	90g	34b
0c	10m	100y	10k		234r	200g	0b

C	M	Y	K		R	G	B
45c	80m	0y	30k		115r	59g	122b
100c	50m	0y	0k		0r	113g	188b
0c	90m	100y	0k		239r	65g	35b
0c	55m	90y	0k		246r	139g	51b
0c	15m	100y	0k		255r	212g	0b

10c	50m	0y	0k	219r	147g	192b	
0c	45m	50y	0k	248r	159g	124b	
0c	45m	30y	0k	247r	161g	154b	
45c	0m	40y	0k	141r	207g	173b	
15c	10m	0y	0k	212r	218g	238b	

5c	60m	0y	10k	208r	119g	166b	
0c	35m	70y	0k	251r	177g	97b	
35c	0m	100y	0k	179r	210g	52b	
0c	15m	70y	0k	255r	215g	105b	
0c	20m	5y	0k	251r	212g	218b	

60c	0m	80y	0k	109r	192g	103b	
20c	30m	0y	0k	199r	178g	214b	
60c	0m	0y	0k	68r	199g	244b	
0c	40m	30y	0k	248r	170g	158b	
0c	5m	50y	0k	255r	235g	149b	

75c	40m	0y	0k	62r	133g	198b	
0c	65m	40y	0k	243r	123g	125b	
30c	30m	0y	0k	175r	171g	213b	
40c	0m	30y	0k	153r	212g	191b	
0c	25m	70y	0k	254r	196g	101b	

0c	65m	90y	0k	244r	121g	50b	
0c	15m	100y	20k	212r	176g	4b	
0c	55m	30y	0k	245r	143g	146b	
5c	30m	0y	0k	233r	188g	216b	
10c	5m	60y	0k	233r	224g	131b	

15c	100m	0y	35k		148r	0g	100b
90c	0m	40y	0k		0r	175g	173b
0c	65m	60y	0k		244r	122g	99b
0c	45m	70y	0k		248r	158g	93b
0c	25m	90y	0k		254r	194g	51b

90c	40m	0y	20k		0r	107g	166b
30c	60m	0y	0k		178r	122g	180b
0c	55m	90y	0k		246r	139g	51b
0c	10m	100y	10k		234r	200g	0b
5c	0m	40y	0k		244r	243g	173b

50c	50m	0y	0k		135r	129g	189b
0c	90m	60y	0k		239r	65g	86b
0c	55m	70y	0k		246r	140g	89b
35c	0m	100y	0k		179r	210g	52b
0c	5m	100y	0k		255r	230g	0b

45c	80m	0y	30k		115r	59g	122b
60c	0m	10y	30k		58r	150g	170b
30c	25m	100y	0k		189r	174g	50b
0c	50m	100y	0k		247r	147g	29b
0c	15m	100y	0k		255r	212g	0b

40c	0m	100y	30k		121r	154g	40b
80c	20m	0y	0k		0r	158g	219b
0c	65m	20y	0k		242r	124g	150b
5c	45m	0y	0k		231r	159g	198b
0c	15m	100y	0k		255r	212g	0b

The palettes on the next ten pages have been built from semi-muted hues borrowed from each of the book's previous chapters. Combinations of slightly restrained colors such as these can lend notes of restraint and sophistication to layouts and illustrations.

20c	55m	30y	0k	203r	133g	146b	
15c	0m	0y	10k	192r	217g	229b	
0c	5m	70y	10k	234r	211g	99b	

0c	65m	50y	10k	220r	111g	101b	
0c	25m	100y	20k	209r	160g	13b	
25c	5m	5y	5k	178r	206g	220b	

70c	20m	0y	20k	45r	137g	185b	
10c	65m	40y	0k	221r	119g	125b	
0c	25m	80y	20k	209r	161g	64b	

20c	100m	50y	30k	149r	15g	67b	
35c	0m	10y	30k	120r	165g	172b	
0c	15m	100y	20k	212r	176g	4b	

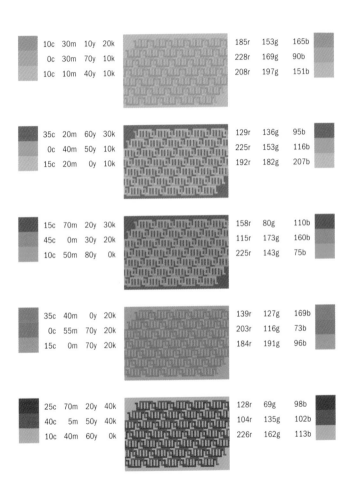

10c	30m	10y	20k	185r	153g	165b
0c	30m	70y	10k	228r	169g	90b
10c	10m	40y	10k	208r	197g	151b

35c	20m	60y	30k	129r	136g	95b
0c	40m	50y	10k	225r	153g	116b
15c	20m	0y	10k	192r	182g	207b

15c	70m	20y	30k	158r	80g	110b
45c	0m	30y	20k	115r	173g	160b
10c	50m	80y	0k	225r	143g	75b

35c	40m	0y	20k	139r	127g	169b
0c	55m	70y	20k	203r	116g	73b
15c	0m	70y	20k	184r	191g	96b

25c	70m	20y	40k	128r	69g	98b
40c	5m	50y	40k	104r	135g	102b
10c	40m	60y	0k	226r	162g	113b

MIXED COMBINATIONS OF **SEMI-MUTED** HUES

25c	10m	0y	20k	155r	175g	198b
0c	40m	30y	10k	224r	155g	144b
0c	25m	0y	10k	225r	184g	203b
0c	10m	60y	10k	233r	203g	116b

20c	80m	50y	0k	202r	88g	104b
0c	40m	50y	10k	225r	153g	116b
15c	0m	0y	10k	192r	217g	229b
0c	5m	30y	10k	232r	216g	172b

45c	30m	70y	40k	100r	106g	70b
0c	25m	100y	20k	209r	160g	13b
0c	45m	40y	10k	224r	145g	127b
40c	0m	10y	20k	122r	179g	190b

70c	20m	10y	20k	53r	137g	170b
20c	55m	30y	0k	203r	133g	146b
35c	30m	0y	10k	150r	154g	194b
0c	15m	100y	20k	212r	176g	4b

60c	40m	0y	20k	91r	117g	167b
20c	75m	40y	0k	202r	98g	119b
10c	50m	80y	0k	225r	143g	75b
0c	20m	90y	10k	231r	185g	46b

					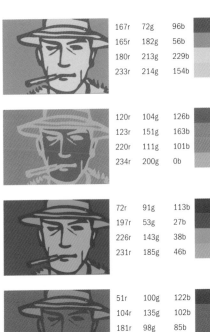			
20c	80m	40y	20k		167r	72g	96b
25c	0m	90y	20k		165r	182g	56b
20c	0m	0y	10k		180r	213g	229b
0c	5m	40y	10k		233r	214g	154b

30c	40m	10y	40k		120r	104g	126b
35c	10m	10y	30k		123r	151g	163b
0c	65m	50y	10k		220r	111g	101b
0c	10m	100y	0k		234r	200g	0b

70c	50m	30y	30k		72r	91g	113b
0c	90m	100y	20k		197r	53g	27b
10c	50m	100y	0k		226r	143g	38b
0c	20m	90y	10k		231r	185g	46b

70c	30m	20y	40k		51r	100g	122b
40c	5m	50y	40k		104r	135g	102b
0c	60m	50y	30k		181r	98g	85b
0c	25m	100y	20k		209r	160g	13b

20c	100m	50y	30k		149r	15g	67b
45c	10m	20y	30k		104r	145g	151b
10c	50m	10y	30k		165r	110g	133b
0c	5m	70y	10k		234r	211g	99b

30c	15m	30y	30k	135r	147g	136b
10c	30m	10y	20k	185r	153g	165b
10c	50m	80y	0k	225r	143g	75b
0c	5m	40y	10k	233r	214g	154b

10c	50m	10y	30k	165r	110g	133b
0c	65m	50y	10k	220r	111g	101b
0c	30m	70y	10k	228r	169g	90b
10c	10m	60y	10k	209r	195g	118b

10c	90m	60y	30k	162r	45g	63b
45c	40m	0y	20k	120r	123g	168b
0c	55m	100y	20k	203r	115g	23b
25c	0m	30y	20k	159r	188g	161b

10c	45m	10y	40k	148r	104g	123b
35c	20m	60y	30k	129r	136g	95b
0c	40m	50y	10k	225r	153g	116b
0c	5m	70y	10k	234r	211g	99b

30c	30m	10y	20k	149r	143g	164b
10c	10m	40y	20k	189r	181g	139b
10c	40m	60y	0k	226r	162g	113b
15c	0m	0y	10k	192r	217g	229b

80c	80m	0y	30k
20c	100m	50y	30k
65c	0m	40y	30k
10c	50m	100y	0k

61r	56g	122b
149r	15g	67b
53r	145g	131b
226r	143g	38b

60c	60m	10y	40k
40c	25m	40y	40k
0c	55m	70y	20k
0c	15m	100y	20k

80r	73g	113b
106r	115g	104b
203r	116g	73b
212r	176g	4b

70c	50m	30y	30k
10c	65m	40y	20k
25c	30m	80y	30k
10c	60m	100y	0k

72r	91g	113b
183r	99g	104b
146r	127g	62b
224r	126g	39b

10c	80m	100y	40k
30c	40m	10y	40k
0c	40m	70y	20k
20c	0m	20y	20k

146r	56g	17b
120r	104g	126b
206r	139g	79b
168r	192g	177b

15c	80m	30y	40k
0c	75m	100y	30k
10c	25m	100y	30k
0c	25m	80y	20k

140r	55g	84b
179r	75g	20b
170r	139g	21b
209r	161g	64b

MIXED COMBINATIONS OF **SEMI-MUTED** HUES

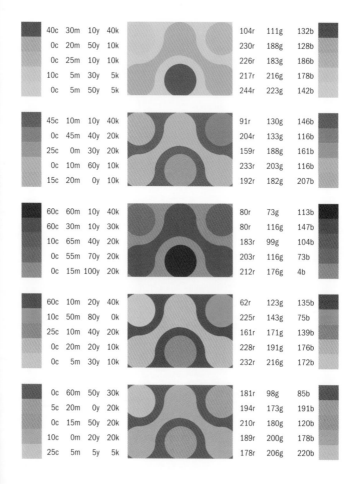

40c	30m	10y	40k	104r	111g	132b
0c	20m	50y	10k	230r	188g	128b
0c	25m	10y	10k	226r	183g	186b
10c	5m	30y	5k	217r	216g	178b
0c	5m	50y	5k	244r	223g	142b

45c	10m	10y	40k	91r	130g	146b
0c	45m	40y	20k	204r	133g	116b
25c	0m	30y	20k	159r	188g	161b
0c	10m	60y	10k	233r	203g	116b
15c	20m	0y	10k	192r	182g	207b

60c	60m	10y	40k	80r	73g	113b
60c	30m	10y	30k	80r	116g	147b
10c	65m	40y	20k	183r	99g	104b
0c	55m	70y	20k	203r	116g	73b
0c	15m	100y	20k	212r	176g	4b

60c	10m	20y	40k	62r	123g	135b
10c	50m	80y	0k	225r	143g	75b
25c	10m	40y	20k	161r	171g	139b
0c	20m	20y	10k	228r	191g	176b
0c	5m	30y	10k	232r	216g	172b

0c	60m	50y	30k	181r	98g	85b
5c	20m	0y	20k	194r	173g	191b
0c	15m	50y	20k	210r	180g	120b
10c	0m	20y	20k	189r	200g	178b
25c	5m	5y	5k	178r	206g	220b

334

5c	25m	0y	15k
0c	30m	20y	5k
0c	5m	40y	10k
15c	0m	5y	5k
0c	5m	20y	0k

203r	173g	194b
236r	181g	174b
233r	214g	154b
202r	226g	228b
255r	239g	207b

0c	35m	100y	30k
25c	5m	5y	20k
0c	45m	40y	10k
0c	30m	70y	10k
10c	10m	40y	10k

186r	131g	13b
156r	181g	193b
224r	145g	127b
228r	169g	90b
208r	197g	151b

60c	60m	10y	40k
70c	30m	20y	40k
40c	25m	40y	40k
10c	65m	40y	20k
10c	40m	100y	0k

80r	73g	113b
51r	100g	122b
106r	115g	104b
183r	99g	104b
228r	165g	37b

15c	80m	30y	40k
45c	10m	20y	30k
0c	55m	100y	20k
0c	65m	60y	10k
0c	25m	80y	20k

140r	55g	84b
104r	145g	151b
203r	115g	23b
220r	111g	90b
209r	161g	64b

25c	30m	80y	30k
30c	20m	0y	20k
5c	40m	10y	20k
0c	40m	30y	10k
5c	10m	30y	0k

146r	127g	62b
145r	158g	188b
193r	140g	157b
224r	155g	144b
241r	223g	183b

MIXED COMBINATIONS OF **SEMI-MUTED** HUES

10c	45m	10y	40k		148r	104g	123b
10c	35m	20y	10k		203r	158g	162b
20c	0m	10y	20k		167r	193g	192b
0c	15m	30y	10k		230r	199g	164b
10c	5m	30y	5k		217r	216g	178b

30c	30m	10y	20k		149r	143g	164b
20c	10m	20y	20k		169r	176g	168b
25c	20m	0y	10k		170r	175g	206b
0c	30m	70y	10k		228r	169g	90b
0c	10m	60y	10k		233r	203g	116b

10c	80m	100y	40k		146r	56g	17b
45c	40m	0y	20k		120r	123g	168b
35c	20m	60y	30k		129r	136g	95b
0c	35m	100y	30k		186r	131g	13b
0c	55m	100y	20k		203r	115g	23b

45c	30m	70y	40k		100r	106g	70b
10c	65m	40y	20k		183r	99g	104b
45c	10m	20y	30k		104r	145g	151b
10c	50m	100y	0k		226r	143g	38b
0c	15m	100y	20k		212r	176g	4b

70c	30m	20y	40k		51r	100g	122b
10c	50m	10y	30k		165r	110g	133b
10c	25m	100y	30k		170r	139g	21b
10c	50m	80y	0k		225r	143g	75b
0c	20m	90y	10k		231r	185g	46b

337

The colors of skin, soil and stone have been used to create the color combinations in this section. Consider using palettes such as these when your layout or illustration could benefit from earthy connotations of the natural world. Colors such as these can also be used effectively as backdrops for more saturated hues.

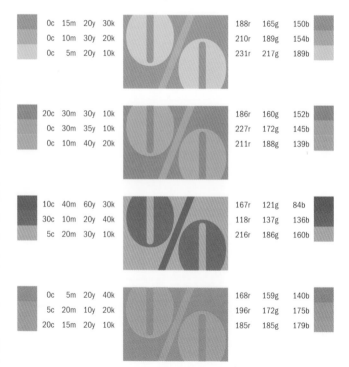

0c	15m	20y	30k
0c	10m	30y	20k
0c	5m	20y	10k

188r	165g	150b
210r	189g	154b
231r	217g	189b

20c	30m	30y	10k
0c	30m	35y	10k
0c	10m	40y	20k

186r	160g	152b
227r	172g	145b
211r	188g	139b

10c	40m	60y	30k
30c	10m	20y	40k
5c	20m	30y	10k

167r	121g	84b
118r	137g	136b
216r	186g	160b

0c	5m	20y	40k
5c	20m	10y	20k
20c	15m	20y	10k

168r	159g	140b
196r	172g	175b
185r	185g	179b

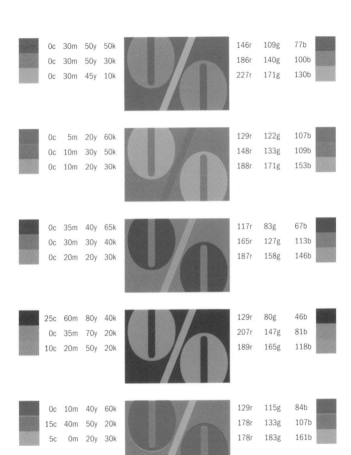

0c	30m	50y	50k	146r	109g	77b
0c	30m	50y	30k	186r	140g	100b
0c	30m	45y	10k	227r	171g	130b

0c	5m	20y	60k	129r	122g	107b
0c	10m	30y	50k	148r	133g	109b
0c	10m	20y	30k	188r	171g	153b

0c	35m	40y	65k	117r	83g	67b
0c	30m	30y	40k	165r	127g	113b
0c	20m	20y	30k	187r	158g	146b

25c	60m	80y	40k	129r	80g	46b
0c	35m	70y	20k	207r	147g	81b
10c	20m	50y	20k	189r	165g	118b

0c	10m	40y	60k	129r	115g	84b
15c	40m	50y	20k	178r	133g	107b
5c	0m	20y	30k	178r	183g	161b

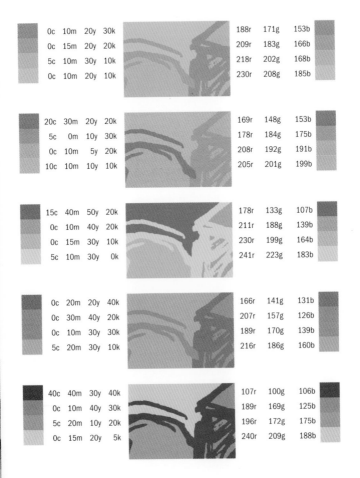

0c	10m	20y	30k		188r	171g	153b
0c	15m	20y	20k		209r	183g	166b
5c	10m	30y	10k		218r	202g	168b
0c	10m	20y	10k		230r	208g	185b
20c	30m	20y	20k		169r	148g	153b
5c	0m	10y	30k		178r	184g	175b
0c	10m	5y	20k		208r	192g	191b
10c	10m	10y	10k		205r	201g	199b
15c	40m	50y	20k		178r	133g	107b
0c	10m	40y	20k		211r	188g	139b
0c	15m	30y	10k		230r	199g	164b
5c	10m	30y	0k		241r	223g	183b
0c	20m	20y	40k		166r	141g	131b
0c	30m	40y	20k		207r	157g	126b
0c	10m	30y	30k		189r	170g	139b
5c	20m	30y	10k		216r	186g	160b
40c	40m	30y	40k		107r	100g	106b
0c	10m	40y	30k		189r	169g	125b
5c	20m	10y	20k		196r	172g	175b
0c	15m	20y	5k		240r	209g	188b

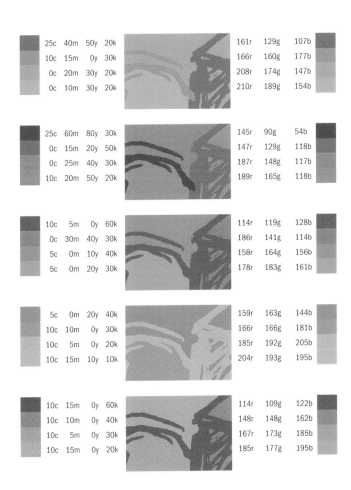

25c	40m	50y	20k		161r	129g	107b
10c	15m	0y	30k		166r	160g	177b
0c	20m	30y	20k		208r	174g	147b
0c	10m	30y	20k		210r	189g	154b

25c	60m	80y	30k		145r	90g	54b
0c	15m	20y	50k		147r	129g	118b
0c	25m	40y	30k		187r	148g	117b
10c	20m	50y	20k		189r	165g	118b

10c	5m	0y	60k		114r	119g	128b
0c	30m	40y	30k		186r	141g	114b
5c	0m	10y	40k		158r	164g	156b
5c	0m	20y	30k		178r	183g	161b

5c	0m	20y	40k		159r	163g	144b
10c	10m	0y	30k		166r	166g	181b
10c	5m	0y	20k		185r	192g	205b
10c	15m	10y	10k		204r	193g	195b

10c	15m	0y	60k		114r	109g	122b
10c	10m	0y	40k		148r	148g	162b
10c	5m	0y	30k		167r	173g	185b
10c	15m	0y	20k		185r	177g	195b

10c	65m	100y	40k	147r	77g	17b	
30c	70m	100y	0k	186r	104g	49b	
0c	30m	70y	10k	228r	169g	90b	
0c	5m	20y	20k	211r	198g	173b	

0c	30m	50y	50k	146r	109g	77b	
0c	30m	50y	30k	186r	140g	100b	
0c	30m	50y	20k	207r	156g	112b	
0c	30m	45y	10k	227r	171g	130b	

0c	15m	20y	70k	109r	95g	87b	
10c	45m	40y	40k	149r	103g	93b	
0c	10m	40y	30k	189r	169g	125b	
20c	10m	20y	30k	152r	159g	152b	

0c	10m	40y	70k	110r	98g	70b	
0c	30m	40y	50k	146r	110g	88b	
0c	20m	20y	40k	166r	141g	131b	
5c	10m	30y	10k	218r	202g	168b	

30c	45m	40y	40k	122r	97g	94b	
5c	0m	10y	70k	103r	107g	102b	
0c	10m	30y	60k	129r	116g	95b	
0c	10m	20y	50k	147r	134g	120b	

0c	30m	30y	70k		108r	81g	71b
0c	30m	40y	50k		146r	110g	88b
0c	30m	50y	40k		166r	125g	89b
20c	30m	30y	10k		186r	160g	152b

0c	15m	20y	60k		128r	112g	102b
10c	5m	0y	60k		114r	119g	128b
0c	10m	40y	50k		148r	132g	98b
0c	10m	30y	40k		168r	152g	124b

0c	15m	20y	70k		109r	95g	87b
50c	40m	30y	40k		92r	96g	106b
45c	30m	40y	40k		99r	108g	102b
10c	15m	0y	40k		148r	143g	158b

10c	15m	0y	70k		97r	92g	104b
10c	10m	0y	60k		114r	114g	125b
0c	10m	30y	60k		129r	116g	95b
10c	40m	60y	30k		167r	121g	84b

40c	40m	30y	40k		107r	100g	106b
30c	10m	20y	40k		118r	137g	136b
30c	40m	30y	20k		151r	128g	132b
0c	10m	40y	20k		211r	188g	139b

30c	30m	20y	20k		150r	143g	152b
20c	30m	20y	20k		169r	148g	153b
0c	15m	20y	30k		188r	165g	150b
0c	10m	20y	20k		210r	190g	170b
0c	5m	20y	10k		231r	217g	189b

0c	10m	20y	50k		147r	134g	120b
0c	10m	30y	40k		168r	152g	124b
0c	5m	20y	30k		189r	178g	157b
0c	15m	20y	20k		209r	183g	166b
0c	10m	5y	20k		208r	192g	191b

0c	10m	40y	40k		168r	151g	112b
10c	20m	50y	20k		189r	165g	118b
0c	20m	30y	20k		208r	174g	147b
5c	20m	30y	10k		216r	186g	160b
5c	10m	30y	0k		241r	223g	183b

0c	5m	20y	40k		168r	159g	140b
10c	10m	0y	20k		185r	185g	200b
0c	30m	35y	10k		227r	172g	145b
0c	10m	40y	20k		211r	188g	139b
10c	10m	10y	10k		205r	201g	199b

25c	40m	50y	20k		161r	129g	107b
15c	40m	50y	20k		178r	133g	107b
0c	25m	50y	20k		208r	164g	115b
0c	15m	30y	10k		230r	199g	164b
0c	10m	20y	10k		230r	208g	185b

30c	20m	20y	40k
20c	10m	20y	30k
5c	0m	20y	40k
20c	20m	20y	10k
5c	0m	10y	20k

120r	126g	130b
152r	159g	152b
159r	163g	144b
185r	177g	175b
198r	204g	193b

25c	60m	80y	30k
0c	30m	50y	30k
0c	30m	40y	20k
0c	25m	30y	20k
0c	10m	10y	20k

145r	90g	54b
186r	140g	100b
207r	157g	126b
207r	166g	144b
209r	191g	184b

0c	25m	30y	50k
0c	30m	40y	30k
0c	25m	40y	20k
5c	20m	30y	10k
0c	15m	20y	5k

146r	117g	101b
186r	141g	114b
208r	165g	129b
216r	186g	160b
240r	209g	188b

0c	10m	30y	60k
0c	10m	30y	50k
0c	10m	30y	40k
0c	30m	50y	20k
0c	10m	30y	30k

129r	116g	95b
148r	133g	109b
168r	152g	124b
207r	156g	112b
189r	170g	139b

10c	5m	0y	60k
10c	5m	0y	50k
10c	5m	0y	40k
10c	5m	0y	30k
5c	10m	30y	10k

114r	119g	128b
130r	136g	146b
148r	155g	166b
167r	173g	185b
218r	202g	168b

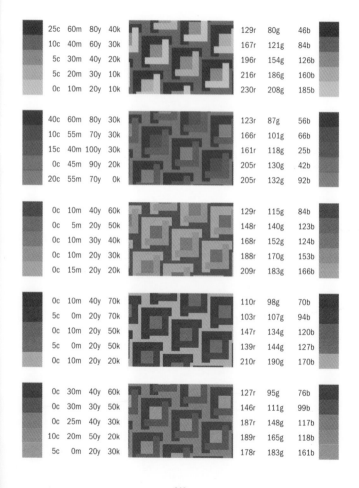

25c	60m	80y	40k	129r	80g	46b	
10c	40m	60y	30k	167r	121g	84b	
5c	30m	40y	20k	196r	154g	126b	
5c	20m	30y	10k	216r	186g	160b	
0c	10m	20y	10k	230r	208g	185b	
40c	60m	80y	30k	123r	87g	56b	
10c	55m	70y	30k	166r	101g	66b	
15c	40m	100y	30k	161r	118g	25b	
0c	45m	90y	20k	205r	130g	42b	
20c	55m	70y	0k	205r	132g	92b	
0c	10m	40y	60k	129r	115g	84b	
0c	5m	20y	50k	148r	140g	123b	
0c	10m	30y	40k	168r	152g	124b	
0c	10m	20y	30k	188r	170g	153b	
0c	15m	20y	20k	209r	183g	166b	
0c	10m	40y	70k	110r	98g	70b	
5c	0m	20y	70k	103r	107g	94b	
0c	10m	20y	50k	147r	134g	120b	
5c	0m	20y	50k	139r	144g	127b	
0c	10m	20y	20k	210r	190g	170b	
0c	30m	40y	60k	127r	95g	76b	
0c	30m	30y	50k	146r	111g	99b	
0c	25m	40y	30k	187r	148g	117b	
10c	20m	50y	20k	189r	165g	118b	
5c	0m	20y	30k	178r	183g	161b	

50c	40m	30y	40k		92r	96g	106b
45c	30m	40y	40k		99r	108g	102b
30c	40m	30y	20k		151r	128g	132b
30c	30m	20y	20k		150r	143g	152b
5c	0m	10y	30k		178r	184g	175b

50c	40m	30y	40k		92r	96g	106b
40c	40m	30y	40k		107r	100g	106b
5c	0m	10y	70k		103r	107g	102b
10c	45m	40y	40k		149r	103g	93b
30c	10m	20y	40k		118r	137g	136b

0c	15m	20y	70k		109r	95g	87b
0c	30m	40y	60k		127r	95g	76b
0c	30m	30y	50k		146r	111g	99b
0c	30m	40y	40k		165r	126g	101b
0c	30m	50y	30k		186r	140g	100b

10c	10m	0y	70k		97r	96g	106b
0c	10m	20y	70k		109r	99g	89b
0c	10m	40y	50k		148r	132g	98b
10c	15m	0y	40k		148r	143g	158b
0c	10m	40y	30k		189r	169g	125b

0c	30m	30y	70k		108r	81g	71b
25c	60m	80y	40k		129r	80g	46b
0c	30m	50y	50k		146r	109g	77b
0c	10m	40y	40k		168r	151g	112b
0c	10m	30y	30k		189r	170g	139b

COLOR INDEX 2 concludes with mixes of saturated hues and neutral colors. These palettes contain hues taken from all over the color wheel and are not dominated by any hue in particular. Adding neutrals to saturated sets of colors such as these tends to lend a measure of complexity and restraint to the palettes.

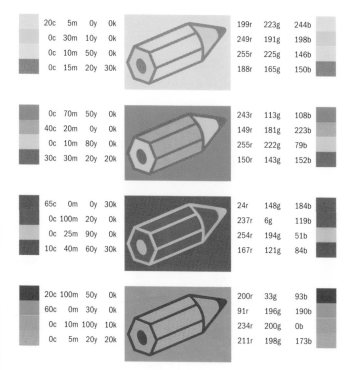

20c	5m	0y	0k
0c	30m	10y	0k
0c	10m	50y	0k
0c	15m	20y	30k

199r	223g	244b
249r	191g	198b
255r	225g	146b
188r	165g	150b

0c	70m	50y	0k
40c	20m	0y	0k
0c	10m	80y	0k
30c	30m	20y	20k

243r	113g	108b
149r	181g	223b
255r	222g	79b
150r	143g	152b

65c	0m	0y	30k
0c	100m	20y	0k
0c	25m	90y	0k
10c	40m	60y	30k

24r	148g	184b
237r	6g	119b
254r	194g	51b
167r	121g	84b

20c	100m	50y	0k
60c	0m	30y	0k
0c	10m	100y	10k
0c	5m	20y	20k

200r	33g	93b
91r	196g	190b
234r	200g	0b
211r	198g	173b

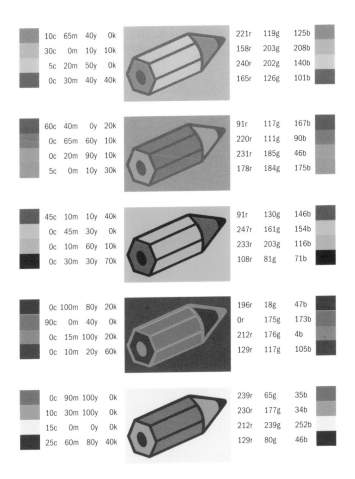

10c	65m	40y	0k	221r	119g	125b
30c	0m	10y	10k	158r	203g	208b
5c	20m	50y	0k	240r	202g	140b
0c	30m	40y	40k	165r	126g	101b

60c	40m	0y	20k	91r	117g	167b
0c	65m	60y	10k	220r	111g	90b
0c	20m	90y	10k	231r	185g	46b
5c	0m	10y	30k	178r	184g	175b

45c	10m	10y	40k	91r	130g	146b
0c	45m	30y	0k	247r	161g	154b
0c	10m	60y	10k	233r	203g	116b
0c	30m	30y	70k	108r	81g	71b

0c	100m	80y	20k	196r	18g	47b
90c	0m	40y	0k	0r	175g	173b
0c	15m	100y	20k	212r	176g	4b
0c	10m	20y	60k	129r	117g	105b

0c	90m	100y	0k	239r	65g	35b
10c	30m	100y	0k	230r	177g	34b
15c	0m	0y	0k	212r	239g	252b
25c	60m	80y	40k	129r	80g	46b

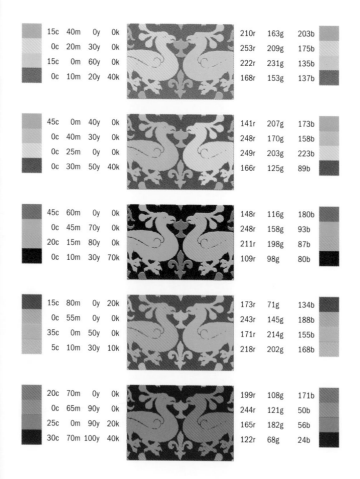

15c	40m	0y	0k	210r	163g	203b	
0c	20m	30y	0k	253r	209g	175b	
15c	0m	60y	0k	222r	231g	135b	
0c	10m	20y	40k	168r	153g	137b	

45c	0m	40y	0k	141r	207g	173b	
0c	40m	30y	0k	248r	170g	158b	
0c	25m	0y	0k	249r	203g	223b	
0c	30m	50y	40k	166r	125g	89b	

45c	60m	0y	0k	148r	116g	180b	
0c	45m	70y	0k	248r	158g	93b	
20c	15m	80y	0k	211r	198g	87b	
0c	10m	30y	70k	109r	98g	80b	

15c	80m	0y	20k	173r	71g	134b	
0c	55m	0y	0k	243r	145g	188b	
35c	0m	50y	0k	171r	214g	155b	
5c	10m	30y	10k	218r	202g	168b	

20c	70m	0y	0k	199r	108g	171b	
0c	65m	90y	0k	244r	121g	50b	
25c	0m	90y	20k	165r	182g	56b	
30c	70m	100y	40k	122r	68g	24b	

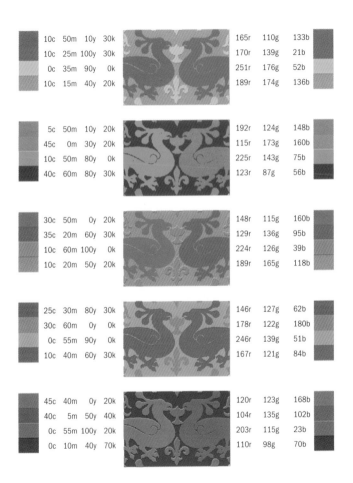

10c	50m	10y	30k	165r	110g	133b
10c	25m	100y	30k	170r	139g	21b
0c	35m	90y	0k	251r	176g	52b
10c	15m	40y	20k	189r	174g	136b

5c	50m	10y	20k	192r	124g	148b
45c	0m	30y	20k	115r	173g	160b
10c	50m	80y	0k	225r	143g	75b
40c	60m	80y	30k	123r	87g	56b

30c	50m	0y	20k	148r	115g	160b
35c	20m	60y	30k	129r	136g	95b
10c	60m	100y	0k	224r	126g	39b
10c	20m	50y	20k	189r	165g	118b

25c	30m	80y	30k	146r	127g	62b
30c	60m	0y	0k	178r	122g	180b
0c	55m	90y	0k	246r	139g	51b
10c	40m	60y	30k	167r	121g	84b

45c	40m	0y	20k	120r	123g	168b
40c	5m	50y	40k	104r	135g	102b
0c	55m	100y	20k	203r	115g	23b
0c	10m	40y	70k	110r	98g	70b

351

0c	45m	40y	0k	247r	160g	139b	
15c	10m	0y	0k	212r	218g	238b	
0c	5m	50y	0k	255r	235g	149b	
25c	40m	50y	20k	161r	129g	107b	
0c	25m	50y	20k	208r	164g	115b	

0c	60m	30y	0k	244r	133g	141b	
60c	0m	0y	0k	68r	199g	244b	
0c	15m	70y	0k	255r	215g	105b	
25c	60m	80y	40k	129r	80g	46b	
10c	40m	60y	30k	167r	121g	84b	

0c	65m	60y	0k	244r	122g	99b	
60c	0m	30y	0k	91r	196g	190b	
0c	10m	100y	10k	234r	200g	0b	
5c	0m	10y	60k	121r	126g	120b	
5c	0m	20y	50k	139r	144g	127b	

0c	100m	0y	0k	236r	0g	140b	
40c	10m	0y	0k	146r	197g	234b	
0c	3m	40y	0k	255r	240g	170b	
0c	25m	30y	50k	146r	117g	101b	
0c	10m	20y	20k	210r	190g	170b	

0c	100m	80y	0k	237r	26g	58b	
25c	20m	0y	10k	170r	175g	206b	
0c	20m	90y	10k	231r	185g	46b	
10c	15m	0y	40k	148r	143g	158b	
10c	10m	0y	20k	185r	185g	200b	

10c	30m	0y	10k	201r	168g	196b
0c	25m	70y	0k	254r	196g	101b
5c	0m	40y	0k	244r	243g	173b
0c	10m	30y	40k	168r	152g	124b
0c	5m	20y	20k	211r	198g	173b

10c	70m	0y	0k	218r	111g	171b
0c	60m	60y	0k	245r	132g	102b
40c	0m	30y	0k	153r	212g	191b
10c	10m	0y	60k	114r	114g	125b
10c	10m	0y	40k	148r	148g	162b

30c	30m	0y	0k	175r	171g	213b
0c	45m	70y	0k	248r	158g	93b
35c	0m	50y	0k	171r	214g	155b
0c	30m	50y	50k	146r	109g	77b
5c	10m	30y	10k	218r	202g	168b

40c	0m	100y	30k	121r	154g	40b
30c	60m	0y	0k	178r	122g	180b
10c	60m	100y	0k	224r	126g	39b
30c	70m	100y	40k	122r	68g	24b
25c	60m	80y	30k	145r	90g	54b

15c	50m	0y	10k	190r	132g	175b
25c	0m	30y	20k	159r	188g	161b
0c	35m	70y	0k	251r	177g	97b
0c	10m	30y	50k	148r	133g	109b
0c	5m	20y	10k	231r	217g	189b

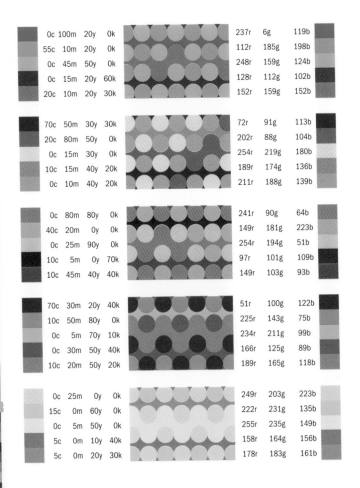

0c	100m	20y	0k		237r	6g	119b
55c	10m	20y	0k		112r	185g	198b
0c	45m	50y	0k		248r	159g	124b
0c	15m	20y	60k		128r	112g	102b
20c	10m	20y	30k		152r	159g	152b

70c	50m	30y	30k		72r	91g	113b
20c	80m	50y	0k		202r	88g	104b
0c	15m	30y	0k		254r	219g	180b
10c	15m	40y	20k		189r	174g	136b
0c	10m	40y	20k		211r	188g	139b

0c	80m	80y	0k		241r	90g	64b
40c	20m	0y	0k		149r	181g	223b
0c	25m	90y	0k		254r	194g	51b
10c	5m	0y	70k		97r	101g	109b
10c	45m	40y	40k		149r	103g	93b

70c	30m	20y	40k		51r	100g	122b
10c	50m	80y	0k		225r	143g	75b
0c	5m	70y	10k		234r	211g	99b
0c	30m	50y	40k		166r	125g	89b
10c	20m	50y	20k		189r	165g	118b

0c	25m	0y	0k		249r	203g	223b
15c	0m	60y	0k		222r	231g	135b
0c	5m	50y	0k		255r	235g	149b
5c	0m	10y	40k		158r	164g	156b
5c	0m	20y	30k		178r	183g	161b

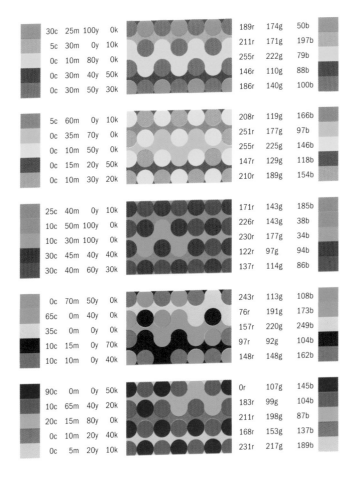

30c	25m	100y	0k		189r	174g	50b
5c	30m	0y	10k		211r	171g	197b
0c	10m	80y	0k		255r	222g	79b
0c	30m	40y	50k		146r	110g	88b
0c	30m	50y	30k		186r	140g	100b

5c	60m	0y	10k		208r	119g	166b
0c	35m	70y	0k		251r	177g	97b
0c	10m	50y	0k		255r	225g	146b
0c	15m	20y	50k		147r	129g	118b
0c	10m	30y	20k		210r	189g	154b

25c	40m	0y	10k		171r	143g	185b
10c	50m	100y	0k		226r	143g	38b
10c	30m	100y	0k		230r	177g	34b
30c	45m	40y	40k		122r	97g	94b
30c	40m	60y	30k		137r	114g	86b

0c	70m	50y	0k		243r	113g	108b
65c	0m	40y	0k		76r	191g	173b
35c	0m	0y	0k		157r	220g	249b
10c	15m	0y	70k		97r	92g	104b
10c	10m	0y	40k		148r	148g	162b

90c	0m	0y	50k		0r	107g	145b
10c	65m	40y	20k		183r	99g	104b
20c	15m	80y	0k		211r	198g	87b
0c	10m	20y	40k		168r	153g	137b
0c	5m	20y	10k		231r	217g	189b

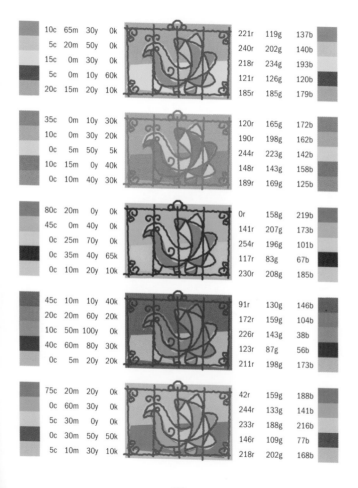

10c	65m	30y	0k	221r	119g	137b	
5c	20m	50y	0k	240r	202g	140b	
15c	0m	30y	0k	218r	234g	193b	
5c	0m	10y	60k	121r	126g	120b	
20c	15m	20y	10k	185r	185g	179b	

35c	0m	10y	30k	120r	165g	172b	
10c	0m	30y	20k	190r	198g	162b	
0c	5m	50y	5k	244r	223g	142b	
10c	15m	0y	40k	148r	143g	158b	
0c	10m	40y	30k	189r	169g	125b	

80c	20m	0y	0k	0r	158g	219b	
45c	0m	40y	0k	141r	207g	173b	
0c	25m	70y	0k	254r	196g	101b	
0c	35m	40y	65k	117r	83g	67b	
0c	10m	20y	10k	230r	208g	185b	

45c	10m	10y	40k	91r	130g	146b	
20c	20m	60y	20k	172r	159g	104b	
10c	50m	100y	0k	226r	143g	38b	
40c	60m	80y	30k	123r	87g	56b	
0c	5m	20y	20k	211r	198g	173b	

75c	20m	20y	0k	42r	159g	188b	
0c	60m	30y	0k	244r	133g	141b	
5c	30m	0y	0k	233r	188g	216b	
0c	30m	50y	50k	146r	109g	77b	
5c	10m	30y	10k	218r	202g	168b	

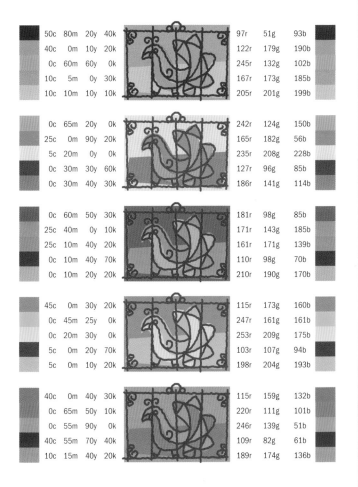

50c	80m	20y	40k	97r	51g	93b
40c	0m	10y	20k	122r	179g	190b
0c	60m	60y	0k	245r	132g	102b
10c	5m	0y	30k	167r	173g	185b
10c	10m	10y	10k	205r	201g	199b

0c	65m	20y	0k	242r	124g	150b
25c	0m	90y	20k	165r	182g	56b
5c	20m	0y	0k	235r	208g	228b
0c	30m	30y	60k	127r	96g	85b
0c	30m	40y	30k	186r	141g	114b

0c	60m	50y	30k	181r	98g	85b
25c	40m	0y	10k	171r	143g	185b
25c	10m	40y	20k	161r	171g	139b
0c	10m	40y	70k	110r	98g	70b
0c	10m	20y	20k	210r	190g	170b

45c	0m	30y	20k	115r	173g	160b
0c	45m	25y	0k	247r	161g	161b
0c	20m	30y	0k	253r	209g	175b
5c	0m	20y	70k	103r	107g	94b
5c	0m	10y	20k	198r	204g	193b

40c	0m	40y	30k	115r	159g	132b
0c	65m	50y	10k	220r	111g	101b
0c	55m	90y	0k	246r	139g	51b
40c	55m	70y	40k	109r	82g	61b
10c	15m	40y	20k	189r	174g	136b

Don't forget to check out the original *Color Index*, too!

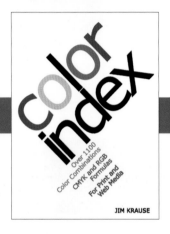

COLOR INDEX by Jim Krause
US ISBN-13: 978-1-58180-236-8, US ISBN-10: 1-58180-236-6,
UK ISBN-13: 978-0-7153-1397-8, UK ISBN-10: 0-7153-1397-5,
vinyl cover, 360 pages, #32011

Color Index provides more than one thousand color combinations
and formulas—guaranteed to help graphic artists solve design
dilemmas and create effective images for both print and the web.

These books and other fine titles are available from your local
bookstore, online supplier or by calling 1-800-448-0915 in North
America or 0870-2200220 in the UK.